GRAND NORD

AVENTURES SUR L'ORENOQUE
dans les pas d'Alexandre de Humboldt
(avec la collaboration d'Alain Kerjean)

ASHUANIPI
Sur la piste des Indiens
du Québec-Labrador

ALAIN RASTOIN

GRAND NORD

Quatre hommes et vingt chiens
dans les glaces du Québec-Labrador

Photographies de Nicolas Vanier

ÉDITIONS ROBERT LAFFONT
PARIS

© Éditions Robert Laffont, S.A., Paris, 1986
ISBN 2-221-04278-6

à mes parents
à Martine

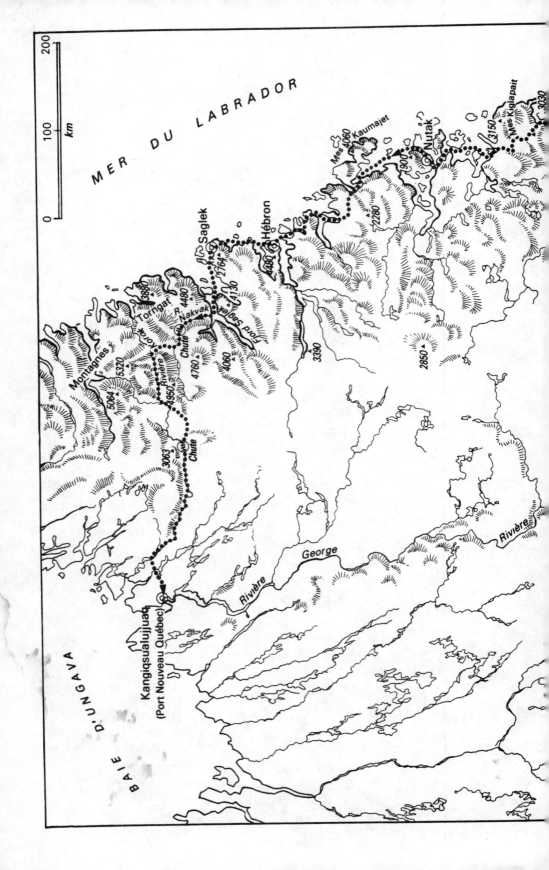

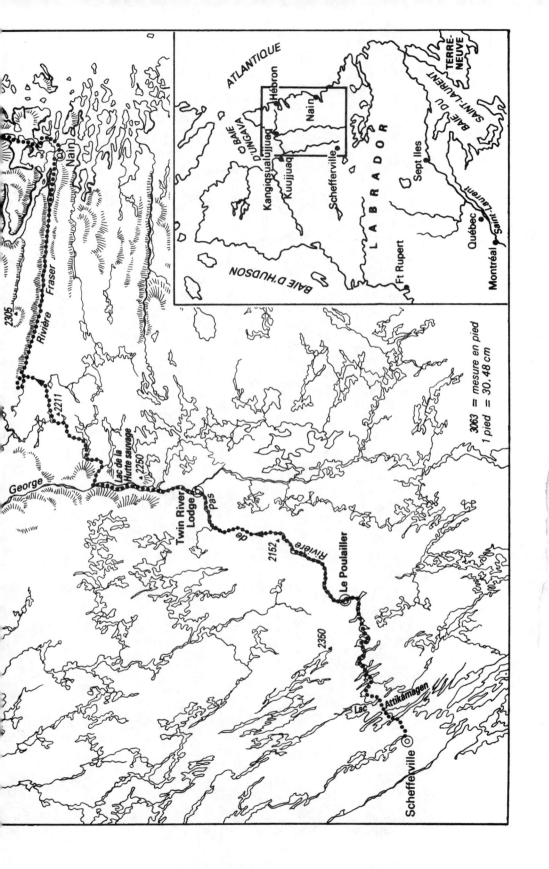

ATLANTIQUE

TERRE-
NEUVE

BAIE
D'UNGAVA

Hébron

Nain

BAIE DU SAINT-LAURENT

Kangiqsualujjuaq

Kuujjuaq

Schefferville

Sept Iles

L A B R A D O R

BAIE D'HUDSON

Ft Rupert

Québec

Montréal ● Saint-Laurent

2305

Rivière Fraser

Nain

2211

George

Lac de la Hutte sauvage

2250

Twin River Lodge

pas

de

Rivière

2152

Le Poulailler

3063 = mesure en pied
1 pied = 30.48 cm

2350

Lac Attikâmagen

Schefferville

1.

Des chiens et des hommes

— On sera bientôt à cent lieues de tout...

Il s'était tu, nous laissant ainsi à nos propres interrogations. Qu'avait-il voulu dire? Parlait-il simplement de la distance physique qui nous séparerait bientôt de la ville avec ses services à portée de main... Ou ne s'agissait-il pas plutôt d'une image pour nous faire comprendre qu'il faudrait bientôt sortir de l'ornière de nos habitudes?

— Alors, gare aux blessures! En cas de bagarre, ne cherchez surtout pas à les séparer les mains nues. Ils pourraient vous les croquer non par méchanceté, mais dans l'excitation... Vaut mieux le savoir.

Là-dessus, mon imagination intervint. Les flashes qui défilaient dans ma tête étaient tous plus terrifiants les uns que les autres. Je voyais des mâchoires se refermer sur des chairs exsangues...

— Alors, munissez-vous d'un bâton et cognez pour les faire céder. Évitez quand même de les assommer. Nous aurons besoin d'eux sur la piste. Visez le museau, la partie sensible de leur corps. Sachez que si vous n'intervenez pas aussitôt avec énergie, vous risquez de vous retrouver avec un ou plusieurs éclopés sur les bras, et je ne parle même pas des blessures plus sérieuses. Il se peut même que l'un d'eux reste sur le carreau. Et, surtout, oubliez que vous avez affaire à des petits toutous. Les chiens sauront très vite vous juger. S'ils vous sentent faibles, ils en profiteront. Ils sont là pour obéir et non pour n'en faire qu'à leur tête. Pensez-y. Cela doit leur rentrer dans le crâne pour la bonne marche de l'expédition, mais également la sécurité de nous tous.

Cette première recommandation de Michel m'avait, je dois bien le dire, laissé quelque peu perplexe, ignorant encore pratiquement tout de la psychologie du chien esquimau.

Je n'allais d'ailleurs pas tarder à me rendre compte que ces boules de poils, si charmantes avec nous, savaient se transformer à l'occasion en véritables fauves. En effet, pour l'heure, nous en étions aux manifestations d'intimidation, je dirais même d'intoxication. Un peu comme lors d'une rentrée des classes, c'était à celui qui impressionnerait le plus son voisin. Au moindre prétexte, on les voyait montrer les crocs, grogner – entre autres amabilités. Mais tout cela n'était que bluff. Arrogance et agressivité étant bien souvent (chez les chiens comme chez les hommes) la marque des esprits faibles.

Une exception, néanmoins : Kayak, qui s'était d'emblée exclu de la partie avant même que toute hiérarchie se fût imposée sur le terrain. Tête basse, une petite mine de chien battu, comme pour conjurer le prochain coup. On se demandait bien ce qu'il venait faire dans cet aréopage. Au moins deux fois plus fluet que ses petits camarades, il avait sa place dans l'attelage comme un tocard dans une course de pur-sang. Pauvre Kayak! Non content de le pourvoir d'un physique ingrat, le destin l'avait de surcroît affublé d'yeux vairons, l'un bleu, l'autre marron, qui avaient le malheur d'attirer l'attention sur lui. Mais je compris qu'il avait été repêché de justesse : « Il nous manquait un chien », nous avait expliqué Jacques, en donnant l'air de s'excuser. En fait, il nous en manquait deux. Nous partions avec dix-neuf au lieu des vingt chiens prévus. D'autres « roulaient des mécaniques », affirmaient superbement leurs prétentions au leadership, mais tous n'avaient visiblement pas les moyens de leurs ambitions. Certains se pavanaient comme de jeunes coqs et faisaient de mauvais numéros de cocoricos. Tous avaient la queue en trompette, signe d'un moral excellent. Ils étaient en pleine forme, même légèrement gras. Pas par manque d'activité (les deux Québécois, Michel et Jacques, entraînaient leurs chiens régulièrement), mais, depuis des mois, ils étaient soumis à un régime spécial à haute teneur calorique.

– Ne t'en fais pas, dans quelques jours, ils auront retrouvé la ligne, m'avait expliqué Michel, gouailleur.

Ce trop-plein d'énergie se manifestait par des accès de mauvaise humeur, des grognements et même des bagarres, à peine avions-nous le dos tourné.

A 5 heures du matin, ce 13 février, bien avant l'aube, notre petit convoi de deux véhicules se mit en branle de Saint-Adolphe-de-Dudswell. La petite camionnette dans laquelle nous avions tous les quatre pris place ouvrait la marche suivie du camion transportant les chiens, les deux traîneaux et tout notre barda d'expédition. Le village de Saint-Adolphe, situé dans les cantons de l'Est, était depuis quinze jours le centre nerveux de nos derniers préparatifs. Deux jours furent nécessaires pour atteindre Sept-Iles sur la côte Nord du Saint-Laurent où nous devions tous embarquer sur le train hebdomadaire à destination de Schefferville. Cette ville minière, située au centre de la péninsule du Québec-Labrador, connaissait une grave hémorragie de population depuis la fermeture de la mine de fer à l'automne 1982, et le trafic ferroviaire s'en était ressenti.

Quel tohu-bohu à bord du camion! On s'arrêta cinq fois, dix fois le long de la route, pour rétablir un semblant de discipline. Cela commençait toujours par des grognements plus ou moins intimidants qui se terminaient en bagarre. On pensait avoir trouvé la parade en les attachant très court, de manière à leur permettre de tourner juste la tête; eh bien, c'était raté : il y avait toujours un ou deux malins qui arrivaient à se glisser hors de leur collier avec le résultat que l'on imagine.

Les injonctions de la voix étant totalement inopérantes, l'un de nous devait se glisser dans le fourgon avec un bâton pour faire la police. Mais notre intervention aboutissait rarement à l'effet escompté. Les combattants, fous de rage, poursuivaient leurs querelles, sans se soucier autrement de nous. Mâchoires contre mâchoires, ils restaient de longs moments immobiles, se neutralisant et s'intimidant mutuellement en grondant.

Puis, subitement, tout s'emballait. Les crocs claquaient dans le vide et se plantaient parfois dans la chair de l'adversaire. La terreur que nous leur inspirions, vociférant et maniant le bâton, finissait par avoir raison d'eux : ils regagnaient alors leur coin, tout penauds, sachant qu'ils avaient mérité une correction.

Ainsi, Bilbo se retrouva – avant même d'être parti – avec une oreille sanguinolente et pendante, sectionnée par Tröll, mais il regagna sa place sans se plaindre. Quel tempérament! Ils se seraient sans doute égorgés si nous n'étions pas intervenus à temps.

A Sept-Iles, nous nous retrouvâmes dans une situation pour

le moins paradoxale et embarrassante. Un représentant de la SPA locale, homme au demeurant fort courtois, nous prévint qu'il était chargé d'instruire une plainte contre nous pour mauvais traitements donnés à nos chiens. La cocasserie du malentendu aurait pu faire sourire si la situation n'avait été réellement délicate, car il tint à inspecter chaque chien, un à un. Ceux-ci jouaient un rôle de composition à merveille, en parfaits acteurs. Bien sûr, ils étaient à cette occasion doux comme des agneaux, et tellement affectueux...

– Qu'est-il arrivé à celui-là? fit-il en désignant Bilbo du doigt.

– Il a été blessé dans une bagarre entre chiens.

– Ah bon! fit-il d'un hochement de tête entendu, prenant son air le plus sardonique pour montrer qu'il mettait notre parole en doute. Je suis contraint de le garder, il ne peut voyager dans cet état, avec cette oreille qui s'infecte.

Michel eut beau lui expliquer qu'il connaissait parfaitement ses chiens et insister sur leur faculté de récupération, rien n'y fit : Bilbo dut monter dans la camionnette du représentant de la SPA pour passer la visite réglementaire chez le vétérinaire de Sept-Iles, que j'imagine plus habitué à soigner de gentils chiens de salon que ce genre de pensionnaire.

Bon commencement! Nous perdions un de nos meilleurs chiens d'attelage avant même d'être partis. Peut-être même était-ce le plus costaud!

Finalement, après des pourparlers interminables et beaucoup d'entregent de la part de Michel, nous pûmes le récupérer le soir même, et en quarante-huit heures Bilbo fut remis sur patte. Quelle histoire, et tout ça parce qu'un quidam, qui nous avait aperçus de loin, s'était mis dans la tête qu'il avait affaire à de redoutables tortionnaires de chiens si gentils!

Le voyage en train prit seize heures. Il n'en finissait plus. Nous atteignîmes finalement Schefferville par une nuit glaciale dans un concert de hurlements. Nos chiens, placés dans de petites cages métalliques individuelles depuis l'aube, commençaient à trouver le temps long.

Cette ville devait nous offrir une pause prévue de longue date. La fébrilité des préparatifs n'avait fait que s'accentuer à mesure que défilait le compte à rebours du départ de Saint-Adolphe.

Il avait fallu tout prévoir, tout imaginer, calculer au gramme près les portions journalières de la nourriture des hommes et

14

des chiens, organiser trois dépôts aériens de nourriture dans la toundra glacée pour assurer l'autonomie de l'équipe pendant les trois mois d'expédition dans le Grand Nord... Je vous épargne les menus détails, cette foule de petites choses qu'il est nécessaire de vérifier ou de faire avant un départ, et dont on ne mesure pleinement toute l'importance qu'une fois placé dans les conditions de l'aventure. La préparation administrative, financière, logistique et technique du projet avait pris près d'un an et absorbé une bonne partie de notre énergie. Les éléments du puzzle étant réunis, nous avions décidé de faire le vide en nous octroyant une semaine de repos d'ailleurs tout relatif, les petits problèmes à résoudre nous poursuivant jusqu'à la dernière minute.

Doug Barr, nous avait fait l'amitié de nous héberger une nouvelle fois au Centre d'études subarctiques dont il est le directeur :

– Vous êtes ici chez vous, restez le temps que vous voulez, nous sommes contents de vous revoir, dit-il en nous accueillant comme de vieux amis sur le quai de la gare.

Formule de politesse conventionnelle ? Pas du tout. Doug avait cette qualité de savoir recevoir chaleureusement ses hôtes de passage. Nous savions de quoi était faite l'hospitalité qu'il nous offrait pour avoir pu, chacun d'entre nous, en bénéficier à l'occasion d'une de nos pérégrinations nordiques.

Libérés de tout souci matériel, nous prîmes l'habitude de nous réunir chaque soir, une heure ou deux, dans notre petite chambre surchauffée : notre PC opérationnel. On y parlait stratégie du Nord, ordre de marche, principes de survie...

En fait, Nicolas et moi nous nous contentions d'écouter nos amis québécois quand ils parlaient de leurs dix années d'expérience du long hiver arctique. Et quel hiver ! Nous en avions la chair de poule rien qu'en consultant les relevés quotidiens de températures du Centre d'études subarctiques. Comment pouvait-on supporter de tels frimas ? – 48 °C sous abri, au centre même, le 8 janvier dernier ! En février, les minima atteignaient encore les – 43 °C, – 45 °C sans tenir compte de l'influence du vent !...

– Dans le Nord, expliqua Jacques, il est vital de bien connaître les facteurs de refroidissement et les moyens les plus adaptés pour y remédier. La sensation de froid ne dépend pas exclusivement de la température réelle, mais également

15

d'autres paramètres comme l'ensoleillement, l'humidité, le vent. Le travail et la nourriture produisent la chaleur dont nos corps ont besoin. Tout notre effort doit porter sur la conservation de ces couches d'air chaud emprisonnées dans nos vêtements. Pour cela, veiller à toujours garder sur soi tuque (bonnet de laine) et mitaines (moufles) pour réduire les déperditions de chaleur par les extrémités du corps. Mais savoir aussi ventiler son corps avant que la transpiration ne le glace au premier arrêt. Le matin, en quittant le camp, raquettes aux pieds, on doit être peu vêtu, avoir presque froid. Dès que le corps commence à se réchauffer, on ouvre ses « zips » (fermetures Éclair).

Et, joignant le geste à la parole, Jacques les ouvrit en grand. Ses vêtements en étaient couverts : des manches de son blouson coupe-vent aux jambes de son pantalon en laine, sans oublier le pull-over qu'il avait transformé en gilet. Quand ce n'était pas un zip, c'était un bouton-pression ou toute autre invention de son cru qu'il testait sur le terrain !

– Quand le froid se fait mordant, il est dangereux de vouloir à tout prix terminer un petit travail au lieu d'abandonner sagement la tâche pour se réchauffer les mains.

– Les engelures, c'est comme les brûlures, ajouta Michel, il en existe au premier, au deuxième et au troisième degré. Le gel détruit les tissus de la même manière que le feu. Personnellement, je suis porté à geler du nez...

– C'est ça, intervint Jacques, la progression du froid se fait insidieusement. On peut se geler le nez même sans s'en rendre compte. C'est surtout par temps de blizzard qu'il faut être vigilant pour soi, mais aussi pour les autres ; l'engourdissement progresse rapidement. Si l'un d'entre nous en ressent les premiers effets sans parvenir à se réchauffer en battant des bras ou des pieds, il doit demander de l'aide à son compagnon, par exemple en plaçant ses mains engourdies sous les aisselles de l'autre, le temps que la circulation se rétablisse...

– Pour les pieds, c'est plus difficile, ajouta Michel dans un éclat de rire, en poursuivant la mine assombrie, mais l'essentiel, bien plus que les précautions que tout un chacun doit prendre pour se maintenir en bonne forme, c'est de forger entre nous quatre un véritable esprit d'équipe. Extérieurement, bien au chaud, comme aujourd'hui, cela paraît facile, mais à l'épreuve du temps, c'est autre chose. Pendant trois mois, nous vivrons ensemble sur les traîneaux, sous la tente, avec les fatigues inhérentes à ce genre d'expédition, fatigues accrues par le froid.

– Jacques et moi, nous nous connaissons bien, depuis des années nous partons ensemble. Nos caractères sont différents, mais nous avons appris à nous supporter. Mais quelles seront nos relations avec vous deux (Nicolas et Alain)? On se connaît à peine! Dans trois mois, ce sera différent. Nous reviendrons amis, ou définitivement brouillés. Une chose est certaine, si le moral n'y est pas, on se fatigue de l'expédition, on n'a plus le goût de la vivre. Cela devient difficile pour tout le monde.

Un silence pesant s'ensuivit. On n'en était plus aux grandes rêveries romantiques, au temps où, penchés sur les cartes du Nord-Québec-Labrador, nous fixions l'itinéraire de l'expédition. Finies, les grandes envolées sur l'appel du Nord, la grande aventure! L'aventure vécue au quotidien est plus prosaïque, moins excitante. Elle est faite de vie en vase clos, aussi paradoxal que cela puisse paraître, de tâches quotidiennes répétitives et souvent ingrates, de solidarité active qui peut devenir pesante avec le temps. Chacun dépend de l'autre, constitue un maillon d'un tout, et ne peut se retirer du jeu en cours de partie. Chacun doit trouver sa place dans l'équipe, « ses marques », dirais-je. Pendant trois longs mois, il faut se supporter, accepter ces petites manies qui agacent à la longue. Les mille petits riens qui s'accumulent et finissent par faire éclater l'équipe, rendre infernal un projet sur lequel on a passé des nuits blanches, mis des mois à organiser... L'échec au bout de la route!

Nous avions conscience de ce risque. Ce silence en était la preuve. Il était réconfortant de l'envisager, de l'évoquer sereinement avant même que l'expérience débutât. Preuve de la maturité de l'équipe et de son désir de s'assumer... Il est indéniable que nous nous connaissions peu. Quelques voyages entre Paris et le Québec avaient permis de défricher le terrain, de vérifier la concordance de nos objectifs. A priori, il n'y avait pas d'incompatibilité d'humeur, quant au reste... Mais doit-on partir uniquement avec des amis de longue date? Cela reviendrait à s'interdire quantité de projets. Je crois beaucoup au flair, à l'impression première, à la sympathie spontanée. Et puis après tout... ces incertitudes font le sel de l'aventure, ou de la vie, tout simplement, question d'état d'esprit.

2.
Dans les chemins de la tradition

Et cette première rencontre? Le milieu des fervents de l'aventure est, quoi qu'on en pense, un noyau restreint. Ceux qui voyagent dans une même zone géographique finissent toujours par se connaître, à défaut d'une rencontre directe, par personne interposée.

L'été 1982, alors que j'étais de passage avec Marc Moisnard au Centre d'études subarctiques de Schefferville (à l'occasion d'une précédente expédition en canot de Sept-Iles à la baie d'Ungava), Doug Barr, son sympathique directeur, nous avait parlé des deux Québécois, Michel Denis et Jacques Duhoux, venus l'hiver précédent faire une expédition d'un mois en traîneaux à chiens de Schefferville à la baie d'Ungava. Vivre semblable expérience trottait déjà dans nos têtes, passionnés par leur périple.

En février 1983, je reçus une lettre de Michel. Il avait appris mon désir d'organiser une expédition de plusieurs mois en traîneaux à chiens et me proposa de faire équipe ou, plus exactement, de se rencontrer dans un premier temps. Je profitai de ma venue au Québec, un mois plus tard, lors de la présentation de mon film *Sur les traces du père Babel* (réalisé au cours de l'expédition en canot), pour le rencontrer chez lui, à Saint-Adolphe-de-Dudswell. Au cours de notre discussion, qui dura deux jours, nous abordâmes tous les aspects de notre éventuelle collaboration. En langage diplomatique, on parle de « discussions franches avec vaste tour d'horizon des problèmes en suspens ». Je retins surtout de cette rencontre la passion qu'il vouait au Nord : il en parlait avec une telle vivacité d'esprit que je pouvais suivre sur ses traits le jeu de ses pensées. Il avait, malgré la quarantaine passée, quelque chose d'enfantin dans son regard, des yeux rieurs et gais qui, en même temps, dénotaient une confiance sereine propre à ceux qui ont beaucoup appris de la vie. Je l'écoutais, ne perdant pas un mot de ce qu'il me disait :

– Au début j'avais le goût de partir dans le Nord, de connaître ce territoire dont on ne nous parlait pas à l'école, comme s'il n'existait pas. Il représente pourtant les trois quarts de la superficie de la province. Je n'en connaissais à peu près rien. Je suis parti dans l'Abitibi plusieurs fois, et, un jour, je suis monté à Schefferville avec l'idée de faire une randonnée de deux semaines en traîneaux. Nous étions deux (ce n'était pas encore avec Jacques), mais nous étions chargés... Tabernak, que nous étions chargés! C'était à peine croyable. A peine avançait-on de trois mètres que le traîneau s'enfonçait, calait dans la neige profonde, et, chaque fois, nous devions faire des efforts éreintants pour le remettre dans la trace. Un calvaire! A tel point qu'au bout de deux jours, nous sommes rentrés à Schefferville complètement épuisés. Cela m'a servi de leçon, maintenant je ne pars qu'avec du matériel que j'ai déjà testé sur le terrain. On se charge toujours trop, et, tu verras si on part ensemble, il n'y aura pas de poids superflu, pas une paire de chaussettes en trop, fit-il, le sourire aux lèvres, comme s'il s'attendrissait sur cet épisode de son apprentissage, avant de poursuivre : mes traîneaux ont subi quelques modifications avec le temps. Ils ont gagné en souplesse, mais je suis resté fidèle à la babiche d'orignal. J'utilise maintenant du plastique au lieu du métal pour les lisses (patins). Ils glissent mieux, et c'est moins dangereux en cas de chute sous le traîneau. Autrefois, dans la neige profonde, nous utilisions des skis de fond pour tracer la piste devant les traîneaux. Nous sommes revenus à la tradition, aux raquettes des coureurs de bois... As-tu déjà chaussé des raquettes?

– Non.

– Il faudra t'y faire, tu ferais bien de t'entraîner si tu ne veux pas trop souffrir quand nous marcherons des heures durant.

– Tu vois, ces raquettes en bois, fit-il en allant les décrocher du mur de la salle de séjour, ce sont des raquettes indiennes fabriquées par les Attikameks de Manouane. Il n'y en a pas de meilleures; il faudra vous en commander une paire à chacun, ainsi que des mocassins en peau d'orignal, comme ceux-ci. (Il alla chercher sa paire de mocassins.) Avec ça, dans la neige sèche de l'hiver, vous serez confortables. On n'a encore rien trouvé de mieux que les mocassins et les raquettes indiennes pour se déplacer dans le Grand Nord.

Je les examinais longuement, impressionné par la qualité du travail. Les raquettes étaient faites d'un bâti en bois de mélèze, très flexible, sur lequel étaient tressées de fines lanières de cuir en peau de caribou, plus connues au Québec sous le nom de « babiches ». Elles devaient bien mesurer un mètre de long sur une trentaine de centimètres de large. En mon for intérieur, j'appréhendais mes débuts en raquettes, mais n'en soufflai mot à Michel.

– Maintenant, notre technique commence à être au point, jusqu'à preuve du contraire... On la modifiera encore à notre retour si elle ne donne pas entière satisfaction, conclut-il, la mine réjouie, sur un ton un brin forcé « on est jamais sûr de rien... ». Sa décontraction, son humour et sa simplicité avaient quelque chose de fascinant. On sentait qu'il avait été formé à la dure discipline du Nord, à cette école de l'humilité. Chez lui, point de sentiment de domination. Il avait appris à craindre et respecter cette terre. Je sentais que cet enseignement avait été pour lui plus précieux que tout savoir livresque. Certains étaient faits pour la ville, lui était fait pour le bois, et, pour tout dire, je retrouvais en lui l'aspect sympathique du coureur de bois décrit dans les livres de Jack London ou d'Yves Thériault, personnages dont la joie et la bonne humeur étaient les traits essentiels.

Mais qui étaient ces personnages hauts en couleur? Ces voyageurs des pays d'en haut, comme ils s'intitulaient fièrement. Les pays d'en haut, c'était le Grand Nord mystérieux, l'hiver, comme le chante Gilles Vigneault. A peine l'été a-t-il montré le bout de son nez que les premières chutes de neige ne tardent pas à apparaître. Par saccades s'installe l'hiver, démesuré, intégral. A Schefferville, par exemple, il n'est guère que les mois de juillet et d'août qui ne connaissent de précipitations de neige, et encore! Le 28 août 1982, Marc et moi avions débarqué à Schefferville en pleine tempête de neige!

Là-bas, les temps sont successifs, les saisons plus marquées. La nature en devient méconnaissable. A la suractivité bruyante de l'été, ne serait-ce que par les nuages de moustiques et de maringouins, succède un engourdissement silencieux. La terre, les rivières, les lacs disparaissent sous l'uniforme carapace des neiges et des glaces. Pendant des mois, il ne reste plus aucune vie végétale, et la vie animale elle-même subit des graves perturbations. Les premières chutes de neige sont le signal de l'immense départ. Tous ceux qui le peuvent s'en vont : des armées d'oies sauvages, d'outardes, de huards, d'eiders, de grues reprennent chaque automne leurs quartiers d'hiver en Louisiane ou en Floride. Les caribous quittent les toundras pour se réfugier à la lisière de la forêt subarctique. Les animaux sédentaires, eux, sont contraints de s'adapter aux rigueurs de l'hiver. Certains, tel l'ours brun, se cachent dans quelque creux d'arbre pour leur sommeil hivernal, vivant au ralenti sur les graisses accumulées à la fin de l'été. Beaucoup changent de poil ou de couleur pour s'adapter au froid. Le poil devient plus épais et passe du foncé au blanc. C'est l'époque où les fourrures prennent toute leur valeur, où les Amérindiens, depuis des temps immémoriaux, chassent en forêt, repérant facilement la trace des animaux sur la neige.

Jusqu'à une époque récente, les Indiens partaient le plus souvent avant les gelées pour se rendre en canot dans leurs territoires de chasse. Cette chasse était alimentaire et en même temps chasse aux fourrures pour se vêtir contre le froid. Mais les richesses en fourrure que recèle le Nord suscitèrent l'intérêt des marchands, stimulés par la mode européenne et le nouvel engouement des chapeliers et des couturiers pour les peaux de castors, de loutres, de renards...

Attirés tout à la fois par le gain, le goût de l'inexploré et l'évasion d'une vie routinière, une bonne partie des premiers Européens devinrent « coureurs de bois » plutôt que colons. L'activité de trappe a longtemps fourni la seule exportation payante du Canada.

Les Européens fraîchement débarqués versèrent un lourd tribut au Grand Nord. Beaucoup périrent d'inexpérience, d'autres s'adaptèrent en s'inspirant largement des méthodes des hommes de la forêt boréale et subarctique : les Indiens. Les souliers ramenés d'Europe étant inutilisables dans la neige profonde, ils adoptèrent les raquettes qui portent le poids d'un homme et l'empêchent de s'enfoncer dans la neige jusqu'au genou. Ils troquèrent leurs bottines à semelles pour des mocassins en peau d'orignal ou de caribou, dont la souplesse et la résistance les étonnaient.

Les voyageurs européens apprirent à fabriquer de grands

traîneaux tirés par une dizaine de chiens. Ils se mirent à la technique esquimaude d'attelage en éventail sur la toundra, ou tout terrain dégagé, et à la technique indienne d'attelage en ligne dans les forêts : les chiens étant attelés l'un derrière l'autre de façon à faciliter les déplacements entre les arbres, où la neige est molle et profonde. Bien d'autres pièces de l'équipement des coureurs de bois étaient directement inspirées de l'expérience des autochtones (parka en peau d'orignal et de caribou, mitaines); mais les échanges se firent aussi dans l'autre sens : les Amérindiens adoptèrent à leur tour la tente en toile, le poêle à bois des coureurs de bois...

Ces hommes voyageaient par n'importe quel temps. Ils remontaient à l'automne les rivières en canot et se déplaçaient l'hiver en traîneaux à chiens très loin à l'intérieur des terres, risquaient cent fois de geler, de se perdre ou de mourir de faim. Au début du printemps, alors que la glace portait encore, ils redescendaient de leurs lieux secrets vers les comptoirs, les traîneaux chargés de fourrures. Celles-ci, soigneusement examinées, étaient alors payées, et le trappeur pouvait repartir vers d'autres aventures dans la grande forêt arctique. Mais, bien souvent, la vente de ses fourrures lui permettait tout juste de racheter au même comptoir munitions, pièges et nourriture de base.

Illettrés pour la plupart, ces découvreurs n'ont pas laissé de traces écrites de leurs aventures, ou si peu. Ils trappaient pour leur compte ou celui des grandes compagnies, mais ils ont su se montrer bien souvent les précieux auxiliaires des géographes et anthropologues de leur temps par la quantité d'informations qu'ils ramenaient de ces terres inconnues. Peut-être est-ce la raison pour laquelle le mythe fait partie de l'imaginaire collectif du Canada et d'ailleurs...

Le côté insaisissable du personnage, son vécu me fascinaient, comme m'avait fasciné, deux ans plus tôt, le père Babel, ce missionnaire oblat qui avait parcouru dans les années 1865-1870 la taïga et la toundra arctiques pour tenter de convertir quelque lointaine tribu indienne. A travers la relation de ce voyage, déjà, je me passionnais pour l'aspect humain du récit, le témoignage d'une époque, bien plus que pour l'aspect proprement missionnaire.

Si l'archétype du coureur de bois reste bien vivace, l'honnêteté est de reconnaître que la grande époque des trappeurs est révolue. Au Labrador, comme partout d'ailleurs, on est passé directement du chien au Skidoo (du nom de la marque de motoneige la plus connue dans le pays).

Les trappeurs modernes ont suivi (ou subi?) les lois du progrès et adopté le Skidoo, parfois l'avion, pour se rendre plus rapidement sur leurs territoires de trappe et visiter les centaines de pièges qu'ils ont installés. On peut le regretter, mais le trappeur d'aujourd'hui n'a pas vraiment le choix; il est soumis, lui aussi, aux lois du profit, sur lesquelles il n'a aucune maîtrise, s'il veut vivre décemment de son travail. Et, pourtant, la discussion que j'avais avec Michel m'apportait la preuve de la pérennité de la lignée des coureurs de bois. Coureurs de bois bien différents des précédents, plus préoccupés d'écologie que de trappe, de qualité de la vie que de gagne-pain. Ce sont eux, à mes yeux, les véritables dépositaires de la tradition. Ils défendent un art de vivre : une manière de détraquer cette machine à aller vite qu'est la vie moderne; ils affirment bien haut la permanence des liens d'interdépendance qui ont toujours uni les chiens et leur maître, pour le meilleur et pour le pire. Ils s'accrochent désespérément à ces images d'un passé récent, préférant compter sur leurs mocassins, leurs raquettes et leurs attelages, pour aller là où les Skidoo ne passent pas.

Michel disparut quelques instants et revint avec une carte de la péninsule du Nouveau-Québec-Labrador, que nous dépliâmes sur une table. Le temps s'était brusquement emballé. Oubliés, l'été et l'automne, pour me trouver propulsé sans autre transition, au cœur de l'hiver 1984, en plein Labrador. Cette rêverie prit pour moi valeur de prémonition. J'étais désormais convaincu que nous vivrions ensemble ce projet l'hiver suivant. J'écoutai religieusement le tableau qu'il me brossait :

– L'intérêt de cette région tient à la variété de ses paysages. On peut, par exemple, partir de Schefferville en pleine taïga, longer la rivière De Pas, arriver sur la toundra avec la rivière George et, là, au lieu de remonter directement au nord, vers la baie d'Ungava, bifurquer à l'est, pour rejoindre la côte du Labrador et la banquise...

J'opinai de la tête, confirmant mon intérêt pour cette côte entrecoupée de fjords, tant maudite par les navigateurs à la recherche du passage du Nord-Ouest.

– Il faudra auparavant franchir le canyon de la rivière Fraser pour y accéder. Les Inuit devaient autrefois passer par là pour aller chasser le caribou sur la rivière George. Mais ce ne sont que des suppositions. Il est très difficile aujourd'hui d'avoir des informations fiables, de première main, sur ces régions. Les Inuit, comme les Amérindiens, Montagnais et Naskapis, n'organisent plus comme c'était encore le cas il y a trente ans, les grandes migrations de chasse qui les amenaient à l'intérieur des terres pendant des semaines, voire des mois. Les Montagnais résident aujourd'hui l'essentiel de leur temps dans leurs réserves sur la côte Nord du Saint-Laurent et à Schefferville (réserve de Matimekosh), les Naskapis, près de Schefferville, dans leur village de Kawawachikamach, et les Inuit du nord du Labrador sont regroupés à Naïn. Tous ces villages que tu vois indiqués sur cette carte de la côte du Labrador, Okkak, Nutak, Hebron, sont aujourd'hui abandonnés. Les Inuit parcourent encore en Skidoo la banquise pour chasser le phoque et pêcher, mais l'intérieur des terres est plus difficilement accessible, et l'essence coûte cher...

– Veux-tu dire que nous ne rencontrerons vraisemblablement personne sur notre itinéraire?

– C'est bien ça... On devrait trouver des pistes de motoneige à proximité des villages et sur la banquise, partout ailleurs, on sera vraiment isolé... (Puis, reprenant le cours de la conversation) : Le canyon de la rivière Fraser est un des rares passages permettant d'atteindre la banquise.

Je suivis des yeux cette immense fracture qui entamait le plateau du Labrador en ligne droite. C'était déjà impressionnant sur la carte, et j'avais une folle envie d'y être, me souvenant d'une photo aérienne que j'avais vue peu de temps auparavant dans un livre sur le Labrador.

– Il faudra étudier avec Jacques chaque courbe de niveau sur la carte au 1/50 000 pour avoir une bonne idée de la pente qui nous attend; mais, à première vue, on doit pouvoir passer. Ensuite, nous pourrions remonter la côte du Labrador. Nous n'avons aucune expérience de la banquise, mais les gens de Naïn la connaissent bien. Ils nous renseigneront. Comme dernière difficulté, nous aurons à traverser la chaîne des Torngat dont les sommets culminent à quinze cents mètres directement au-dessus de la mer, ce qui est très impressionnant. D'après ce que j'en sais, ces montagnes sont de toute beauté. Ce sont nos Alpes à nous. La plupart de mes compatriotes ignorent même leur existence. C'est à peine croyable! Les Français cherchent l'exotisme dans nos régions, les Québécois, eux, préfèrent le soleil des Caraïbes et de la Floride. On sera déjà au printemps, il sera temps de rejoindre Kangiqsualujjuaq (Port-Nouveau-Québec) avant la débâcle qui ne prévient pas dans le Nord.

– A combien estimes-tu le temps nécessaire pour mener à bien ce périple?

– Environ trois mois, si on table sur une distance moyenne de vingt-cinq kilomètres par jour. C'est ce que nous parcourions en une journée lors de nos précédentes randonnées.

– Vingt-cinq kilomètres par jour, ça me paraît peu; quand on pense aux distances que les Esquimaux parcouraient autrefois avec leurs attelages. Ils faisaient souvent quatre-vingts, cent kilomètres, voire plus.

– C'est vrai, c'est possible sur la neige dure, sur la banquise, mais je peux t'assurer que nous ne les parcourrons pas sur la rivière De Pas. N'oublie pas que dans la neige profonde, il faut faire la trace en raquettes pour les traîneaux; les chiens n'ont pas de prise dans la neige souple et s'enfoncent parfois jusqu'à la gueule. Essaie simplement de tirer une charge dans le sable, tu m'en donneras des nouvelles! Dans la neige, c'est encore pis. On se crève pour rien et on fatigue également ses chiens. Notre expédition ne durera pas une semaine, ni deux... mais trois mois, et il vaudra mieux, crois-moi, qu'ils gardent la forme jusqu'au bout... Tu te rendras compte toi-même, très rapidement, de la somme d'efforts qui doit être déployée pour dégager le traîneau quand il est coincé dans la neige profonde. Paul-Émile Victor préfère parler d'expéditions en raquettes et en traîneaux. Il a raison. On reste rarement inactif sur le traîneau, dans la neige molle de la taïga. Sur la toundra, la neige devrait être plus dure, mais le plateau est dénué d'arbres. On ne pourra plus se fier à la végétation pour reconnaître les bords des rivières, des lacs... tout disparaîtra sous un manteau blanc, uniforme. Pour moi, cela est également nouveau. Nous nous orienterons probablement à la boussole, pour éviter de manquer le canyon de la rivière Fraser et de nous égarer; ce que nous gagnerions en temps de progression, nous le perdrions en reconnaissances préalables. Ensuite, il y aura l'aléa de la descente du canyon, l'inconnu de la banquise, et les difficultés de franchissement des monts Torngat avec des traîneaux chargés... Tout ce qui fait le charme de ce genre d'aventures. On ne devrait pas être déçu!

– Mais il y aura aussi des journées de repos... tins-je à préciser.

– Bien sûr, on prendra du bon temps pour chasser les lagopèdes (perdrix blanches), rester quelque temps au même bivouac et même, peut-être, escalader un sommet des Tornsat... mais il faudra respecter notre plan de marche pour arriver dans la mesure du possible aux dates prévues pour nos ravitaillements aériens.

Toute cette organisation qui s'annonçait particulièrement précise, ces incertitudes du voyage, la variété des paysages traversés comme la variété des saisons me donnaient le sentiment que l'aventure que nous mettions ensemble sur pied s'annonçait exceptionnellement riche. Mais ce n'était encore qu'une vue de l'esprit, un espoir immense... On en vint, tout naturellement, à la composition de l'équipe. Pensait-il que Jacques accepterait de s'associer avec nous?

– Il n'a pas le téléphone. Je vais lui écrire. Il habite une maison isolée, au bord d'un lac, loin d'ici, près de Maniwaki. Jacques vit un peu en marge du monde, c'est la vie qui lui convient. Je ne connais pas sa réponse, mais je suis certain qu'il acceptera quand il saura que je suis dans le coup. Il me fait confiance.

– Et toi, as-tu une idée du quatrième équipier? me demanda Michel.

– Non, pas encore, mais il n'y a rien de pressé.

– Si tu le souhaites on peut trouver un Québécois.

– Pour des raisons pratiques, je préférerais qu'il habite en France. Je pourrais mieux organiser avec lui le reportage.

Nous étions convenus que je réaliserais le film de cette expédition. Le quatrième équipier devait m'aider à assurer la prise de son et, surtout, avoir la maîtrise du reportage photographique.

J'estimais également, sans en souffler mot à Michel, pour éviter de froisser son éventuelle susceptibilité, qu'il était préférable, pour des questions d'équilibre à l'intérieur de l'équipe, de partir à deux Québécois et deux Français.

– Cherches-tu un photographe professionnel?

– Je ne partirais jamais avec quelqu'un uniquement en raison de sa qualité de professionnel. Je préfère choisir un équipier qui connaît le Nord et qui l'aime. S'il est bon professionnel en plus, tant mieux, mais ce n'est pas ce qui prime.

Nicolas Vanier allait rejoindre l'équipe quelques mois plus tard, en octobre, au retour d'une expédition en canot sur la rivière De Pas, et sur la rivière George, l'été 1983. Une aventure pleine d'imprévus et d'émotions puisque après avoir chaviré dans un rapide les quatre équipiers ont dû continuer leur voyage dans le seul canot qui leur restait, et cela pendant plusieurs jours... Nicolas m'avait écrit à son retour pour me proposer sa collaboration. Nous nous étions rencontrés. Il manifestait une passion pour le Nord, un amour de la chasse et de la nature... Somme toute, le profil pour faire partie de l'équipe, mais son jeune âge (il avait alors vingt et un ans) laissait mes partenaires québécois songeurs. Après l'avoir rencontré, ils furent tout à fait rassurés.

Mais revenons à cette longue discussion du mois de mars qui avait repris le lendemain. Michel s'était subitement refermé sur lui-même, sans explications, comme s'il s'était engagé trop loin et quand il sortit de son silence ce fut pour évoquer une flopée de difficultés laissées encore en suspens et presque insolubles à ses yeux. Comment parviendrait-on à financer une telle opération? Qui prendrait en charge l'achat des dix chiens nécessaires pour constituer un second attelage, leur entretien près d'un an avant le départ et durant l'expédition, qui paierait les dépôts aériens de nourriture, excessivement onéreux dans le Nord? Alignant les chiffres, le budget se gonflait démesurément. N'avait-on pas parlé dans le vide et manqué de réalisme?

Je n'avais pas plus que Michel le moindre financement personnel. Seulement des idées, une volonté et une énergie que je comptais déployer pour trouver une solution à cet aspect difficile de la question. Mais eussions-nous établi l'échéancier très précis auquel tenait tant Michel que l'expédition n'aurait jamais dépassé le stade de projet. Dieu sait par quelles affres nous sommes passés. Mais à force de répéter les termes de la même insoluble équation, nous avons tout de même fini par entrevoir un commencement de solution, et fait le tour de force de réunir les moyens, pratiquement à la veille du départ... Mais nous les détenions enfin.

3.

Une mosaïque de caractères

Les rumeurs de la fête organisée la veille au Centre d'études subarctiques à l'occasion de notre départ s'étaient tues depuis deux ou trois heures à peine, lorsque Michel et Jacques s'extrairent péniblement de leur couverture, la tête lourde, les yeux pochés par le manque de sommeil, pour s'approcher de la fenêtre d'un pas d'automate dont on venait de remonter le ressort.

Nous étions le 24 février et l'aube n'avait pas encore pointé. Ils restèrent quelques instants immobiles, silencieux dans la pénombre, à fixer l'épaisse pellicule de givre qui s'était formée sur la vitre au cours de la nuit. Le froid sec était de retour. Cette nouvelle les laissa apparemment de marbre : pas le moindre échange de mots, aucune manifestation de satisfaction dans leur regard. Et pourtant! à l'inquiétude succédait l'espoir. Avec ce changement de temps providentiel, la journée s'annonçait sous de meilleurs auspices. Après des jours et des jours de chutes de neige presque ininterrompues, le vent arctique avait opportunément chassé les lourds nuages de neige, avant qu'ils n'eussent effacé totalement les pistes de Skidoo tissées en toile d'araignée autour de Schefferville.

Cette neige eût-elle persisté quelques heures de plus que nos chiens n'eussent eu d'autres ressources que de faire une nouvelle trace (hors des pistes de Skidoo) et de brasser la neige folle jusqu'à la gueule avec les difficultés que l'on imagine. Ce n'est pas que nous craignions particulièrement ce genre d'épreuve, mais nous ne tenions pas à brusquer les choses. En tout état de cause, nous ne pourrions compter éternellement sur ces pistes de Skidoo! Deux ou trois jours tout au plus avant qu'elles ne s'interrompissent brusquement; ensuite, nous passerions aux choses sérieuses : aux étendues vierges où les habitants de Schefferville ne s'aventurent que très rarement.

Il nous fallut bien deux heures pour nous préparer et régler les derniers détails. A peine eut-on mis le nez dehors que les dix-neuf chiens se dressèrent sur leurs pattes dans un garde-à-vous impeccable. Ils surveillaient nos allées et venues. Comprenaient-ils la raison de cette agitation? Toujours est-il que lorsque nous nous mîmes à charger les traîneaux, une immense plainte s'éleva avec ses ténors, ses barytons et ses basses, entrecoupée de jappements aigus et ridicules, qui dénotaient dans ce concert canin. C'était Kayak qui se faisait remarquer. Ce bel ensemble succomba au réveil des égoïsmes. Chacun voulut jouer sa propre partition pour s'attirer les faveurs du maître. Incroyable cacophonie qui s'amplifia encore lorsque les deux Québécois s'approchèrent pour disposer devant chaque chien un harnais qui portait le nom de leur propriétaire en grosses lettres au feutre indélébile. Chacun avait un harnais sur mesure, parfaitement adapté à sa morphologie. L'animal devait s'y sentir à l'aise, ni à l'étroit (ce qui l'eût blessé) ni trop au large (ce qui eût réduit son rendement au traîneau).

Le nom de chaque chien porté sur le harnais me permit également de me familiariser plus vite avec la composition des deux attelages. Bien sûr, il était facile de reconnaître Kayak, en raison de sa petite taille, ou même Mahingan, la chienne de tête de l'attelage de Jacques. Elle avait dans son regard un je-ne-sais-quoi de placidité, d'intelligence qui flairait l'expérience. Elle savait qu'on comptait sur elle pour donner l'exemple et ouvrir la piste, et prenait des airs de diva. Bilbo, lui aussi, était facilement identifiable, et pas seulement à cause de sa vilaine plaie à l'oreille – d'ailleurs en voie de guérison. Sans conteste, il était le plus gros et le plus fort, et, en même temps, celui doté du plus mauvais caractère (avec Tröll), trait dominant chez les fortes personnalités. Il y avait encore la chienne du maire de Schefferville, que nous avions rebaptisée Chloro (diminutif de Chlorophylle) en l'honneur de notre fournisseur de vêtements québécois du Grand Nord. Elle avait intégré l'attelage de Jacques trois jours auparavant, et il était encore trop tôt pour savoir ce qu'elle valait, mais, le moins que l'on pût dire, c'est que nous n'étions pas franchement emballés par notre nouvelle recrue. Ne faisait-elle pas, d'ores et déjà, figure de « vilain petit canard », avec son corps trop maigre sur des pattes trop hautes, et ce n'est pas le régime hypercalorique que nous lui avions concocté qui avait pu, en si peu de temps, changer quelque chose à sa maigreur. Enfin, faute de mieux, Jacques l'avait attelée avec Bilbo en queue d'attelage, pour la prendre en main. Quant aux autres : Minca, Kaali, Dona, ils étaient noyés dans la masse, et je ne parvenais encore à les distinguer, ce carré de sans-grade, d'anonymes, n'ayant encore su, à mes yeux, affirmer leurs traits de caractère. En revanche, il n'était pas question de remettre en cause leur place dans l'attelage. Sans doute s'affirmeraient-ils sur la piste.

L'attelage de Michel semblait plus homogène en l'absence des fortes personnalités et des chiens placés là « faute de mieux ». Je reconnais volontiers qu'il m'a fallu plusieurs jours pour me familiariser avec Bodash, Pekan, Boul, P'tit-Loup, Coyote, Kimo. Ce fut plus facile en ce qui concerne Pakouk et Duway, la fameuse paire de gros chiens en queue d'attelage, la petite chienne Moulouk, en raison de sa vivacité d'esprit et son immense besoin de tendresse, et P'tit-Ours, le benjamin, par ses gamineries, ses pitreries et ses petits cris effarouchés dès qu'une bagarre opposait deux de ses voisins ou qu'on faisait mine de lever la main sur lui.

Les chiens sautillaient, hurlant, jappant, excités à l'idée de se dégourdir les pattes; mais savaient-ils vraiment ce qui les attendait?

Pour être tout à fait honnête, je dois reconnaître que nous les avions un peu abandonnés à eux-mêmes depuis quelques jours. Profitant au maximum de nos dernières heures de repos (et aussi de travail), nous avions réduit les séances d'entraînement. Mais cela faisait des mois que les deux Québécois les entraînaient, et ils étaient maintenant suffisamment aguerris.

– Couchés, couchés!

Les récalcitrants reçurent une petite tape sur le museau en guise d'avertissement, ce qui eut le mérite de calmer bien des ardeurs.

– Ils sont impatients de partir, c'est bon signe! s'exclama Michel, qui savait que cela ne durerait pas.

– Dans une semaine, il ne faudra pas les calmer, mais au contraire les secouer pour les remettre au travail. Ils sont en forme, mes chiens.

Une fois démêlés les traits tendus (symboliquement?) vers le nord, Michel et Jacques ouvrirent les mousquetons de la chaîne de Mahingan et Bodash. En chiens bien dressés, ils rejoignirent d'eux-mêmes leur place, en tête des deux attelages, et attendirent là, sagement couchés, l'ordre du départ. Pour d'autres, ce fut une autre affaire. Il y avait des velléités d'indépendance qui se manifestaient. Certains cherchaient carrément à nous fausser compagnie. Il fallut alors prendre les grands moyens, saisir les fortes têtes au collier et les soulever d'autorité. Battant l'air avec leurs deux pattes avant, ils perdaient alors de leur superbe et se laissaient atteler au traîneau par couples, selon la technique dite de l'attelage en tandem double de part et d'autre d'un trait unique derrière le chien de tête. Il y eut bien quelques problèmes de voisinage à régler, en particulier entre Pakouk et Duway, qui se montraient les dents, grognaient et se lançaient toutes autres amabilités de la même veine dès que l'on s'éloignait de trois pas. Michel mit rapidement bon ordre à tout cela. Dix-neuf têtes obéissantes et impatientes fixèrent leur maître, pour attendre ses instructions. Une ultime inspection des traits, un dernier adieu à Doug Barr, aux chercheurs du centre, qui nous avaient si bien accueillis, et aux quelques curieux venus prendre des clichés du départ. Michel se retourna une dernière fois vers Jacques, dont l'attelage se trouvait à une dizaine de mètres derrière.

– Méfie-toi que tes chiens ne s'approchent trop près des miens quand tu passeras devant, je crains qu'ils n'en profitent pour régler de vieux comptes...

Il était convenu, en effet, que Jacques passerait en tête avec son attelage. Nous comptions sur Mahingan pour ouvrir la piste. N'avait-elle pas déjà participé à diverses randonnées comme chien de tête?

Quant à Bodash, son expérience à ce poste se résumait à l'entraînement que Michel lui avait fait subir depuis des mois, et, le moins que l'on pût dire, c'est qu'il manifestait peu de prédispositions pour tenir cette place de chien de tête. Rien n'était moins sûr qu'il saurait trouver la piste et obéir aux commandements de Michel. Il est vrai que ce chien avait de l'allure, avec sa belle robe blanc crème, sa taille élancée : une qualité bien utile dans la neige profonde. Là où Kayak s'empêtrerait jusqu'au museau, Bodash ne brasserait la neige qu'à hauteur de poitrail, et pourrait encore avancer et tracer la piste. Malheureusement, ces qualités physiques intrinsèques étaient desservies par un caractère renfermé, voire timoré, et une intelligence très moyenne. Il ne se faisait jamais remarquer. Il restait toujours un peu en retrait, effacé. Manque d'ambition, peut-être...

– Les chiens!

A cet ordre, les neuf chiens se dressèrent sur leurs pattes d'un même mouvement.

– Allez! cria Jacques, aussitôt après, d'une voix bien appuyée.

Le traîneau décolla pour entamer un magnifique arc de cercle qui évita de passer trop près de l'autre attelage. Les au revoir, les bon voyage redoublèrent quand Michel se prépara à son tour. Il posa un pied sur le patin gauche, l'autre restant enfoncé sur le frein métallique. Un dernier coup d'œil devant lui, afin de s'assurer que tout était bien en ordre, puis, d'une voix gutturale :

– Les chiens!... Allez!

Départ en deux temps, tout aussi impeccable si, quelques mètres plus loin, Coyote et Kimo n'en avaient profité pour régler un vieux différend et se sauter à la gorge.

– Oooh! Oooh! dit-il en écrasant le frein de tout le poids de son pied droit.

Le traîneau s'immobilisa. Michel, furieux d' « être volé » d'un départ qu'il voulait parfait, injuria copieusement les coupables.

– Tannants... Bande de tannants!

Il leur administra une bonne volée dont ils durent se souvenir car tout alla beaucoup mieux après. En attendant, cet écart de conduite arriva au plus mauvais moment : tous ceux qui étaient venus voir notre départ avaient pu assister à cette scène. Pour une démonstration, ç'en était une... En plus, les deux chiens s'étaient empêtrés dans les harnais et il fallut beaucoup de temps pour les démêler. Second départ :

– Allez! Allez, Bodash! Allez, P'tit-Ours! Coyote!

Il s'agissait moins d'encouragements que d'une manière commode de garder contenance au moment même où l'émotion nous étreignait, nous pinçait... Nous partagions désormais la même communauté de destin. Tous ensemble, pour trois mois, et nous comptions sur eux pour nous amener à bon port. Trois mois ensemble! Nos chiens faisaient preuve d'une belle vitalité, ayant manifestement plaisir à tirer, et l'homme, pour montrer qu'il était là, s'obligeait à leur parler.

– C'est bien, c'est bien... Allez, Bodash!

De temps à autre, la gueule largement ouverte, ils jetaient des regards furtifs, les oreilles pointées vers Michel, satisfaits d'eux-mêmes, en ayant l'air de dire : « Tu vois, tu peux compter sur nous! » Tout allait bien. D'autant que nos inquiétudes se révélaient injustifiées : la piste de Skidoo apparaissait encore mollement tracée sous la neige tombée les jours précédents. Disposant d'une assise suffisante, la tâche des chiens s'en trouvait facilitée. Nous étions d'ailleurs là pour leur simplifier la vie : le fameux travail au traîneau. Debout sur le patin de gauche ou de droite, ou les jambes écartées sur les deux patins à la fois, selon les circonstances, le chef d'attelage maintenait le traîneau dans la trajectoire par de petits mouvements latéraux de pieds à gauche ou à droite. Deux sillons parallèles se perdaient derrière nous dans les collines de la forêt subarctique. Mais, déjà, s'affirmaient les tempéraments et les qualités physiques de chacun.

Malgré sa belle taille, Bodash soutenait difficilement le train. Son trait souvent distendu ralentissait la marche de l'équipage tout entier; quand les « Allez, Bodash! » redoublaient et se faisaient plus persuasifs, il daignait alors tendre son trait pour quelque temps... Pekan ressemblait à Bodash par sa taille élancée, son pelage blanc et son poil ras, mais en plus je-m'en-foutiste. C'est indéniable, il possédait de belles qualités physiques, une classe naturelle, une foulée coulée et allongée, mais il donnait l'impression de ne pas trop vouloir forcer son talent, d'économiser ses forces à la manière d'un marathonien. Moulouk, la seule chienne de l'attelage de Michel, était son contraire. Constamment appliquée, le trait toujours tendu, le museau pointé vers la piste. En un mot, elle était constante.

« Une bonne p'tite chienne, elle tire toujours, on n'a jamais à lui faire des remarques. Elle est gaie, calme », disait d'elle Michel, que je soupçonnais d'avoir un petit faible pour elle. Il caressait d'ailleurs de grands projets à son égard.

« L'année prochaine, je vais la dresser pour en faire une chienne de tête. Elle est suffisamment intelligente pour ça, mais elle est courte sur pattes; c'est un problème dans la neige profonde. »

Coyote, c'était l'éternel inquiet. Les oreilles tournées vers l'arrière, il jetait constamment des œillades en notre direction, s'inquiétant du moindre commandement, quand bien même celui-ci ne lui était pas destiné.

« Il n'est pas " sécure " », disait de lui Michel, qui espérait le voir prendre confiance en lui au cours du voyage.

Pakouk et Duway formaient en queue d'attelage une fameuse paire de costauds. Larges de poitrine, les muscles puissants, la taille bien au-dessus de la moyenne. Ils étaient à eux seuls capables de décoller un traîneau de trois cent cinquante kilos...

– Ça va prendre quelques jours, ça ira mieux après, quand ils auront réglé leurs problèmes.

Michel et Jacques connaissaient parfaitement leurs chiens, leurs qualités et leurs défauts. Mais, en plus, à force d'observer leurs moindres gestes, leurs moindres réactions, les plus imperceptibles signes, ils devinaient leur évolution, leur intégration future dans l'attelage avec une marge d'erreur quasi nulle; tant il est vrai qu'un chien peut se bonifier avec l'âge, comme un bon vin, si on a su interpréter à temps une constellation de signes, muets aux non-initiés, mais qui deviennent clairs, chargés de sens et de leçons pour ceux qui en ont le code. C'est précisément le rôle du dressage de faire ressortir ces potentialités, ces qualités intrinsèques; encore faut-il sentir ce petit quelque chose...

Peut-être qu'à force d'être alliés, ils comprenaient le même langage et formaient un tout indissociable. S'ils aimaient leurs chiens, ils avaient appris à ne pas trop s'y attacher. Un chien ayant fait son temps, ou ne faisant plus l'affaire à la suite d'une blessure, ne garde pas longtemps sa place dans l'attelage : c'est la loi de la vie. Ces animaux étaient des bêtes de trait et devaient le rester. Ils les cajolaient mais pas trop, et jamais pendant le travail. Mais avec quelle autorité ils s'imposaient! Le long travail de dressage portait ses fruits sur le terrain. Je ne pouvais qu'être impressionné quand un simple rappel à la voix suffisait, la plupart du temps, à corriger un chien en défaut. A la voix seulement, sans le traditionnel fouet utilisé par les Esquimaux sur leurs attelages autrefois. S'agissait-il d'un choix délibéré?

– Non, on n'a jamais utilisé de fouet. La seule fois que j'en ai eu un entre les mains, je me le suis fiché dans le coin de l'œil en voulant viser la croupe d'un de mes chiens. Je n'ai encore jamais eu l'occasion de rencontrer quelqu'un qui l'utilisait.

– Tu t'imagines avec un fouet, on ne s'égosillerait plus à longueur de journée! Un claquement de fouet bien placé pour les remettre sur le droit chemin... On n'aurait plus à répéter les mêmes ordres :

Dji! (Gee!) pour aller à droite, Gôch! pour aller à gauche... Plus la peine de stopper son attelage à chaque fois qu'un chien fait une bêtise. Un simple claquement de fouet!

– C'est curieux, vous ne dites jamais « Mush! », je croyais que c'était le terme utilisé par les conducteurs de traîneaux.

– Nous ne l'avons jamais employé. Le terme « Mush! » n'a aucune signification en soi. Ce n'est qu'une déformation du mot français « Marche! », que les Canadiens français employaient dans l'ouest du Canada pour faire avancer leurs attelages. Ils étaient, en effet, très nombreux à la grande époque de la découverte des territoires du Nord-Ouest. Ce sont les Anglais qui ont popularisé ce terme.

– Mais pourquoi ce mélange de mots français et de mots anglais? « Gee » c'est bien un terme anglais?

– Tu as raison, mais il nous fallait des ordres brefs, rapides, explosifs, que les chiens comprennent instantanément. Le mot « Gauche! » (prononcer *Gôch!*) peut être facilement utilisé mais « Droite! » est nettement moins guttural que « *Dji!* » – ordre que nous avons finalement adopté.

Par souci d'homogénéité, Jacques et moi employons les mêmes termes. C'est quand même plus pratique quand on part ensemble sur le même attelage.

Une foule de questions, d'observations nous traversèrent l'esprit. Nicolas et moi profitions de cette première journée facile pour confronter tout ce que nous avions lu ou pu entendre à la réalité tangible, objective, matérielle des faits. Tout nous intéressait, nous intriguait. La marche des traîneaux, leur souplesse, le comportement des chiens... Et nous essayions de tout assimiler pour nous montrer le plus tôt possible efficaces.

– Il faudra vous mettre dans le bain très rapidement, gagner la confiance des chiens, qu'ils vous deviennent familiers. Il va bien falloir que vous nous remplaciez aux traîneaux quand nous serons devant à tracer la piste en raquettes.

Le mot était lâché. La marche en raquettes, un rude apprentissage auquel s'initia Nicolas plus tôt que prévu. En voici les raisons : où que l'on aille, et plus encore si l'on est à l'autre bout du monde, on tombe toujours sur une bonne âme pour vous signaler la présence de quelque compatriote. Généralement, l'effet est inverse au résultat escompté; ce qui se conçoit aisément. On ne se rend pas à quelques milliers de kilomètres de chez soi pour privilégier ce type de rencontre. Mais le cas de Bernard était singulier. Imaginez que ce Bourguignon avait tout quitté, famille, amis..., pour venir, outre-Atlantique, à Schefferville mener la vie d'un authentique coureur de bois, vivant seul ses passions faites tout à la fois de trappe et de chasse, presque en autarcie, dans une cabane distante d'une vingtaine de kilomètres de Schefferville. Il se rendait à la ville une fois par quinzaine, et uniquement pour se ravitailler en produits de base : farine, saindoux... Cette nouvelle n'avait pas laissé Nicolas indifférent. Son regard s'était éclairé d'un éclat subit. Lui-même chasseur au tréfonds de l'âme, et non moins amoureux de la nature, il ressentait un besoin impératif, irréfragable, de le rencontrer et, si possible, dans son monde à lui, là-bas, sur les bords du lac Attikamagen. Au même moment, Bernard apprit de la bouche d'un chasseur montagnais de passage chez lui qu'une équipe de deux Québécois et de deux Français s'apprêtait à traverser le plateau du Labrador avec des traîneaux et des chiens depuis Schefferville. Cette curiosité mutuelle ne pouvait finir que par une rencontre, qui eut finalement lieu au Centre d'études subarctiques, à l'occasion de la venue à la ville de Bernard.

Barbu, les cheveux mi-longs (mais à cela rien d'étonnant, c'est presque l'uniforme des gens du Nord. Nous l'étions tous ou le serions d'ici peu...) Il portait des mocassins en peau de caribou, identiques aux nôtres, une grosse chemise de laine canadienne et une veste à franges, également en peau, qui lui donnait un petit air de Davy Crockett. Il avait l'accent rocailleux de son terroir et suscitait une sympathie immédiate. On sentait à sa façon simple de s'exprimer que son nouveau mode de vie l'avait rendu heureux et épanoui. Il était allé jusqu'au bout de ses rêves. Le cœur sur la main, apprenant que nous devions faire un premier bivouac au bord du lac Attikamagen, son territoire, il nous proposa de profiter de son Skidoo et de transporter une grande partie de notre nourriture à chiens là-bas. Nous acceptâmes son offre : nos chiens nous seraient reconnaissants de leur alléger le traîneau. Nicolas, saisissant l'occasion, se proposa pour l'accompagner. Il n'eût servi à rien de l'en dissuader, même si nous trouvions qu'il y avait mieux à faire à deux jours du départ. Il était convenu qu'il y passerait la journée du lendemain et nous rejoindrait le soir : nous étions, tous les quatre, les invités d'honneur d'un dîner d'adieu organisé par le maire et quelques notables de Schefferville.

A l'aube, les voilà enfourchant leur Skidoo, remorquant une traîne lourdement chargée d'une centaine de kilos de nourriture à chiens. La suite, c'est Nicolas qui nous la raconta :

« Vous vous rappelez comme il avait neigé la veille, la piste que Bernard avait tracée avec son Skidoo pour venir à Schefferville était complètement effacée. Il a fallu en tracer une nouvelle dans la neige fraîche. A peine avions-nous quitté la ville que le Skidoo commença à s'enfoncer et à *caler* dans la poudreuse. Dix fois, vingt fois, nous en sommes descendus pour le sortir des ornières. Sans cette traîne, encore, on aurait pu s'en sortir, mais avec cette charge, pas moyen de faire plus de quelques dizaines de mètres. "La galère!" En temps normal, nous aurions mis une demi-heure, trois quarts d'heure tout au plus, pour atteindre le lac Attikamagen, mais cette fois, en partant à l'aube, nous sommes arrivés là-bas seulement en milieu de journée, complètement épuisés, car, pour tout arranger, le Skidoo a commencé à faire des siennes. Il est tombé plusieurs fois en panne. Nous avions cent fois le temps de nous geler avant que Bernard ne parvînt à le remettre en route. Il a ensuite définitivement rendu l'âme pas très loin du lac. Encore heureux que nous ayons pensé à prendre nos raquettes, sinon, dans cette neige, nous nous enfoncions jusqu'en haut des cuisses, et je me demande bien comment nous aurions pu nous sortir de ce pétrin pour rejoindre sa cabane. Quelle merde, ces Skidoo! On ne peut vraiment pas compter dessus. C'est toujours au plus mauvais moment qu'ils tombent en panne. »

Je trouvais cette anecdote savoureuse (et j'inclinais à penser que je n'étais pas le seul). Nicolas en était quitte pour une bonne fatigue et, en même temps, une leçon pratique du Nord. Mais nous étions encore loin du compte, son histoire se corsa.

« Donc, nous sommes arrivés exténués en milieu d'après-midi; il n'était plus question que je reparte immédiatement à pied (et non plus en Skidoo), la nuit m'aurait surpris. Je

pensais que, ne me voyant pas rentrer, vous viendriez peut-
être me chercher en Skidoo... »

Pour être francs, cette idée ne nous avait même pas effleuré
l'esprit. Ne le voyant pas revenir à la nuit tombée, nous avions
pensé que Nicolas s'était défilé de son dîner officiel (dîner en
réalité sans protocole, à la bonne franquette et, pour tout dire,
bien sympathique) pour rester un peu plus de temps avec
Bernard, et nous lui en voulions un peu pour son comportement quelque peu discourtois. Nous n'écartions cependant
pas la possibilité d'un ennui de motoneige. Nicolas était parti
bien équipé et avec ses raquettes, alors, il n'y avait pas lieu de
s'inquiéter. Tout au plus aurait-il une bonne marche en
raquettes à faire, un bon entraînement! Mais revenons au récit
de Nicolas :

« Je me suis gelé toute la nuit dans cette cabane, à ne
pouvoir fermer l'œil de la nuit. Sitôt le jour levé, j'ai chaussé
mes raquettes et suis parti sans regrets, frigorifié, avec l'espoir
de rencontrer un Skidoo en cours de route. Mais pas le
moindre équipage jusqu'aux premières maisons de la ville. Et
une neige à m'enfoncer jusqu'aux mollets malgré les raquettes. Quand j'ai ressenti les premières crampes aux pieds, j'ai
cru que je n'y arriverais jamais; mais lorsque je m'arrêtais,
c'était pis encore. La transpiration qui me collait à la peau
gelait instantanément comme autant de petites brûlures. Je
n'avais pas le choix; avancer... avancer... en ne pensant à rien
d'autre. »

J'ai un souvenir précis du retour de Nicolas. Il est arrivé les
traits tirés, le regard hagard, le visage blême, presque verdâtre,
les lèvres blanches, à telle enseigne qu'on l'eût cru rescapé
d'une expédition qui avait mal tourné.

Debout, un pied sur chaque patin ou assis sur le traîneau,
nous refaisions en sens inverse son chemin de croix et
retrouvions partout les stigmates de sa marche : les empreintes des raquettes étaient restées figées par le gel comme autant
de traces indélébiles. Sa piste était par endroits zigzagante,
comme hésitante, puis redevenait plus conforme aux lois du
genre, comme si un effort de volonté méritoire avait mis bon
ordre à un coupable laisser-aller. Çà et là, des cratères plus ou
moins creusés venaient briser la monotonie du revêtement
immaculé, et, à chaque fois : « C'est ici qu'on a calé », « Là
aussi »... La fréquence de ces ornières authentifiait son récit.
Je les imaginais tous les deux, fulminant à chacun de ces

incidents, foulant la neige des pieds pour sortir le Skidoo de ces mauvais pas. Il y eut certainement des gestes d'humeur, de découragement, des « sacres », comme on dit là-bas. Un bon entraînement... c'est certain.

– C'est fini le Skidoo. Je le laisse aux autres; on se gèle dessus. Quand on est lancé à toute vitesse, ça fait du bruit à vous casser les oreilles et ça tombe en panne (il est vrai qu'ils sont souvent en mauvais état).

Puis, un jugement sans appel :

– On est toujours perdant.

Jacques abonda dans son sens :

– Ce n'est pas moi qui confierais ma vie à une machine qui risque de lâcher à tout moment, de m'abandonner par des températures de – 30 °C ou – 40 °C.

– Sais-tu que le Skidoo est la première cause de mortalité dans le Nord? Les Inuit avaient moins d'accidents au temps où ils conduisaient leurs attelages à chiens. Là où le traîneau peut encore glisser sur la couche de glace, le Skidoo passe au travers et tombe comme une pierre au fond du lac. Logique! La surface portante du traîneau est nettement plus grande. Au demeurant, la briserait-elle que les chiens seraient encore là pour les sortir du trou. Mais pas le Skidoo, plouf! au fond de l'eau. On ne compte plus le nombre d'accidents survenus autour de Schefferville, rien qu'en Skidoo! En plus, quand le pire est arrivé, quand tu es vraiment mal pris, très mal pris, as-tu déjà essayé de manger un carburateur? En revanche, avec les chiens, tout est possible, conclut Michel, satisfait par sa démonstration sans faille. Vive les chiens!

C'était l'histoire type du Nord, presque une fable avec l'éternel thème de la supériorité de l'animal sur la machine. Mais celle-ci était bien réelle, Nicolas l'avait vécue dans sa chair.

Cette première journée fut facile. Les chiens tiraient de bon cœur. Les traîneaux glissaient sur la piste toute tracée, dure et compacte. Mais, après deux ou trois heures d'efforts, ils nous jetèrent des œillades répétées, comme pour nous faire comprendre que s'ils avaient apprécié cette mise en jambes, il était temps de rentrer chez soi, avant de se laisser surprendre par la nuit. Mais les hommes poursuivaient comme si de rien n'était leurs conversations interminables, en duo sur chaque traîneau, les interrompant à peine pour diriger mollement leur attelage : « Allez, Bodash! » « Allez, Coyote! ».

La piste obliqua enfin sur la droite, juste avant qu'elle ne tombe dans un immense lac aux contours à peine dessinés : le lac Attikamagen sur les bords duquel fleurissaient une multitude de petits chalets en bois. Le gris de la nuit accourait déjà vers l'est. Les chiens, flairant l'étape, oublièrent leur vague à l'âme et tirèrent comme de beaux diables jusqu'au chalet que Johnny, un habitant de Schefferville, avait mis à notre disposition.

Iron-Ore, la société exploitant les mines de fer de Schefferville, avait aménagé ce lac en lieu de villégiature pour ses cadres, qui, autrefois, venaient s'adonner à leurs passe-temps favoris : la chasse et la pêche. Mais depuis la fermeture de la mine, à l'automne 1982, tous ces chalets avaient été rachetés pour une bouchée de pain, par les Montagnais principalement : cent à deux cents dollars canadiens le chalet confortable! Vous parlez d'une aubaine... Pourtant, tout est relatif : on peut aujourd'hui acquérir une maison en plein centre de Schefferville pour le dollar symbolique, une misère! Mais pour quoi faire?

La ruée vers le fer s'est brusquement tarie, touchée par la concurrence internationale. Un nouveau Klondike (les habitants de Schefferville sont en quelque sorte les pionniers de cette récession). Les signes du déclin sont partout : des dizaines de maisons alignées au cordeau, désespérément vides, des rues désertes qu'on ne prend même plus la peine de déneiger. Un décor de ville fantôme au charme discret... Mais, là, je réagis comme un voyeur. Derrière cet aspect délicieusement désuet se cachent bien des drames : des dizaines de familles contraintes d'émigrer vers le sud avec je ne sais quels espoirs de réinsertion ou de chômage. D'autres s'accrochent ici, avec le fol espoir d'une renaissance bien illusoire. Le dernier carré de ceux qui croient en l'avenir de Schefferville se rétrécit de jour en jour. Tous finissent par lâcher prise. Aujourd'hui, c'est une maison qu'on démonte pour l'expédier vers le sud. Demain, ce sera un commerce qui fermera ses portes, un de plus, à tel point qu'on peut se demander si cette ville restera inscrite sur la carte par la seule présence amérindienne : Montagnais et Naskapis qui se sentent malgré tout encore chez eux ici...

Dernière soirée « avec le monde » dans ce chalet qui sentait bon le bois, où Doug Barr, accompagné d'une étudiante du Centre d'études subarctiques, nous avait rejoints en Skidoo pour un ultime au revoir, comme s'il hésitait à nous laisser partir...

Ils nous quittèrent vers 9 heures du soir, après un dernier dîner pris en commun, emmitouflés dans de véritables tenues de cosmonautes.

Les faisceaux lumineux des phares s'estompèrent rapidement dans la nuit, mais la pétarade des moteurs résonna encore longtemps dans l'air glacial. De nouveau le silence, meublé par les crépitements du feu mourant tout doucement dans le poêle à bois.

4.

Du lever au coucher

Au réveil, un beau glaçon épousait le dessin intérieur de la bouilloire. Michel, le premier debout, craqua une allumette et embrasa le petit amas de brindilles qu'il avait disposé à l'intérieur du poêle. De belles flammes jaillirent, léchant presque aussitôt les premières bûches. Dois-je préciser que ce feu était bienvenu après les chapes de froid et de silence qui s'étaient abattues au cours de la nuit en vieilles complices.

Un mal diffus, invisible, redoutable avait jusque-là régné en maître. Point d'autre salut que le repli sur soi, la politique du dos rond, à l'image du porc-épic toutes épines dressées, pour lutter contre un ennemi qu'il sait supérieur. Faire le mort, opposer à la force pure la logique de l'immobilisme, de l'inertie. Patienter des heures durant jusqu'à ce que les assauts du froid soient eux-mêmes dominés et matés avec la levée du petit matin, source de réconfort. Hommes et bêtes pouvaient alors reprendre en main leur destinée.

Bien qu'emmitouflés, encapuchonnés dans nos sacs de couchage, le corps et le visage perdus dans les épaisseurs de tissu, l'haleine du froid finissait toujours par nous coller à la peau, s'infiltrant au cœur de la nuit dans les minuscules défauts de la cuirasse. Et maintenant que la chaleur bienfaisante du poêle rayonnait, l'étreinte se relâchait. Tout se détendait. Les cristaux de glace qui recouvraient les poutres et le plancher se dilataient en une infinité de gouttelettes d'eau. La bouilloire chantait à nouveau. Nos muscles, jusqu'alors tendus pour conserver au mieux la chaleur qu'ils avaient en eux, se décrispaient, emmagasinant ces petites parcelles de vie par tous les pores de la peau. Les sacs de couchage fumaient la condensation de la nuit... Le feu, déjà un rite, comme le sacro-saint gruau (porridge), l'aliment du Nord par excellence; du gruau naturel, bien épais. Une pleine casserole pour quatre : une bonne source de calories! Pas de voyage possible sans ce consistant déjeuner du matin qui permet de tenir jusqu'au soir : le repas du midi était frugal, se résumant à quelques fruits secs.

Maintenant, les choses sérieuses commençaient. Avant de se mettre à charger les traîneaux, Michel partit tester la neige. Il rentra quelque peu déçu :

– Il n'y a pas de traces de Skidoo, et, qui plus est, la neige est profonde et molle sur le lac... On va devoir battre la piste devant les chiens. Déjà! Et aujourd'hui nous sommes chargés, ça ne sera pas comme hier!

Les dix sacs de nourriture à chiens, de vingt kilos chacun, se trouvaient entassés les uns sur les autres à l'extérieur du chalet. Nicolas et Bernard les avaient rassemblés là au terme de leur épique randonnée.

Ce matin, Bernard était là. Il avait tant tenu à assister au spectacle de notre départ. A le voir tourner et retourner autour des traîneaux, examiner les pièces de l'équipement en connaisseur, je sentais bien qu'il aurait volontiers pris la place de l'un de nous quatre. Lui ne se déplaçait qu'en raquettes dans un rayon de quinze kilomètres autour de sa cabane. Rêvait-il d'être à la tête d'un attelage qui lui eût permis d'explorer un territoire de trappe immensément plus grand? Les chiens, quelle présence! autre chose qu'un Skidoo!

Tandis que Jacques faisait le ménage à l'intérieur, jetait les grosses bûches incandescentes dans la neige et étouffait le poêle, les trois autres commencèrent le chargement. Les pièces les plus lourdes furent placées au fond des traîneaux, sur la toile tendue. Cinq sacs de nourriture à chiens et un sac de nourriture pour les hommes sur chaque attelage, en veillant à charger au maximum l'arrière, l'étrave devant être faiblement lestée. Un traîneau trop lourdement chargé à l'avant pique du nez dans la neige profonde et se manœuvre plus difficilement, d'où des efforts accrus, tant de la part des chiens que des hommes, pour le maintenir dans la trace.

Ensuite, ce fut le tour des quatre sacs à dos, du petit poêle en métal, de la tente, du matériel de réparation, des piolets, de la scie, des fusils et du matériel de reportage, facilement accessible sur le dessus, sans oublier les deux haches, placées à portée de main dans leur fourreau, sur le flanc de chaque traîneau. On les avait repeintes en rouge vif pour les avoir constamment à l'œil, tant il est vrai qu'il n'est pas mieux de perdre sa hache dans le Grand Nord qu'une machette dans la forêt amazonienne. Notons simplement qu'il n'est pas de bivouac agréable sans cet outil, aussi indispensable pour le montage de la tente que pour la corvée de bois.

Les préparatifs traînaient. Avait-on à peine trouvé la place pour un paquet qu'aussitôt tout était remis en question pour des considérations de poids ou d'équilibre :

– Non, ce sac est trop lourd, mets-le là, il équilibrera celui-ci.

Ces tâtonnements sont, semble-t-il, habituels en début d'expédition. Il ne restait plus qu'à espérer que chaque chose trouvât rapidement sa place définitive. La bâche fut enfin solidement accrochée à notre barda par quatre élastiques, terminés par des crochets eux-mêmes fixés sur le cadre du traîneau.

– Nous les utilisons depuis peu, autrefois nous prenions des cordes, mais l'expérience n'a pas été très concluante. Nous nous gelions les mains en les fixant les mains nues et le matériel était toujours mal arrimé. Nous pouvons maintenant manipuler ces élastiques avec nos mitaines, et tout tient parfaitement bien. Tout juste peut-on relever un inconvénient : celui de prendre l'élastique en pleine figure si on le lâche en le tendant.

Il ne restait plus qu'à glisser les paires de raquettes sous les élastiques et à placer à l'arrière un petit sac de toile contenant un nécessaire de bricolage d'urgence, une ou deux paires de moufles de rechange, un pantalon coupe-vent en cas de changement de temps soudain et une thermos contenant une boisson chaude pour le casse-croûte du midi.

La matinée était fort avancée lorsque Michel retira enfin ses mutluks blanches, ajusta ses raquettes sur ses mocassins et s'engagea en ligne droite au travers du lac. Bernard le suivit et fit un bout de chemin en sa compagnie, avant de revenir sur ses pas.

Curieuse procession en accordéon. L'homme, raquettes aux pieds, ouvrait la piste de sa démarche étrange de palmipède, suivi des deux attelages frais et dispos qui finissaient toujours par le rattraper. Cinq, dix fois de suite, les traîneaux furent stoppés pour lui laisser reprendre quelque avance. A l'un de ces arrêts, je chaussai mes raquettes et le rejoignis en tête. A deux, la tâche était plus facile; une certaine émulation jouait, bien que je me contentasse modestement de suivre ses traces, un pied décalé vers l'extérieur pour agrandir la piste et ainsi simplifier la tâche des chiens qui, ne l'oublions pas, tiraient trois cent cinquante kilos dans la neige fraîche. Ce travail de fourmi ne faisait que commencer. Il devait se prolonger pendant des semaines.

En cette fin de février, un leitmotiv : avancer, avancer, du lever du soleil à son coucher, pour profiter au maximum de la clarté. « Accumuler des heures de marche pendant les six à sept heures de jour quotidien », selon l'expression de Michel. Avancer, en prenant pour cap l'un des innombrables bras de ce lac immense, jusqu'où la vue pouvait porter; marcher avec une lenteur exaspérante, le regard vissé sur cet objectif qui n'en était pas véritablement un, puisque derrière se cachaient bien d'autres bras, bien d'autres excroissances, jusqu'au déversoir final, à l'autre extrémité du lac, large d'une trentaine de kilomètres, où nous avions prévu d'installer notre premier bivouac. Le lac Attikamagen n'avait, en effet, pas grand-chose à voir avec nos grands lacs d'Europe : un véritable labyrinthe d'îles immenses, longilignes, torturées, au milieu desquelles nous dûmes nous faufiler. Sans l'aide d'une carte, nous nous serions sans doute égarés dans ce dédale de canaux, dont certains n'aboutissaient nulle part. Comment aurions-nous pu distinguer les rives véritables des simples îles cernées par les glaces?

Tout entiers mobilisés par la nécessité d'avancer, nous bornions, heureusement, l'exercice de nos facultés et de notre énergie à atteindre ces objectifs fuyants. Nous marchions en vrais automates, dans le paysage verdâtre que nous restituaient les verres de nos lunettes de glacier. En effet, le ciel, légèrement voilé ce matin-là, nous contraignait à nous protéger les yeux contre les dangers de la réverbération et de l'ophtalmie des neiges.

A la manière des noctambules insomniaques, nos jambes et nos cerveaux fonctionnaient machinalement. Je suivais Michel qui, en longues foulées, portait le poids de son corps alternativement sur chaque pied. Ses raquettes glissaient l'une devant l'autre dans un balancement régulier. J'avais beau chercher à calquer mes pas sur les siens, mon style était plus heurté, moins esthétique et d'une efficacité moindre. Je levais les pieds trop haut, au lieu de les faire glisser parfaitement, et m'épuisais en efforts vains. Le souffle court, le cœur battant, la sueur perlant au front, gouttant du nez, je m'efforçais de ne pas le lâcher d'un pas; le moindre retard, si minime fût-il, eût suffi à me faire perdre le contact avec lui. Un petit pas de perdu, et c'était le rythme tout entier qui était cassé; en perdition, dans l'impossibilité de suivre et, à plus forte raison, de revenir seul. Les mâchoires serrées, le regard fixé sur ses raquettes, je devais soutenir son allonge terrible. Démonstration tout à la fois de puissance et de souplesse. Impression de facilité déconcertante. Admirable mécanique qui ne s'enrayait jamais. Il s'arrêtait parfois, cependant, pour examiner une trace animale dans la neige : l'occasion de souffler...

– La trace est continue et rectiligne. Ce ne peut être que la trace d'une loutre. Elle a traversé le lac à cet endroit...

La marche reprenait, silencieuse, nous étions chacun perdus dans nos pensées avec l'obsession d'avancer. Les muscles étaient déjà lourds, mais mon vrai motif d'inquiétude tenait à l'état de mes pieds. L'écartement des jambes, le balancement du corps plus ou moins marqué selon l'état de la neige, le frottement continu de la semelle du mocassin sur le treillis de la raquette, toute cette gymnastique, si nouvelle pour moi, agissait comme un véritable travail de sape avec leurs fruits amers. La plante des pieds et les articulations n'étaient-elles pas déjà douloureuses dès la première journée!

Mais après trois heures de marche presque ininterrompue, Michel eut une initiative heureuse. Après avoir réduit son allure et s'être laissé rejoindre une dernière fois par les traîneaux, il pivota sur ses raquettes pour s'immobiliser. A l'aide de ses deux bras levés, il esquissa un signe mystérieux en forme de X. Jacques devait connaître le code car un ordre fusa : « Ooh... Ooh! » pendant qu'il écrasait du pied droit le frein dans la neige. Les neuf chiens relâchèrent leur effort dans un bel ensemble. La plupart se couchèrent immédiatement. Les autres, rappelés à l'ordre, les imitèrent aussitôt. Point d'agressivité entre eux. La fatigue y était certainement pour quelque chose. Pour l'heure, ils étaient tous occupés à leur petite personne : délogeant à l'aide de leurs crocs les blocs de neige compacts qui s'étaient glissés entre les coussinets de leurs pattes, ou se désaltérant en croquant la neige tout autour d'eux.

Nicolas imita Jacques peu après, avec son propre attelage. Ordres et réactions identiques, comme s'il s'agissait de la répétition d'un scénario.

– L'heure du lunch! indiqua Michel.

Regroupement autour des traîneaux. Pendant que Michel et moi retirions nos raquettes et enfilions nos doudounes, Nicolas et Jacques sortirent chacun une thermos de la poche arrière de leur traîneau. Au choix : du gruau rallongé avec de l'eau, le reste du petit déjeuner du matin (rien ne se perd) ou du thé venant compléter chaque ration individuelle : fruits secs, saucisson, fromage et quelques sucreries. C'était frugal, d'autant que Nicolas et moi l'avions déjà bien entamé. Nous n'avions pu résister à l'envie de piocher une cacahuète par-ci, un bout de chocolat par-là. Un dernier, un tout dernier carré... La gestion n'était pas notre fort!

Rien de tel que ces arrêts lunch pour se geler. L'effet bénéfique de notre marche en raquettes ne résista pas longtemps à la sensation de froid qui s'empara irrésistiblement de nos corps. Déjà, quelques frissons me parcoururent le dos, là où le souffle glacial parvint à s'infiltrer, jusqu'à la peau humide de transpiration.

Le froid creusa les visages, réduisit les conversations au strict nécessaire. Nicolas sautilla sur place en battant des bras. Pas question de s'attarder. Aussitôt que les deux Québécois eurent déterminé notre position sur la carte ainsi que la piste à suivre pour l'après-midi, Jacques et Nicolas chaussèrent leurs raquettes pour assurer leur travail de traceurs. A leurs pas décidés, presque des sautillements, je compris que c'était avec réel plaisir qu'ils prenaient le relais. Cela se concevait. N'étaient-ils pas restés à se geler toute la matinée au traîneau? Les chiens eux-mêmes, impatients de suivre leurs traces, se levèrent les uns après les autres. Ils me jetèrent (à Michel également), des regards interrogateurs, qui semblaient vouloir dire « Alors, on y va? » Et comme nous ne semblions pas spécialement pressés de nous remettre en route, ils lancèrent, des trémolos dans la voix, une longue plainte, la gueule levée pour prendre le ciel à témoin. Ces sanglots interminables avaient quelque chose de déchirant et de pathétique. Il s'agissait d'une sorte d'appel venu du fond des âges, qui n'était pas sans rappeler le cri lugubre du loup. En tout cas, quelque chose de véritablement animal : une note longue, unique, vibrante, reprise en chœur par les dix-neuf chiens.

Tout juste s'apaisait-elle quelques instants pour reprendre de plus belle.

Pourquoi ces cris, qui ressemblaient étrangement à des pleurs? Quelles angoisses, quels maux les saisissaient donc subitement? Cette longue sérénade prit fin brusquement, sur les directives d'un chef d'orchestre mystérieux. Scène qui devait se répéter à chaque fois que l'un de nous partait battre la piste. Parfois, perdant patience, Michel élevait la voix : « Tannants! Bande de tannants! » Les chiens lui jetaient alors un regard mélancolique, comme s'ils lui reprochaient son manque de tact, mais le concert prenait fin aussitôt.

Inspection d'usage, des harnais, des traits. Attente puis l'ordre fusa : « Les chiens, allez! » D'un coup de reins, nous libérâmes les traîneaux dont les patins s'étaient soudés à la piste. Crissement des patins sur la neige, craquement du bois, halètement des chiens mêlés au cliquetis des mousquetons. Michel, devant, parlait haut et fort pour reprendre en main son attelage : « Allez, Bodash! Coyote! Allez, P'tit-Loup! » Je voulus faire la même chose derrière : « Allez, Mahingan! Allez, Bilbo! » Alors que l'attelage de Michel répondait à ses objurgations en galopant, le mien ne s'était pas départi de son petit train de sénateur. Les ordres, si efficaces quand ils étaient donnés par Jacques, n'eurent dans ma bouche pas le moindre impact. Ils tombèrent complètement à plat : pas le moindre tressaillement d'échine, pas le plus petit coup de collier, ni le plus petit signe de bonne volonté... Ils n'en faisaient qu'à leur tête. Un vent de fronde, il ne manquait plus que cela. Mais, aussitôt, je chassai cette hypothèse pour en trouver une autre qui satisfaisait mieux mon amour-propre: « Mais non, ils sont simplement surpris d'avoir changé de maître d'équipage, la preuve, tu vois bien avec quels yeux ébahis ils t'observent... Dans quelques minutes, ils t'adopteront comme ils ont adopté Jacques. Un peu de patience, que Diable! » Et, déjà, j'avais l'orgueil de m'imaginer conducteur de traîneau, respecté et vénéré. Au mot « Gauche »! mes chiens obéissaient sans rechigner, et au mot « Allez! » ils se lançaient dans une course dont ils avaient le secret. Ce qui est certain, c'est qu'ils ne mettaient pas beaucoup de temps pour rejoindre le traîneau de tête. Pas comme aujourd'hui, où l'on se traînait derrière! On verrait ce qu'on verrait dans quelques jours. Le vent glacial soufflant de face me sortit au plus mauvais moment de ma rêverie : j'étais en train de bâtir le monde tel que je voulais qu'il fût. Ce maudit vent avait le chic de nous gâcher les bons moments : tout à l'heure, en écourtant notre arrêt lunch, et maintenant, en me ramenant à la réalité, pas aussi rose que je l'avais entrevue. Il faisait vraiment très froid. Encore pouvait-on détourner la tête pour éviter de prendre de plein fouet sa gifle glaciale, mais pour les doigts, il n'y avait pas grand-chose à faire, si ce n'était endurer stoïquement sa morsure qui finissait par se jouer des trois épaisseurs de mitaines. Enfermé dans mon monde, le passe-montagne enfoncé jusqu'au nez, lunettes de blizzard vissées sur les yeux, encapuchonné, j'avais fini par tourner le dos à la piste et au vent, me désintéressant des chiens qui poursuivaient leur petit bonhomme de piste. En dépit de ces précautions, quand la morsure du froid devenait intolérable, nous sautillions sur les patins en battant des bras, ou encore, ce qui était plus efficace, nous courions sur la piste derrière le traîneau pour nous réchauffer. La chaleur revenait alors en nous; et dire qu'au même moment Nicolas et Jacques suaient à grosses gouttes et se débarrassaient de leurs vêtements les uns après les autres, en bord de piste, vêtements que nous étions chargés de recueillir sur les traîneaux. Cela frisait la provocation. Il en est ainsi de ces terres de frimas excessives entre toutes.

Les heures s'égrenaient, interminables, monotones, glaciales. Les traîneaux progressaient par à-coups. Tantôt les hommes de tête n'étaient que deux points noirs presque confondus, tantôt, plus proches, ils se découpaient nettement sur fond de taïga. Jacques, devant, avec son pas lourd, sa carrure impressionnante, Nicolas, derrière, longiligne, le pas plus léger.

Lorsque le soleil voilé accourut vers l'Occident, illuminant un banc de nuages assez bas d'un rose à sa base, les deux marcheurs ralentirent pour se laisser rejoindre. Ils avançaient lentement, très lentement, pour ne pas se refroidir. De temps à autre, ils regardaient derrière eux, puis, lorsqu'ils jugèrent les traîneaux suffisamment proches d'eux, ils obliquèrent, Jacques en tête, vers la rive gauche du lac sur les talus duquel poussait une belle forêt d'épinettes.

J'ôtai une de mes mitaines, pour consulter ma montre : il était 3 heures de l'après-midi. Ce changement de cap eut un effet aussi surprenant qu'inattendu sur mes chiens. Subitement élancés dans une course effrénée, l'impulsion qu'ils donnèrent au traîneau manqua de me laisser sur la neige. Ils avaient tout de suite flairé l'étape. Et moi qui avais cru percevoir chez eux des signes d'essoufflement en fin de journée! J'étais fixé. Quelle forme! Et quel talent de comédien! Avec leurs airs angéliques de touche-à-rien, j'avais failli tomber dans le panneau, entrer dans leur jeu. Belle leçon que je comptais bien retenir. Mais de m'être fait si facilement berner me les rendait encore plus attachants, et, en même temps, j'étais pleinement rassuré sur leur forme présente. Il y aurait eu de quoi s'inquiéter si, après la première journée, ils en étaient réduits à tirer la langue. Me revint alors une réflexion de Michel : « Ne vous fiez pas trop à leur bonne (ou mauvaise mine). A ce jeu vous serez vite perdant, vous ne pourrez plus rien obtenir d'eux. Ne rien leur céder; toute autre attitude serait un aveu de faiblesse, aussitôt mise à profit pour en faire moins encore. Quand un chien désobéit, et à plus forte raison quand c'est l'attelage tout entier, il ne faut pas hésiter à s'arrêter pour montrer qu'on n'est en aucune sorte disposé à s'en laisser conter; même si la solution de facilité est de fermer les yeux. On a tout à gagner à se montrer ferme quel que soit le temps nécessaire pour les reprendre en main. » Ainsi la cohabitation entre les hommes et les bêtes se posait en termes de rapports de force : une sorte de bras de fer dont l'enjeu était de tirer le maximum de l'autre. Faire subir sa loi pour ne pas subir celle de l'autre.

Premier contact prometteur : nous étions condamnés à faire plus amplement connaissance au cours de ces trois mois de vie en commun. En plus de la cohabitation entre équipiers, il fallait aussi cohabiter avec les bêtes. Ce voyage s'annonçait riche en péripéties et plein d'enseignements. Nous étions tous liés les uns aux autres d'une façon indissociable : point de salut séparés. L'accord entre nous (la convention collective, aurait dit Michel) prévoyait que les chiens tireraient les traîneaux et nous conduiraient au travers du plateau du Labrador, en échange de quoi nous nous engagions à les nourrir. Accord équitable s'il en est. Depuis des générations dressé à vivre pour et avec l'homme, le chien esquimau livré à lui-même ne parviendrait vraisemblablement pas à survivre sur ce territoire ingrat et inhospitalier. On peut à juste titre s'en étonner; ce chien n'a-t-il pas une parenté lointaine avec le loup? Son agressivité, son courage, sa résistance peu commune à l'effort et à la douleur, toutes ces qualités propres à sa race ne tiennent-elles pas de son ascendance prestigieuse?

Encore faudrait-il reconnaître que ce tempérament dominateur a bien été entamé au fil des générations, de la domestication et des croisements successifs. Mais doit-on parler de « bâtardisation »? Existe-t-il une véritable race de chiens esquimaux? Pas si sûr! Je m'attaque probablement à un mythe car un certain snobisme s'est greffé autour de cette question des origines. N'évoque-t-on pas invariablement les fameux malamutes d'Alaska, les huskies et les samoyèdes de Sibérie, pour ne jamais parler du brave chien nordique à l'origine mal établie et qui est certainement le type de chien esquimau le plus répandu. Paul-Émile Victor, qui n'est sûrement pas la personnalité la moins qualifiée, n'a-t-il pas écrit : « Il est très difficile de retrouver l'origine et d'établir de véritables catégories de chiens dits " esquimaux "... Sans parler des chiens croisés, inclassifiables, et pour cause, et qui sont presque toujours plus intelligents, plus intéressants, moins dégénérés que les chiens de race. »

Nos chiens n'en étaient-ils pas la plus parfaite démonstration? Quatre seulement de nos dix-neuf chiens étaient, selon le terme consacré, des chiens de race : des malamutes purs. Jacques les avait achetés à un propriétaire de traîneau qui se défaisait de son attelage. Une bonne affaire. Tous les quatre étaient nés du même père : Bilbo, beau mâle de trois ans, vraisemblablement le plus costaud de la meute, et Kaali, sa petite sœur de portée. Tröll, jeune mâle de deux ans, qui s'opposa tout le long à la loi que Bilbo voulait imposer à l'attelage, et Dona, sa petite sœur de lait. Câline avec les mâles, elle ne supportait pas la concurrence féminine : Mahingan fut son ennemie jurée. Sans doute lui reprochait-elle ses airs de mijaurée qui lui faisaient tout obtenir de ses maîtres. Mâles et femelles malamutes étaient impressionnants de puissance, avec leur bonne ossature, leurs pattes musclées et leur poitrail massif et profond.

Les quinze autres étaient des chiens nordiques canadiens, moins puissamment bâtis que les malamutes, mais d'une résistance peu commune. Leur allure alerte démontrait leur vivacité. La couleur de leur fourrure variait du blanc au noir, en passant par toutes les gammes de gris. Bodash et Pekan étaient bien représentatifs de cette race, avec leur belle robe crème et leur prestance. De vrais loups!

L'abordage de la terre ferme se révéla délicat en raison de l'épaisseur de poudreuse sur les rives. Malgré leurs raquettes,

Jacques et Nicolas s'enfoncèrent jusqu'aux mollets. Ils durent faire plusieurs passages pour tracer une piste suffisamment damée pour les chiens, jusqu'à la plate-forme choisie pour le bivouac.

– Là, on sera bien, il y a beaucoup de bois de chauffage tout autour. La tente sera également bien protégée des vents au milieu des épinettes! s'écria Jacques, satisfait de son choix.

Chacun savait ce qu'il avait à faire. Les rôles avaient été répartis à Schefferville. Nicolas et moi étions chargés, dans un premier temps, de nous occuper des chiens (Nicolas des chiens de Jacques, et moi des autres), dans le souci d'une meilleure connaissance réciproque.

Après avoir fixé la chaîne d'attache de son attelage aux troncs de deux belles épinettes, Michel disparut dans le couvert, une hache à la main, à la recherche de bois de chauffage. Jacques en fit de même de son côté avec la chaîne d'attache de son propre attelage, avant de tasser avec ses raquettes l'emplacement du bivouac.

Sitôt cette tâche achevée, il disparut à son tour derrière le rideau d'arbres, également une hache à la main, pour réapparaître peu après les bras chargés de branches d'épinettes qu'il jeta en tas sur le sol, et ainsi à plusieurs reprises. Puis, quand il jugea en avoir amassé suffisamment, il s'agenouilla sur le sol damé et entrecroisa les branches tant et si bien que ce canevas subtil s'étoffa en matelas parfaitement isolant sur lequel nous étions assurés de passer une nuit confortable. Il tailla ensuite une bonne dizaine d'épinettes naines en piquets de tente. Les chiens, affalés dans la neige, observèrent discrètement son manège en clignant des yeux, bâillèrent en étirant les pattes, lapèrent la neige à pleine langue ou entamèrent une toilette méticuleuse.

Nous ne reconnaissions plus nos chiens. Eux, si vifs, si portés à en découdre ou à faire les malins, s'étaient vidés en cours de route de la vitalité insolente dont ils faisaient preuve. Allongés deux par deux dans une convivialité étonnante, ils goûtaient aux plaisirs de l'existence dans une quiétude toute bourgeoise, à tel point que j'eus l'impression de m'ingérer grossièrement dans leurs affaires lorsque je m'approchai d'eux pour les dételer. Ils me le rendirent d'ailleurs bien en résistant non de front, mais, plus subtilement, de toute la force de l'inertie dont ils étaient capables. Il ne s'agissait pas d'un acte de désobéissance caractérisée hautement réprimandable, mais

52

d'une simple résistance passive. Les rusés savaient jusqu'où ils pouvaient aller.

Commença alors un long va-et-vient entre l'attelage et leur chaîne d'attache, quelques mètres plus loin. Les chiens de queue d'abord : Pakouk, Duway, Coyote, Kimo, Moulouk, P'tit-Loup, Pekan, jusqu'à Bodash, le chien de tête. Les mêmes gestes : défaire les mousquetons de collier et de trait, les saisir au collier, les soulever, les tirer et, même, pour les plus fortes têtes, les traîner jusqu'à la chaîne où je leur retirais les harnais raidis par l'action combinée de la transpiration et du gel. Je me serais bien passé de leurs gestes d'humeur, comme si de marcher en raquettes dans cette neige épaisse n'était pas déjà suffisamment compliqué; et, pour tout arranger, certains prirent un malin plaisir, semble-t-il, à venir me marcher dans les pieds ou, plus exactement, dans les raquettes. Je vous laisse le soin d'imaginer la scène : les chutes dans la poudreuse, parfois même des vols planés dans les règles de l'art quand cela se produisait.

Encore ne faudrait-il pas mettre cette cascade de chutes sur le dos de mes chiens uniquement. Ils n'y étaient souvent pour rien. Il m'arrivait de m'empêtrer tout seul avec mes raquettes et de chuter. A quelques pas de moi, Nicolas n'avait pas l'air de s'en sortir beaucoup mieux avec l'autre attelage, à la différence près qu'il était lui-même beaucoup plus expressif. De vibrants « Bordel! » se perdaient régulièrement dans la forêt. Je n'avais qu'à lever les yeux pour retrouver Nicolas à terre. Michel ne fut lui-même pas exempt de ce genre de mésaventure avant de disparaître dans le bois. Jacques fut bien le seul de nous quatre à se jouer des difficultés du terrain, des dévers sur lesquels nos raquettes n'avaient aucune prise et qui glissaient sous les pieds. Pas une fois il ne chuta, pour la simple raison que ses raquettes de montagne étaient munies d'un crampon métallique qui mordait indifféremment la neige et la glace. A cette caractéristique particulièrement appréciable dans les terrains accidentés des bivouacs s'ajoutait, il faut en convenir, une meilleure souplesse d'utilisation : ses raquettes s'ajustaient directement sur ses mutluks et non pas sur les mocassins comme nos raquettes indiennes, d'où une économie d'efforts et un gain de temps précieux, compte tenu du froid très vif. Ce n'était pas précisément le point fort des nôtres, pour employer un euphémisme. Qu'on en juge! N'étions-nous pas contraints d'enlever ou de remettre nos mutluks à chaque fois que nous devions chausser ou déchausser nos raquettes, et, qui plus est, la plupart du temps les mains nues pour parvenir à dénouer les lacets gelés. Quoi de plus astreignant que ces exercices pratiqués dans un froid glacial jusqu'à quatre fois par jour. Nous mentirions si nous ne reconnaissions pas qu'il nous est arrivé d'envier Jacques quand nous le voyions ajuster insolemment ses raquettes en l'espace de quelques secondes. Bien pratiques, elles l'étaient pour toutes les petites tâches quotidiennes du bivouac. Mais ce n'est que sur la piste que l'on peut juger véritablement ce que vaut chaque type de raquettes.

Michel qui, doit-on le rappeler, nous avait convaincus de nous équiper de raquettes indiennes, n'était pas « homme à se prononcer à la légère ». Les coups de tête ou les négligences coupables, ce n'était vraiment pas son genre. Il respectait bien trop le Nord dans son intégralité, avec ses pièges et ses surprises, pour que son choix ne fût dicté par d'impérieuses raisons. Il pouvait se prévaloir d'une solide expérience en la matière (tout comme Jacques, d'ailleurs).

Pour Michel, légèreté et souplesse constituaient un binôme de qualités primordiales, donc on était en droit d'exiger de véritables raquettes de marche, celles avec lesquelles on ne craignait pas de battre la piste pendant des heures. Ce n'était pas, à proprement parler, une nouveauté. Avec leur bâti en bois et leur treillis en babiche inchangés depuis des millénaires, les raquettes indiennes répondaient à ce double critère. Les Amérindiens possédaient dans ce domaine, entre autres, une solide avance technologique.

Les raquettes de Jacques, plus lourdes, plus petites et plus rigides, avec leur cadre métallique, présentaient comme principal handicap de s'enfoncer beaucoup plus dans la neige profonde, d'où une dépense d'énergie supplémentaire. On pouvait être certain que ces efforts, renouvelés des milliers de fois dans une même journée, finissaient par peser très lourd sur les mollets et les articulations. Pourtant, rien dans l'attitude de Jacques ne le laissait penser. Jamais il ne se plaignit de ses raquettes, mais c'était bien dans son personnage, taillé dans le roc; il n'était pas de ceux qui extériorisent leurs petites misères. Après tout, les jugeait-il peut-être négligeables par rapport aux qualités qu'il attribuait à ses raquettes. Il ne serait d'ailleurs pas venu à l'un de nous trois la moindre idée de les contester. Quel type de raquettes avait notre préférence? Il me semble bien difficile de nous mêler à leurs querelles de spécialistes et de départager les mérites et les inconvénients des unes et des autres.

Très impressionnés les premiers temps par les démonstrations de Jacques, notre jugement évolua progressivement en faveur de la thèse de Michel. Des raisons purement esthétiques et affectives ne furent sans doute pas étrangères à ce revirement. Les raquettes comme les mocassins indiens fabriqués à la réserve de Matimekosh (Schefferville), par une vieille dame montagnaise, ne représentaient-ils pas avec éclat une culture traditionnelle digne de respect. Pouvait-on rester insensible à la qualité du travail et à la noblesse des matériaux utilisés (babiche de caribou et bois de frêne uniquement), sans négliger l'argument déterminant : leur légèreté remarquable.

Du camp, nous entendions claquer au loin la hache de Michel. Des coups bien secs, suivis presque aussitôt d'un craquement de tronc et de branches abattus. A nouveau, le silence. Puis, d'autres bruits plus sourds : Michel investissait son domaine.

Nicolas rejoignit Jacques pour l'aider à monter la tente; quant à moi, je partis sur les traces de Michel en me fiant aux empreintes laissées par ses raquettes. Elles étaient bien révélatrices de ses certitudes, comme de ses hésitations. Au début, la trace était bien nette, bien propre, rectiligne. Je le sentais alors sûr de son fait : il savait où il allait. La piste se fit ensuite plus sinueuse; ponctuée à certains endroits de foulements de raquette désordonnés, comme s'il avait hésité sur la direction à suivre. Parfois, il ouvrait une piste sur quelques mètres avant de faire demi-tour, de façon incompréhensible, pour prendre un tout autre chemin. Je butai enfin sur un arbre fraîchement abattu : une épinette de belle taille qu'il n'avait même pas pris la peine d'ébrancher. Sa piste serpenta encore entre les arbres. Puis, au pied d'une souche, un arbre mort; puis, un autre un peu plus loin. Apercevant enfin Michel, en partie masqué par le fouillis végétal, je quittai la piste pour le rejoindre en ligne droite dans la neige fraîche où je m'enfonçai jusqu'aux genoux. Il entailla une dernière fois le tronc, puis abattit l'arbre avec le dos de sa hache.

– Il y a beaucoup de bois de chauffage. Avec ces cinq épinettes, on devrait avoir assez de bois.

– Tu penses vraiment qu'on tiendra toute la nuit avec ce bois?

– On n'en a pas besoin toute la nuit. Simplement ce soir jusqu'au coucher et demain au réveil. Autrement il en faudrait de trop grosses quantités.

– Ah bon! Pourtant les Indiens montagnais se chauffaient toute la nuit en hiver, même en été quand le temps fraîchit. Les guides montagnais (avec lesquels j'étais parti lors de ma précédente expédition) se levaient la nuit pour entretenir le feu.

– C'est vrai, mais as-tu bien observé leur équipement? Leurs sacs de couchage, quand ils en possèdent, sont presque toujours de mauvaise qualité. Souvent, ils n'emportent avec eux qu'une vieille couverture de laine.

Effectivement, j'avais été moi-même frappé par la mauvaise qualité de leurs vêtements.

– On ne devrait pas avoir froid avec nos sacs de couchage « Grand Nord » si on dort tout habillé. La nuit est faite pour récupérer. Il est plus important, crois-moi, de bien dormir que d'entretenir le feu, et je ne parle pas du danger de s'endormir avec un poêle chauffé à blanc au pied de nos sacs de couchage synthétiques. A la moindre flammèche, on brûlerait vifs avant même d'avoir le temps de sortir de nos duvets!

Michel était satisfait de la qualité de son bois:

– Il est bien sec et bien calibré pour notre poêle. Avec ce bois-là, on sera bien sous la tente.

Puis, après avoir planté le tranchant de sa hache dans le tronc, il traîna l'arbre jusqu'au bivouac. Je le suivis, un arbre mort sur l'épaule. Nous fîmes ainsi plusieurs voyages pour ramener la totalité des arbres abattus. Aussitôt après, nous les débitâmes à la « sciote » (scie), agenouillés l'un en face de l'autre. La tente était déjà dressée, le poêle fixé sur son support en bois. Nicolas, après avoir rassemblé quelques brindilles dans le foyer, craqua une allumette. Le poêle se mit à ronfler.

A l'extérieur, Jacques régla une dernière fois les cordes sur leurs piquets de tension, recouvrit de neige les bords de la toile de tente pour interdire toute infiltration de souffle glacial par le sol.

Aussitôt avais-je disposé mes bûches en tas derrière le poêle que Nicolas puisa dedans pour alimenter son feu. Ces gestes qui nous liaient les uns aux autres constituaient pour moi le meilleur symbole de la solidarité active qui unissait l'équipe.

La clarté illuminant l'occident s'était peu à peu estompée pour laisser place à un crépuscule glauque. L'installation de ce premier camp s'achevait. Il nous avait fallu tout de même près de deux heures en nous y mettant à quatre. Sans doute gagnerions-nous en efficacité avec la pratique, mais il était illusoire de penser y parvenir beaucoup plus rapidement, tant il y avait de choses à faire!

Alors commença seulement l'installation intérieure. Jacques déposa les quatre matelas de mousse côte à côte sur le tapis de sol en toile juste derrière le poêle placé à proximité immédiate de l'entrée. Chacun s'aménagea un espace pour y installer son barda personnel au milieu des casseroles et autres matériels de cuisine. Il était temps de penser au dîner. Nicolas s'offrit pour devenir notre maître queux attitré, un maître queux (ayons l'honnêteté de le reconnaître) aux ailes bien rognées. Il serait plus exact de parler de « chargé de cuisine », tant ses initiatives furent réduites en ce domaine. Son rôle se cantonnait à sortir le sac de nourriture du jour, en l'occurrence un petit sachet plastique sur lequel avait été porté au crayon-feutre un magnifique « 3 » correspondant au troisième jour de l'expédition. Pour chaque jour, un petit sac numéroté contenant du gruau, du thé, du café, pour le matin, et, pour le soir, le repas principal : une soupe, un plat de résistance (graines, pâtes ou céréales), et un dessert (pudding ou fruits déshydratés). Notre casse-croûte du midi, lui, était distribué une fois par semaine, à charge pour chacun de le répartir sur les sept jours suivants. J'ai mentionné avec quel bonheur certains d'entre nous (dont je n'aurai pas la cruauté de rappeler les noms) géraient leur maigre capital. Souvent, dès le cinquième jour ils n'avaient plus que quelques misérables débris de cacahuètes à se mettre sous la dent, si bien qu'ils se voyaient contraints afin de ne pas passer pour de redoutables pique-assiette, de se serrer la ceinture et de refuser dignement le carré de chocolat ou le bonbon que leurs compagnons leur tendaient charitablement. Parfois, ils cédaient quand même aux tentations, dût-il en coûter à leur vanité.

Cette partie de l'intendance incomba à Jacques. Pour plagier un adage bien connu, l'intendance est le nerf de toute expédition, tant il est vrai que le moral d'une équipe (tout comme celui d'une armée en bataille) est souvent lié à ce qu'elle a dans son assiette. La faim sait parfois vous forger d'étonnantes œillères. Une simple aspiration culinaire non satisfaite peut être à l'origine de l'exacerbation des passions. Tout le monde a eu l'occasion de lire, dans sa jeunesse, ces histoires de pionniers du Grand Nord, hommes par ailleurs profondément humains, qui arrivaient à s'entre-déchirer pour de simples questions de pain trop salé ou pas assez salé. Au moins, ne pourrions-nous trouver entre nous un tel motif de discorde. Jacques avait minutieusement tout dosé, soupesé, jusqu'à notre bannique quotidienne (pain des Indiens), déjà toute prête à cuire.

Si nous avions des raisons de nous inquiéter (Nicolas et moi), c'était plutôt sur des questions de quantité. Nous restions frappés qu'avec si peu de nourriture on pût nourrir les quatre équipiers pendant seize jours (jusqu'au prochain ravitaillement aérien) : deux sacs de vingt-six kilos chacun, soit huit cent douze grammes par jour et par personne, tous repas inclus. Certes, cette nourriture avait été préalablement déshydratée par Jacques, mais quand même! Les trois portions que Nicolas aligna sur le tapis de sol ne vinrent en rien calmer nos appréhensions. Jacques avait eu beau nous démontrer – chiffres à l'appui – que chaque sachet de nourriture contenait son pesant de calories, nous restions sceptiques. Non, le sac de la ration de la journée était vraiment trop petit, même si nous n'avions aucune raison de douter de ce qu'il avançait.

– Michel et moi avons toujours fonctionné de cette façon. Tu vois que ça ne nous a pas trop mal réussi. Cette nourriture est bien suffisante pour permettre une bonne récupération pendant la nuit. En ville, on est loin d'avoir une alimentation idéale; on absorbe trop de graisses, de sucres. La nôtre contient tout cela, mais de façon équilibrée, et, en plus, elle a le mérite d'être riche en fibres, ce qui est excellent pour la digestion. Je sais, cela étonne toujours. Croyez-moi, vous vous y ferez; on en reparlera. De simples considérations de poids nous amènent d'ailleurs à cette solution. Avec cette méthode, point de gaspillage, de poids superflu. Serait-il pensable de s'encombrer de conserves ou d'aliments non déshydratés quand, par ailleurs, on s'échine à chasser tout excès de poids.

Pendant que j'étais en pourparlers à Québec, que Michel était chargé des envois de nourriture dans le Nord et qu'il mettait la dernière main à ses traîneaux, Nicolas et Jacques avaient conditionné chaque sac de nourriture pendant près d'une semaine. Le fruit de leurs efforts trouvait sa récompense, chaque soir, au bivouac : les conditions étaient remplies pour que le dîner fût vite prêt. Ces précisions un peu longues, bien que tracées à grands traits, donnent une idée de la minutie de la préparation.

Les chiens n'avaient pas été oubliés. Eux aussi avaient leurs aliments déshydratés à haute teneur en graisses, spécialement préparés par un fabricant de nourriture à chiens (Econouf, pour ne pas le nommer). Cette nourriture avait été conçue pour leur permettre de garder une bonne forme pendant les trois mois de voyage et de supporter sans trop de dommage les grands froids comme les efforts prolongés. La nourriture était en quelque sorte leur carburant et le nôtre en même temps. S'ils flanchaient en cours de route, c'était l'expédition tout entière qui avait du plomb dans l'aile. Aussi, à aucun moment ne fut-il question de les soumettre à un régime de vaches maigres. C'est donc deux cents kilos de nourriture à chiens qu'il fallut emporter pour cette première étape. Les deux Québécois ne renouvelèrent pas l'erreur qu'ils avaient commise lors de leur précédente randonnée.

– Il y a deux ans, nous avions calculé un peu trop juste pour la nourriture. A la fin du voyage, nos chiens étaient vraiment trop maigres, ils ne tiraient presque plus. Certains même, épuisés, ont terminé sur le traîneau. Un véritable traîneau-ambulance! Il était vraiment temps d'arriver, et cette randonnée n'avait duré qu'un mois!

A peine m'étais-je approché des sacs de nourriture à chiens que dix-neuf paires d'yeux me dardèrent de leurs flèches, et, dès que j'en eus entamé un, ils se mirent à tirer comme des forcenés sur leurs chaînes, sautant, aboyant ou montrant les crocs, histoire d'intimider d'éventuels chapardeurs! En fait, l'espace entre eux était suffisamment grand pour interdire tout affrontement. La même portion pour tous : un gobelet plein au trois quarts qu'ils avalèrent goulûment. Quelques granulés qui avaient glissé hors de portée de leur chaîne devinrent l'enjeu dérisoire de grognements sporadiques une bonne partie de la soirée.

– A la soupe! s'écria Nicolas depuis l'intérieur de la tente.

D'épaisses volutes de fumée s'échappaient du tuyau de poêle dans les profondeurs de la nuit, la fournaise ronronnait dans un bruit de forge.

Je regagnai la tente en même temps que Michel, qui s'était

attardé autour de ses traîneaux. Après les avoir déchargés et couchés sur le flanc, il avait gratté les patins avec le tranchant de sa hache.

– Cet après-midi, le traîneau est passé au travers de la glace et l'eau s'est immédiatement figée sur les lisses. Il faudra vérifier leur état chaque soir et gratter au besoin la gangue de glace qui empêche une bonne glisse. Ce sera toujours ça de moins à faire pour le lendemain!

A l'intérieur régnait une chaleur d'étuve qui me prit à la gorge. Les bûches incandescentes crépitaient dans le foyer en faisant danser dans la nuit des éclairs de lumière fugitifs, comme des feux follets, en s'échappant des orifices de tirage du poêle. A cette chaleur lourde se mêlait l'odeur de sève exhalée des branches d'épinettes placées au-dessous de nous, l'odeur âcre des corps tout imprégnés de sueur après une longue journée de travail, et les effluves animaux émanant des harnais qui séchaient derrière le poêle. Le reflet de la bougie sur les visages, et les corps débraillés de Jacques en sous-vêtements et de Nicolas le torse nu, touillant lentement la soupe sur le feu, accentuaient cet aspect irréel.

Nous goûtions, enfermés dans nos pensées, ces premiers instants de repos; la fatigue n'expliquait pas tout. Sans doute prenions-nous alors vraiment conscience du monde nouveau dans lequel nous nous trouvions brusquement plongés. Un monde et un mode de vie nouveaux, n'ayant guère évolué depuis l'époque lointaine où les coureurs de bois s'enfonçaient à l'intérieur des terres inconnues à la recherche des précieuses fourrures. Il faudrait même remonter à l'aube des temps. Les coureurs de bois ne s'étaient-ils pas eux-mêmes inspirés d'un mode de vie millénaire en adoptant le savoir-faire et les techniques de survie amérindiennes et inuit?

Sans même évoquer les aspects techniques (tout n'était-il pas une question d'ambiance?), cette atmosphère à couper au couteau que je viens de décrire, mon imagination la pressentait comparable aux senteurs fortes (mais pas nécessairement nauséabondes) des bivouacs d'antan, senteurs fortes gommées, frelatées par la vie moderne, d'où ces sensations particulièrement enivrantes. Je n'insisterai pas sur la permanence des gestes et des moyens. Sur la piste : raquettes et mocassins; au bivouac : matelas d'épinettes, poêle utilisé depuis des générations de coureurs de bois et également la tente, cousue main par Jacques, s'inspirant de la tradition des Inuit. Conique et ronde, donc sans prise véritable aux vents, elle était conçue pour résister aux blizzards qui en hiver balaient presque sans discontinuer le plateau dénudé du Labrador.

Sur ces terres stériles, grandioses de solitude et d'immensité, pas le moindre déchet d'arbre nanifié pour endiguer leur violence dévastatrice. Notre tente, misérable grain de poussière perdu dans le désert de neige et de glace, notre seul havre de paix et de repos garant de notre sécurité, était soutenue par un simple mât central, métallique, à hauteur modulable. Si la situation l'exigeait, il nous était possible d'abattre un peu de toile, comme on peut le faire sur un voilier par gros temps. Un peu comme les animaux, nous n'avions qu'à retenir notre souffle et à nous serrer les coudes jusqu'à l'accalmie. Mais, en temps normal, nous avions assez d'espace pour nous lever, nous mouvoir et entreprendre debout toutes les petites tâches de la vie quotidienne sans trop nous gêner mutuellement. La promiscuité nous serait, sans cela, vite devenue intolérable. J'ai toujours eu beaucoup d'admiration pour ceux qui arrivent à cohabiter pendant des mois (en se contorsionnant) dans les modèles plus petits, dits « modernes ». Jacques avait déjà conçu plusieurs tentes, toutes sur le modèle dit « prospecteur », avec toit à double pente, couramment utilisé en forêt, les épinettes servant habituellement de piquets de soutènement. En l'absence de bois, il avait bien fallu en venir à la seule solution envisageable, celle du mât unique, démontable et réutilisé à chaque bivouac. Pour un coup d'essai, c'était un coup de maître.

L'aménagement de l'espace intérieur fut conçu avec tout autant de soin et d'intelligence. Pas une ficelle, une bande Velcro, une fermeture Éclair qui n'ait sa raison d'être. Un principe : tout ce qui pouvait être suspendu devait l'être, dans le double dessein de libérer la place au sol (afin de nous étendre plus à l'aise) et de profiter au mieux de la chaleur montante du poêle.

Aussitôt à l'intérieur de la tente, nous étendions notre linge humide de transpiration au-dessus de nos têtes, sur un triple cercle de ficelles : sous-vêtements, pantalons, chaussettes, chemises, pull-overs, mocassins et leurs intérieurs en laine, mitaines... accrochés par leurs ganses à des mousquetons que Michel avait eu la bonne idée d'apporter. Suspendus dans la chaleur étouffante qui régnait sous la coupole de la tente, nos vêtements séchaient rapidement, en quelques heures, bien avant que le poêle eût dévoré sa dernière ration de bois nocturne.

Étendus les uns à côté des autres, recrus de fatigue, les corps encore insuffisamment endurcis à notre nouveau mode de vie, nous nous étions peu à peu assoupis, après que Nicolas eut distribué notre part de fromage fondu. C'était la tradition : ces petits morceaux de fromage combien appréciés en guise d'apéritif en attendant le souper.

Était-ce le tintement des cuillères sur les assiettes métalliques, l'odeur du fumet ou une simple prémonition collective ? Toujours est-il que chacun sortit de sa torpeur à l'instant même où Nicolas servit la soupe. Un long moment, seuls les bruits de déglutition et de couverts vinrent meubler le craquement des tisons et le grésillement des casseroles sur le feu. J'avais remarqué que les traits de Michel s'étaient durcis à l'annonce de la position que Jacques venait de nous communiquer. Il demeura longtemps l'air songeur, puis, après un compliment d'usage à l'endroit de notre cuisinier, il en vint au motif de ses inquiétudes :

– Nous n'avons parcouru aujourd'hui que vingt-trois kilomètres, moins que ce que nous avions prévu, pourtant les conditions étaient parfaites. Qu'en sera-t-il lorsque la neige deviendra lourde, collante et encombrée d'obstacles ? Non, on ne peut pas commencer à prendre du retard dès les premiers jours.

Il se tut. Son regard se perdit quelques secondes sur le poêle. Silencieux, nous restions suspendus à ses lèvres ; puis, il enchaîna :

– On ne peut pas continuer ainsi. Nous sommes sans cesse contraints de stopper nos chiens qui piétinent sur place pour laisser un peu de champ aux hommes qui tracent la piste. Progresser par à-coups, en accordéon, est, pour eux, beaucoup plus éprouvant qu'à allure régulière, même soutenue. A chaque redémarrage, c'est trois cent cinquante kilos qu'ils doivent redécoller. On les fatigue pour rien. Quand on additionne tous ces arrêts, cela finit par faire beaucoup de temps perdu en fin de journée. Je vois une autre solution : il suffirait que les équipiers de tête précèdent les attelages sur la piste d'une demi-heure pour que les deux rythmes parviennent à s'accorder ; les « raquetteurs » prendraient suffisamment d'avance pour n'être rejoints qu'à l'heure du lunch. L'équipe de relève pourrait profiter de cette pause pour se préparer et prendre elle-même une avance suffisante jusqu'au soir. Le matin, on n'a pas besoin d'être à quatre pour harnacher les chiens, les replacer dans leur ligne de trait et achever le chargement des traîneaux. Qu'en pensez-vous?

– Je suis d'accord avec Michel, nous avons déjà procédé de la sorte ensemble, et de façon tout à fait satisfaisante.

– Pas d'objection.

– Moi non plus.

Nous manifestions pour la première fois notre accord par consensus, la règle de prise de décision collective à laquelle nous avions tant tenu. En effet, dans notre équipe, il n'y avait pas, à proprement parler, de chef d'expédition chargé de tout régenter, de prendre les grandes et les petites décisions qui s'imposaient. Nous avions opté pour un système qui nous paraissait plus équitable, plus démocratique, mais dont la difficile organisation n'échappe à personne. C'est tellement plus facile de donner de grands coups de gueule et de décider unilatéralement de tout ce qui est important. Cela est d'autant plus vrai que notre équipe, comme toute équipe, était formée de personnalités bien différentes les unes des autres. Au départ, beaucoup de choses nous séparaient : l'âge, les expériences acquises, les passions et, même, les nationalités. N'en déplaise à certains, ce n'est pas faire preuve d'étroitesse d'esprit que de reconnaître que l'on peut aborder problèmes et situations sous des angles différents selon que l'on est né d'un côté ou de l'autre de l'Atlantique. Ce n'est qu'une résultante de notre bagage culturel et historique façonné par le milieu dans lequel on vit. Cette cohabitation pendant des mois de deux Québécois et de deux Français s'annonçait passionnante. N'était-ce pas le plus sûr moyen de vraiment connaître l'autre. Tous les quatre étions fermement décidés à transcender nos différences pour que cette entreprise commune fût un succès. Autour de nous, les exemples ne manquaient pas d'équipes qui s'étaient désagrégées avec le temps. La conscience de ce risque, la volonté de réussir là où d'autres avaient échoué constituaient peut-être les meilleurs ferments qui nous liaient les uns aux autres.

Chacun avait, dans son domaine, participé à la mise sur pied du projet. Sans doute de manière inégale : l'un s'était plus investi dans la préparation administrative, la mise en place complexe du puzzle; l'autre avait eu un rôle moteur dans la préparation pratique : le choix des chiens, des équipements, la construction des traîneaux. Existe-t-il une équipe idéale où chacun se serait investi de manière égale dans un projet ? Mais chacun avait quelque chose à apporter aux autres : un savoir-faire, une passion, et c'est cette complémentarité qui représentait notre plus sûr atout. Je suis persuadé que des équipiers parfaitement identiques et interchangeables ne pourraient faire que de piètres compagnons de route.

Reconnaissons à Michel et à Jacques une expérience précieuse du Nord et de ses dangers, une connaissance déterminante du terrain que nous n'avons jamais eu l'outrecuidance de contester. Ils possédaient un sérieux bagage pour tout ce qui concernait la conduite de l'expédition sur le terrain, la vie de tous les jours dans les froids arctiques.

En revanche, nous avions également notre mot à dire pour les grandes décisions de nature à modifier les termes de notre accord : modification significative de l'itinéraire à la suite d'un imprévu, décision à prendre à la suite d'un accident. On ne peut exclure cette éventualité qui est une donnée permanente de toute aventure digne de ce nom. Pas que le risque soit très élevé : nous ne sommes pas des casse-cou. Un accident bénin en ville peut avoir avec l'isolement des prolongements dramatiques. Ne serions-nous pas sur certaines parties de notre itinéraire à trois semaines du premier village inuit.

Peut-être plus particulièrement sensibilisé que mes compagnons à cette question de la sécurité (j'avais perdu mon camarade d'expédition au cours de ma précédente randonnée en canot, déjà dans cette région du Québec-Labrador), j'avais insisté pour emporter des balises de détresse, autant pour des raisons de stricte sécurité que pour rassurer nos proches. Cette balise ne changeait en rien l'esprit de notre expédition. Il ne s'agissait pas d'un poste radio : nous n'étions pas en contact avec l'extérieur. Tous les lundis, j'enclenchais ma balise (conçue par la société EAS, filiale de l'Aérospatiale) pendant cinq heures consécutives, le temps nécessaire pour qu'un satellite relié au CNES de Toulouse nous captât. Ainsi nos proches et nos amis pouvaient suivre notre progression et être rassurés. En cas d'accident particulièrement grave, nous n'aurions eu qu'à enclencher la position de détresse, mais nous ne comptions nous en servir qu'en dernier recours, si la vie d'un des équipiers, par exemple, était en jeu. Cet argument n'avait pas convaincu Michel et Jacques. Ils y voyaient une atteinte à la conception qu'ils se faisaient de l'aventure : celle-ci devait être acceptée aussi bien pour ses joies que pour ses risques. D'ailleurs, en vieux briscard du Nord, Jacques envisageait sereinement le problème :

– Si jamais il m'arrive malheur, que je décède en cours d'expédition, ce n'est pas la peine de me ramener chez moi ; je désire finir mes jours ici, et je serais encore plus heureux si mon corps pouvait servir à nourrir les animaux du Grand Nord. C'est un juste retour des choses, la loi de la vie. Si un de nos chiens meurt en cours d'expédition, on ne gaspillera pas sa viande. On la distribuera aux autres, pourquoi cette règle ne s'appliquerait-elle pas à nous-même ?

Son raisonnement tenait debout, mais j'admets que j'en avais un léger frisson dans le dos à cette seule idée ! Je compris mieux sa réserve. Craignait-il également que je fisse un usage immodéré de cette balise ? Au moindre bobo, hop ! je saute sur la balise, j'enclenche « Au secours ! » Un peu comme certains montagnards en herbe comptent sur l'hélicoptère pour les tirer d'un faux pas, sans nullement songer aux risques qu'ils font courir aux sauveteurs eux-mêmes. L'irresponsabilité totale !

Mais peut-on, sous prétexte d'éthique (je ne vois pas en quoi celle-ci est atteinte, dussé-je me répéter : il ne s'agissait en aucune manière d'un contact radio permanent), jouer la vie d'un équipier, et avant de penser aux situations désespérées à la Jack London, j'avais à l'esprit un coup de hache malencontreux, ce type d'accident idiot auquel on est plus sûrement exposé. Voilà le type de décision sur lequel un consensus devait pouvoir se dégager et, à défaut, une majorité qualifiée. Mais comme il fallait envisager toutes les hypothèses, avait-on également évoqué la possibilité d'un blocage sans y croire vraiment : nous étions entre gens de bonne compagnie. Dans ce cas, les deux Québécois auraient le dernier mot, vu leur meilleure connaissance du Nord. J'avais vu un signe prometteur de nos bonnes dispositions d'esprit dans la manière dont chacun avait abordé cette difficile question des deux balises, avant le départ. Fallait-il les prendre avec nous ou pas ? Deux avis contraires s'étaient manifestés, Nicolas et moi, pour, Michel et Jacques, eux, s'étaient prononcés contre. Deux contre deux, la pire des situations, et comme chacun s'en était tenu à sa position, Michel avait proposé :

– On pourrait en prendre une seule, l'autre n'est pas indispensable.

– Mais si, pour des raisons d'autonomie, elles ont été conçues pour fonctionner alternativement, l'une une semaine, l'autre la suivante.

– Dans ce cas, ne vaut-il pas mieux les laisser toutes les deux si on n'est pas absolument certain de leur fiabilité; de toute façon, il ne saurait être question, pour des raisons de poids, de les prendre toutes les deux.

– Elles sont vraiment légères.

– Peut-être bien, mais, ajoutées à tout le reste, on finit par avoir des traîneaux très lourds. Question de principe. Te rappelles-tu de la décision que nous avons prise pour le poêle de Jacques que nous trouvions trop lourd. On a dû le laisser à Saint-Adolphe et en prendre un plus petit. Pourtant, Jacques a passé plusieurs heures pour le fabriquer en prévision du départ. Il faut savoir faire des choix, et ce n'est pas toujours facile.

Finalement, on avait transigé et décidé de n'emporter qu'une des deux balises, la plus grosse. Il ne restait plus qu'à espérer qu'elle ne nous lâcherait pas en cours de route.

Alors que je me remémorais ces épisodes de l'avant-départ, un irrésistible engourdissement avait envahi mes compagnons, allongés sous la tente. Ils tombaient de sommeil. Michel, la tête lourde, avait déjà piqué du nez plusieurs fois, se rattrapant de justesse à quelques centimètres du sol. Dans un sursaut de volonté méritoire, encore perdu dans ses rêves, il se mit à ramper à quatre pattes sur les mains et les genoux jusqu'au poêle qu'il bourra une dernière fois. Puis, après s'être saisi de la casserole contenant un fond d'eau bouillante, il sortit de la tente et revint, quelques instants après, avec celle-ci remplie de neige. C'était l'habitude de sortir avant de se coucher pour faire des provisions de neige pour le petit déjeuner. Ce peu d'animation avait suffi pour sortir Jacques et Nicolas de leurs propres songes. Les yeux à peine entrouverts, ils se levèrent et déroulèrent leurs sacs de couchage sur la toile qui recouvrait le tapis d'épinettes. Puis, après avoir enfilé pull-over, pantalon de nuit et bonnet de laine, ils disparurent tous les trois dans les profondeurs de leur duvet. J'en fis de même quelques minutes après, et soufflai sur la bougie après m'être assuré que tout se trouvait à distance respectable du poêle chauffé à blanc. L'obscurité semblait pétrie d'un silence où les respirations et les crépitements du feu étaient les seuls souffles de vie.

5.

Dans la poudreuse jusqu'aux genoux

Comme à l'accoutumée, il faisait encore nuit noire lorsque Michel se glissa hors de son sac de couchage pour ranimer le poêle. Il ramassa du bout des doigts le petit amas de brindilles et de copeaux qu'il avait placé la veille à portée de main. Il le disposa à l'intérieur du foyer puis craqua une allumette, une seule. Le feu jaillit en sifflant. Gestes habituels qui faisaient déjà partie de la coutume des réveils. Je regardai machinalement ma montre : elle marquait 6 heures, l'heure à laquelle il s'était déjà levé la veille, comme mû par un étrange réflexe animal. Son rythme était déjà calqué sur celui du Soleil. Lever quelques minutes avant que l'horizon ne s'empourprât de manière à se mettre en route avec la clarté.

Depuis des heures, lovés dans nos couchages, dans la même position pour conserver au mieux notre propre chaleur, nous attendions que la caresse du poêle eût quelque peu rayonné pour montrer le bout du nez. Il avait fait froid. Une fine pellicule de glace, produite par la condensation de nos corps, avait raidi nos duvets.

Pendant que nous émergions lentement d'un sommeil profond, Michel plaça sur le feu la casserole qu'il avait remplie de neige la veille. Puis, en attendant de délayer la ration de gruau du jour dans l'eau ainsi obtenue, il se mit à pétrir la pâte à bannique. Ce travail achevé, il confectionna dans le creux de sa main quelques dizaines de galettes, guère plus grosses que des tranches de saucisson. Il les cuisit ensuite, à la manière de toasts, en les posant à même le métal incandescent du poêle. La pâte blanchâtre en s'épaississant se teinta de mordoré et, bientôt, une agréable odeur de pain chaud se répandit sous la tente, non sans nous titiller les narines. Cet appel irrésistible du ventre nous tira de notre sommeil de plomb au moment où Michel commença à procéder à leur répartition : trois par personne pour le petit déjeuner, plus trois autres venant compléter notre casse-croûte du midi.

Entre-temps, la clarté laiteuse avait envahi imperceptiblement l'espace intérieur. Un monde bleuâtre, fantomatique, moulait le poêle, le mât de tente, le linge suspendu au-dessus de nos têtes, jusqu'aux visages qui se découpaient en ombres chinoises sur le blanc de la toile.

Et, bientôt, le soleil fit son apparition au sommet des montagnes, déchirant définitivement le voile des ténèbres. Tout s'irradia d'un éclat subit. Il était temps de plier bagage et de nous mettre en route. Après avoir avalé notre petit déjeuner, préparé le petit sac de provisions du midi, revêtu nos vêtements secs et enfilé les mutluks par-dessus les mocassins, nous sortîmes (à quatre pattes, un à un) de la tente, sauf Jacques, resté à l'intérieur pour mettre un peu d'ordre dans notre fourbi.

Le froid vif nous saisit. Le ciel était clair, quoique légèrement brumeux. Afin de me renseigner sur la température qu'il pouvait faire, je me portai successivement vers les deux traîneaux sur les flancs desquels nous avions fixé un thermomètre. Ils indiquaient la même température, preuve de leur fiabilité :

– 35 °C! m'écriai-je d'une voix qui laissait percer étonnement et satisfaction tout à la fois. C'était mon premier hiver sur cette terre du Nord, et j'étais alors beaucoup plus impressionné par les indications de notre thermomètre (en particulier quand il établissait de nouveaux records de froid) que par les réactions de mon propre corps devant ce froid. Jamais je n'aurais pensé que la température pût être aussi basse ce matin; cependant, la simple lecture du thermomètre, formidable facteur d'autosuggestion, me glaça brutalement le sang. Comme pour me mettre au diapason, j'eus brusquement beaucoup plus froid. Jacques me jeta un regard chargé d'ironie. Je n'eus aucun mal à lire ses pensées : il me considérait, sans doute à juste titre, comme un blanc-bec. Il n'accordait aucune espèce de valeur aux indications de ce thermomètre. Il regretta dès lors leur installation sur les traîneaux. 35 °C sous 0 ne l'impressionnaient pas plus que 50 °C ou encore 15 °C sous 0. Tout ce qui l'intéressait, c'était de savoir s'il était incommodé par le froid. Il savait bien que la morsure du gel pouvait faire plus de mal par − 15 °C avec vent violent que par − 45 °C sans vent. Tout n'était qu'une question de vent : le trop fameux « wind chill factor » des anglophones. Bien couverts comme nous l'étions, ce − 35 °C était presque agréable. A peine une petite brise matinale se faisait-elle sentir. Les relevés de températures ne rendent compte que d'une donnée brute un rien trompeuse; ils ne prennent pas en considération l'intensité du vent comme puissant facteur de refroidissement.

Ensuite, ce ne fut qu'un long va-et-vient entre la tente et les traîneaux afin de ranger le matériel du bivouac. Nous nous efforcions de nous souvenir de la place de chaque chose, les réflexes n'étant pas encore acquis. Le chargement se fit pendant que Jacques démonta les divers raccords du poêle et le vida pour noyer les tisons incandescents dans la neige. Puis, après avoir démonté la tente, il nous rejoignit aux traîneaux, la tente sur l'épaule. Cela nous prit une bonne heure pour nous préparer car il avait encore fallu harnacher les chiens, les replacer dans leurs traits, ranger leurs chaînes d'attache et s'assurer après une inspection en règle que rien n'avait été oublié. Nous passâmes en revue notre check-list : les haches se trouvaient bien dans leur fourreau; la pelle à neige, la scie et le poêle sur le traîneau de Michel, la tente avec son mât sur celui de Jacques. En réalité, les deux raquetteurs, ce matin, Jacques et moi, avions déjà quitté le camp depuis une bonne demi-heure.

Pendant quinze jours, la même marche monotone, l'un derrière l'autre, une équipe relayant l'autre à mi-journée, ou plus souvent, quand la neige lourde et épaisse faisait mal aux jambes. Après avoir quitté le lac Attikamagen, notre imperceptible trait s'engagea dans une succession de lacs de moindre dimension séparés les uns des autres par des bandes de terre ferme plus ou moins étroites appelées « portages ». La première journée, nous traversâmes ainsi cinq de ces portages.

Toute la neige des lacs soufflée par les vents semblait s'être rassemblée sur ces petites passerelles naturelles. D'énormes amoncellements de poudreuse enlaçaient de leur blancheur arbres et arbrisseaux, asphyxiant pousses et branches inférieures. A en juger par le nombre et la variété des pistes qui s'entrecroisaient dans un fouillis indescriptible, ces lieux constituaient également un refuge de prédilection pour la gent animale : lagopèdes (les fameuses perdrix des neiges), mais aussi les renards et les loups, leurs prédateurs. Encore convient-il de se méfier de toute exagération bucolique et voir la réalité telle qu'elle se présentait. Les portages constituaient moins pour nous des oasis de vie que des embûches multiples. Là, un seul passage en raquettes n'eût pas suffi. Il fallait passer et repasser deux, trois fois de suite, voire plus, en pressant la neige foulée pour damer une tranchée suffisamment profonde. En dépit de l'énergie avec laquelle les raquetteurs se consacraient à leur mission, les conducteurs d'attelage et les chiens n'étaient pas à la fête derrière : brassant la poudreuse jusqu'à la gueule, Mahingan ouvrait la piste, pleine d'abnégation. Les autres suivaient, haletant comme des locomotives à plein rendement sous la pression des encouragements « Aaaie! Aaaie! Allez! Allez! »; au moindre signe de relâchement, les hurlements redoublaient « Aaaie! Aaaie! » Les hommes à l'arrière, les bras tendus, ahanant, arc-boutés derrière les montants du traîneau, la tête pendante, poussaient, soufflaient; le happant des deux mains, ils s'efforçaient de le soulever afin de le maintenir dans le rail de fortune et, malgré leurs efforts, il arrivait que le traîneau négociât un mauvais virage : un patin s'écartait de la piste et venait s'engluer dans la couche de poudreuse. Étranglés par leurs colliers, les chiens s'arrêtaient net, la tête et la queue basses, tout aussi inquiets par cet arrêt impromptu que par la nervosité qu'ils sentaient croître chez leurs maîtres qui ne cessaient de hurler.

Après une brève inspection de l'étendue des dégâts, les conducteurs d'attelage s'enroulaient alors une corde de halage autour des mains ou s'agrippaient à la proue du traîneau pour le remettre sur la piste d'un violent coup de reins. Parfois, n'y parvenant seul, ses compagnons venaient leur prêter main-forte. Réinstallation des chiens dans leurs traits et, éventuellement, démêlage des harnais; puis, un nouveau départ : « Les chiens, allez! » Chacun reprenait sa place : les chiens devant, l'homme à l'arrière, poussant, criant, soufflant : un véritable travail à la charrue. Vingt pas plus loin, tout était à recommencer. Quand ce n'était pas l'un, c'était l'autre qui calait dans la neige. Un jeu qui finissait par devenir éreintant. Les chiens montraient moins d'allant et renâclaient au travail malgré les hurlements qui s'intensifiaient. Ils prenaient prétexte de la moindre résistance du traîneau pour relâcher leurs traits et s'arrêter. Une seule méthode efficace : la contrainte et la terreur que nous leur inspirions avec notre bâton. Aussi surveillions-nous leurs traits : au moindre signe de mauvaise volonté ou de désobéissance, nous stoppions les traîneaux pour corriger le ou les fautifs. Et la marche reprenait, cahotante, les chiens pratiquement enfouis dans la neige et à bout de souffle. Ils tiraient la langue, lapant au passage la neige autour d'eux. Nous, derrière, ne valant pas mieux. La tête lourde de fatigue, les vêtements détrempés de sueur, la neige jusqu'aux genoux. Il fallait avancer!

Avec le recul, je mesure mieux l'inanité et la naïveté de certaines de mes remarques lors des conversations exploratoires que j'avais eues avec Michel à Saint-Adolphe. Quand il me parlait de progression difficile dans la neige profonde, d'heures de marche harassantes, je voulais qu'il me les traduisît en nombre de kilomètres, et lorsqu'il avait finalement consenti à chiffrer notre moyenne quotidienne à vingt-cinq kilomètres, je n'avais pu m'empêcher de laisser échapper un certain étonnement devant une distance journalière aussi basse. En effet mes lectures ne m'avaient-elles pas appris que certains attelages parcouraient cent kilomètres ou plus dans une seule journée.

J'avais décelé une certaine irritation dans ses yeux. Y avait-il vu une critique implicite dans ma bouche de néophyte, comme si la qualité d'un attelage et la compétence d'un conducteur de chiens pouvaient se mesurer d'après une moyenne quotidienne. A ce sujet il est bon de souligner la pauvreté de notre vocabulaire. Pour moi, la neige c'était de la neige. Nous disons « neige » en ajoutant des adjectifs à ce nom (neige molle, neige dure). Les peuples nordiques, en revanche, utilisent des termes d'une grande précision qui font l'objet de variations subtiles, mais extrêmement importantes. Le langage des Canadiens français est riche d'expressions pour désigner les différents aspects de la neige. Tantôt elle tombe en lourds flocons humides et mouille les habits : c'est la « grosse neige »; ils disent qu'elle tombe en « peau de lièvre ». Elle s'amoncelle en petits dômes : c'est la « neige de Noël », celle qui permet aux enfants de construire des bonshommes de neige. Cette neige est souvent « pelotante » ou « pelotonneuse ». Elle adhère aux souliers, on dit que les « pattes bottent », ce qui rend la marche pénible. Quand les flocons deviennent très humides et passent à la pluie, on les appelle « torchons ». Plus tard dans l'hiver, à l'époque des grands froids, tombe la neige sèche; elle ne colle pas, ne mouille pas et forme un sol uni assez dur et crissant qui tient bien les raquettes. C'est la bonne neige des trappeurs et des coureurs de bois. A la fin du « temps des neiges », les alternances de dégel et de regel provoquent des carapaces de glace : la neige se « croûte »...

La langue des Inuit, encore plus précise, utilise vingt-cinq à trente mots qui signifient tous « neige », mais chacun désigne un aspect particulier. Le choix exact du mot correct pour décrire la neige en toute circonstance est d'une importance capitale pour des gens qui vivent dans un environnement enneigé dix mois sur douze. Duncan Pryde, dans son livre de souvenirs, nous livre quelques exemples :

« Quand un homme entreprend une randonnée dans l'Arctique, et que sa vie, à quelque étape du voyage, peut dépendre du type de neige qu'il trouvera, il ne suffit pas de lui dire qu'il y en a beaucoup. Il doit savoir s'il y a beaucoup d' " igluksaq " (neige à bâtir). Si, par contre, on lui explique qu'il ne trouvera que de la " pukak " (type de neige granulée comme du sucre), il saura qu'il ne pourra construire un abri. La " masak " est de la neige molle et humide que l'on trouve au printemps, au moment du dégel. Le mot " ganik " désigne la neige qui tombe, et " aput " celle qui couvre le sol. Si l'on vous parle de " piqtuk ", il s'agit de neige chassée par un blizzard de terre ; l' "aqilluqqaq " est une neige ferme, mais pas assez toutefois pour construire un abri, et la " mauya " est une neige molle et profonde. »

Beaucoup d'autres mots correspondent à d'autres types de neige... Par contre, un seul mot, « nauttiaq », suffit aux Esquimaux pour désigner les centaines d'espèces de fleurs éclatantes qui s'épanouissent pendant le cours été arctique. Ils n'ont que faire des fleurs.

Après notre baptême du feu dans la neige molle, j'étais convaincu que vingt-cinq kilomètres dans la poudreuse pouvaient se révéler bien plus éprouvants qu'une distance quatre fois supérieure sur une piste bien dure. Seuls le nombre d'heures de marche et l'état de la neige présentaient une réelle signification. Nous venions de vérifier cette règle du Grand Nord. Avec cette neige folle des portages, n'avions-nous pas nous-mêmes peiné bien plus sur ces quelques centaines de mètres que sur les nombreux kilomètres parcourus sur la neige dure des lacs. Encore dût-on s'estimer heureux des conditions atmosphériques qui nous étaient, ces jours-là, entièrement favorables. Le froid vif avait pétri la neige. Sèche et légère comme une plume, elle ne collait pas aux raquettes et aux mocassins. D'autre part, l'air sec et pénétrant qui nous mordait les narines procurait une sensation de bien-être, et c'est avec un réel plaisir (tout au moins la première heure) que les hommes de tête allaient à pied, légèrement, sans autre charge que leur déjeuner dans la poche de leur coupe-vent.

La traversée de ces portages eût été bien plus éprouvante par une neige lourde, gluante, s'agglomérant en boules compactes sous les patins, sous les mocassins, sur les raquettes toutes apesanties de neige fondante humectant la babiche.

Ajoutons, pour compléter ce chapitre des petites et grandes misères de la progression par temps doux (– 10 ºC, – 15 ºC), la sueur vous coulant le long du corps en ruisselets acides. Par temps sec, les effets de la transpiration étaient beaucoup plus limités, du moins pour le commun des mortels car, même par les plus grands froids, je suais à grosses gouttes. Les améliorations apportées à mes vêtements, sur les conseils de Jacques, ne changeaient pas grand-chose à cet état de fait. J'avais beau ôter mon pull-over, ma chemise, ouvrir en grand tous les zips du coupe-vent, du pantalon, je m'échauffais tellement que les vêtements que j'avais gardés sur le corps étaient détrempés (je ne pouvais quand même pas tout enlever, le fond de l'air restait frais). Une véritable carapace de givre provoquée par la condensation me collait bientôt au dos. Mes compagnons en étaient tout étonnés. Mais quel merveilleux stimulant pour poursuivre, car à peine m'arrêtais-je quelques secondes de marcher que le froid me saisissait. J'appréciais à leur juste valeur certaines décisions auxquelles je n'avais prêté jusqu'alors qu'une attention distraite. Notamment sur le choix de nos vêtements. La plupart étaient en laine : les sous-vêtements, les pantalons, les chemises, les pull-overs, les chaussettes, les intérieurs de mocassins, les mitaines, la tuque (seuls nos coupe-vent et nos doudounes étaient de conception plus moderne), et cela moins pour des considérations d'authenticité, de respect de la tradition des coureurs de bois que de simples raisons d'efficacité.

– Les vêtements en laine sont les seuls vêtements qui respirent. Même mouillés, ils gardent leurs propriétés thermiques : ils conservent la chaleur produite par nos corps. Les textiles modernes, plus confortables et plus légers, sont très bien tant qu'ils sont secs. Mais, avec l'effort, ils ont tous tendance à condenser et, une fois humides, ils perdent toutes leurs qualités. Les expéditions nordiques qui partent sans poêle à bois ont tout intérêt à utiliser ces textiles qui sèchent rapidement, parfois même en les gardant simplement sur soi. Nous n'aurons, en ce qui nous concerne, aucun mal à faire sécher nos vêtements le soir sous la tente, excepté sur la toundra, où nous ne pourrons, bien sûr, utiliser notre poêle à bois. Même mouillés par la transpiration, nous n'aurons jamais froid avec nos vêtements en laine. Mais gare aux chauds et froids à l'arrêt!

Sur la piste, j'avais tout loisir de méditer sur la justesse de l'axiome de Jacques. Inondé de sueur, j'avançais sans la moindre sensation de froid. C'était même exactement l'inverse. J'étais constamment déshydraté. La soif me tenaillait, se vrillait dans mon corps. Un supplice de Tantale. J'aurais voulu me jeter à chaque pas sur la neige alléchante, mais, le plus souvent, je me raisonnais : je savais que ma soif n'en serait que plus avivée après. Je cédais parfois à la tentation de ramasser à pleines mains quelques cristaux de neige pour les porter à ma bouche. Apaisement éphémère. Le désir brûlant, inextinguible, se rallumait aussitôt après. J'en arrivais à envier le sort de nos chiens qui lapaient la neige pour se désaltérer. Cruelle ironie! Souffrir de la soif avec toute cette eau à nos pieds, à quelques mètres au-dessous de la carapace de glace. Sur les lacs l'épaisseur de glace était bien trop grande pour pouvoir la briser à coups de hache et faire jaillir l'eau vive à nos pieds. Cependant, les petits déversoirs qui permettent parfois de communiquer d'un lac à l'autre n'étaient pas entièrement gelés par endroits. Nous nous arrêtions alors sur les bords de ces passages d'eau vive afin d'étancher notre soif et de faire quelques provisions pour la journée.

Aussi curieux que cela puisse paraître, certaines portions de rivières ne gèlent, en effet, jamais durant l'hiver arctique, même par les plus grands froids. On les trouve généralement dans les passages de rapides où le rétrécissement du cours active l'écoulement des eaux. Quelquefois, traîtrise des traîtrises, une mince pellicule de neige fraîchement tombée masque totalement l'étendue d'eau courante. Véritable chausse-trape dans laquelle hommes et attelages peuvent être engloutis à tout jamais. Une règle de conduite impérative : la prudence. S'approcher prudemment de l'eau libre, pas à pas, comme si on marchait sur des œufs, à deux, jamais seul, à deux mètres de distance l'un de l'autre. S'immobiliser au moindre craquement suspect, au moindre doute sur la solidité de la glace.

Attendre quelques secondes, puis, en prenant appui sur la jambe arrière, éprouver avec sa raquette avant le manteau neigeux, s'immobiliser... recommencer... Et ainsi jusqu'au bord de la rivière. S'agenouiller sur ses raquettes et, là, tenu au bras par son compagnon, plonger sa tasse dans l'eau cristalline et glaciale, la passer de main en main. La première gorgée oppressait notre cerveau d'une boule de glace, si bien qu'il fallait la siroter très lentement pour que le palais s'accoutumât à son arôme discret. Avant de repartir, nous nous débarrassions de notre mieux de la muselière de glace qui nous rigidifiait les barbes. Quelques maigres stalactites recouvraient nos poils naissants. Pour Michel et Jacques, il s'agissait d'un ornement nettement plus conséquent. Leur impressionnante barbe blanche de givre s'épaississait un peu plus à chaque bouffée de respiration qu'ils exhalaient. Il ne leur manquait plus que les habits rouges pour ressembler à de vénérables pères Noël. Nous profitions de ces arrêts pour faire une inspection en règle de nos différents appendices : lèvres, nez, pommettes, bouche. La peau paraissait-elle quelque peu blanchâtre : nous la massions énergiquement avec nos mitaines pour qu'elle retrouvât sa couleur rosée. Ensuite, nous devions bien nous remettre en route pour ne pas prendre de retard ; ce fameux retard qui était la hantise de Michel. Les raquetteurs devant, un pied décalé pour élargir la piste, les traîneaux ensuite, suivis par leurs conducteurs, eux aussi raquettes aux pieds, sinon ils se seraient enfoncés dans la neige. Dans la profonde, le maître d'attelage ne restait jamais debout sur les patins. Accroché aux montants du traîneau, il marchait derrière pour l'alléger. Il le poussait en courant pour « travailler » les mouvements du traîneau et aider ainsi les chiens.

Vers l'est et vers l'ouest, aussi loin que l'œil pouvait porter, s'étendait la blancheur infinie sur laquelle serpentait leur piste grisâtre qui ondulait au milieu des îlots boisés. Elle les contournait, comme elle contournait tout amas suspect de neige qui pouvait cacher quelque redoutable piège ou, tout bonnement, les bords encombrés d'aulnages (zones de végétation arbustive) et de neige épaisse. Ainsi s'expliquaient les crochets inattendus : nous n'avancions pas en ligne droite, nous épousions les difficultés du terrain :

– Il faut toujours penser aux traîneaux quand on trace la piste, choisir les endroits où la neige est la mieux soufflée ; en général, le meilleur passage se trouve au centre des rivières et des lacs. D'une façon générale sont à éviter : les dévers, les virages à angle droit, les pentes trop fortes, tout ce qui complique la tâche des chiens et de nos compagnons derrière. On a déjà bien assez de mal comme ça avec tous ces portages et ces sections de rapides pour ne pas en rechercher d'autres.

Après trois jours d'enfilades de lacs, nous avions finalement atteint la rivière De Pas. Vers l'est, elle se jetait dans la rivière George (en réalité un fleuve), dont le confluent se trouvait à plus de deux cents kilomètres, distance que nous savions devoir parcourir à pied et en raquettes. La George allait elle-même mourir, quelques centaines de kilomètres plus au nord, dans l'océan glacial : la baie d'Ungava et le détroit d'Hudson. Prisonnier des glaces et des neiges, son cours serpentait entre deux rideaux d'arbres qui lui faisaient cortège. Tantôt les deux lignes d'épinettes se trouvaient si rapprochées qu'elles ne laissaient filtrer qu'un mince couloir de glace. Tantôt les boursouflures étaient de telles dimensions que nous avions parfois plus l'impression de traverser un lac que de suivre le cours d'une rivière. Notre vitesse de progression s'adaptait à la topographie du terrain : là où la rivière se perdait en excroissances, nous marchions d'un pas décidé d'automate, l'un derrière l'autre, sans trop consulter la carte, dix pas, vingt pas, cent pas... Aussitôt que le marcheur de tête s'écartait de deux pas de la piste, son compagnon accélérait le pas pour le relever en tête et faire à son tour le gros du travail, pour encore cent pas ou plus, s'il se sentait d'attaque. Tout se passait dans le silence. On pouvait être certain que chacun prenait à cœur d'en faire le maximum pour partager la tâche équitablement. Quelquefois, l'un d'entre nous était plus en forme, plus entraîné, et abattait un peu plus de travail, mais qu'importe! s'il pouvait le faire... Son compagnon travaillerait un peu plus une autre fois.

Il n'y avait qu'à écouter les respirations, observer les visages fermés, rivés quelques pas devant sur la neige, pour comprendre que chacun se donnait à fond; quelquefois, celui qui se trouvait à l'arrière souffrait plus que le marcheur de tête. C'était le cas quand il fallait soutenir l'allonge de Michel. Nous serrions alors les poings pour ne pas le laisser s'échapper d'une semelle. Chacun avait sa méthode pour essayer d'oublier qu'il était en train de devenir un galérien de la marche en raquettes. Michel comptait ses pas jusqu'à cent, puis reprenait de zéro, comme d'autres comptent des moutons. Quant à tuer le temps, Nicolas et moi préférions occulter la réalité présente par des retours agréables sur le passé. La répétition et la monotonie de l'effort favorisaient ces échappées, oxygène de l'esprit en quelque sorte. Ce n'était jamais pour très longtemps : la fatigue finissait toujours par nous ramener sur terre, à nos pieds qui alignaient des milliers de pas les uns derrière les autres, en supportant tout le poids de l'instrument qu'ils portaient. Nous étions tous les deux à l'écoute de nos pieds. Si ce n'était déjà le fameux « mal des raquettes », cela lui ressemblait étrangement, avec cette douleur diffuse sur les articulations et le gros orteil, véritable cataplasme de souffrance. Malgré les prédictions de Michel, la marche en raquettes n'était pas encore devenue notre seconde nature. Mais peut-être ne s'agissait-il que d'une forme d'encouragement, comme on promet au marcheur fatigué les cinq cents derniers mètres; bien sûr, ces cinq cents mètres se prolongent sur des kilomètres et des kilomètres...!

Je partageais beaucoup plus la vision des choses de Nicolas quand il résumait la situation dans les termes suivants :

– La première heure, c'est la pleine forme; la deuxième on ne lâche plus des yeux les raquettes de celui qui nous précède, et la troisième, on consulte sans cesse sa montre en attendant d'être relayé par la seconde équipe...

De loin en loin, la langueur de cette marche sans surprises était stimulée par un étranglement de la rivière. La neige immaculée ondoyait en molles ondulations là où elle recouvrait les blocs chaotiques d'un rapide. A l'approche de ces monticules neigeux, Michel ou Jacques (selon le cas) reprenait l'initiative des opérations et s'arrêtait longuement pour observer la carte; à partir de celle-ci, il s'efforçait d'interpréter les dangers qui nous guettaient. Ensuite, il se remettait en marche lentement, s'arrêtant de temps à autre pour tester la solidité de la couche neigeuse avec le bout de ses raquettes.

– Il y a deux ans, alors que je faisais la piste devant, Jacques a défoncé la couche de glace dans ce type de terrain. Quand l'eau est ouverte, il est encore possible de se méfier, mais quelquefois des sources souterraines jaillissent en bouillonnant des flancs des collines. Elles se fraient leur course sous la neige et rejoignent le lit de la rivière. Les nappes d'eau et les couches de glace peuvent se superposer sous la neige, de sorte que si la carapace supérieure s'effondre, toutes les autres en font autant. C'est comme ça que l'on peut se retrouver au milieu d'un torrent. Avec l'expérience, on arrive à déceler la plupart des sections dangereuses. Pas toutes. De vieux habitués du Nord se laissent quelquefois surprendre. Il faut constamment être sur ses gardes.

– Jacques est-il tombé à l'eau?

– Non, non. Quand il a vu que la glace cédait et que son traîneau s'enfonçait, il a hurlé, et les chiens qui étaient passés au même endroit sans briser la glace l'ont tiré du trou. Un Skidoo serait tombé directement au fond de la rivière. Il a eu de la chance, il ne s'est même pas mouillé les pieds...

Michel s'interrompit comme pour se donner le temps de la réflexion, puis il enchaîna :

– Si jamais la glace casse et que je tombe à l'eau, je fonce dans la forêt, on allume un feu et tu me passes tes sous-vêtements. Avec cette température, il faut immédiatement se sécher si on ne veut pas être congelé...

Il poursuivit sur d'autres considérations. Sa réflexion dépouillée, et anodine dans la forme, trouvait chez moi un écho particulier, alimenté par mon imagination et une vague sensation de déjà vu. La lointaine réminiscence devint plus présente. Mais, bien sûr, c'était le thème de *Construire un feu*, sans doute le chef-d'œuvre de Jack London et de la littérature du Grand Nord. Me revinrent alors à l'esprit tous les détails de ce récit pas comme les autres : dramatique et émouvant par l'issue tragique que connaîtra le héros de cette histoire.

Au début, la fatalité : à un certain endroit qui ne décelait aucun signe suspect, l'homme s'enfonça. Le trou n'était pas profond, et il s'en tira en se mouillant seulement jusqu'à mi-mollets. Furieux, il pesta contre le coup du sort, mais sans s'affoler, avec la pleine conscience du danger qu'il courait, il se mit à ramasser du bois mort pour construire un feu et ainsi sécher ses chaussures : une nécessité par cette basse température; il ne le savait que trop. Il craqua une allumette, puis, à mesure que le feu grandissait, il l'alimentait avec des morceaux de bois de plus en plus gros. Il savait qu'il n'avait pas droit à l'erreur; son feu devait prendre au premier essai. Avec les pieds secs, si l'on échoue, il suffit de courir pour les réchauffer. Mais à cette température, lorsque les pieds sont mouillés et en train de geler, le procédé est contre-indiqué. L'homme sentait son corps déjà se refroidir, mais le feu

78

commençait à flamber superbement. Le moment approchait où il pourrait l'alimenter avec des grosses bûches. Alors, il enlèverait ses chaussures, et, pendant qu'elles sécheraient, il se réchaufferait les pieds au brasier... Il fut surpris de la vitesse à laquelle ses doigts s'engourdissaient. Mais qu'importait au fond! Le feu était là, chacune de ses flammes était de la vie. Puis, second coup du sort. En enlevant ses mocassins, il déséquilibra la couche de neige accumulée sur les branches d'un sapin (il avait commis l'erreur d'établir un feu sous un arbre). La neige glissa d'échelon en échelon, des branches supérieures aux branches inférieures, et vint s'abattre en avalanche sur l'homme et sur son feu. Il en fut terrifié, comme s'il venait d'entendre prononcer sa condamnation à mort. Il resta un moment les yeux fixés sur la place du foyer disparu, puis il redevint maître de lui. Il reprit tout de zéro. Lorsqu'il eut construit son feu, il voulut se saisir d'une allumette, mais ses doigts ne sentaient déjà plus rien. Il n'y parvint pas. Pendant ce temps, ses pieds continuaient à geler. A l'aide de ses dents, il renfila ses mitaines, battit des mains contre ses côtes. A force de se démener, ses mains finirent par retrouver quelque sensibilité. Il se saisit finalement de son paquet d'allumettes, mais le formidable froid avait déjà chassé la vie de ses doigts. Cependant qu'il s'efforçait de séparer une allumette des autres, tout le paquet chut dans la neige. Ses doigts inertes ne parvinrent à les saisir. Il réussit à en isoler une qui tomba. Il la prit entre ses dents, puis la frotta le long de sa cuisse. Après une vingtaine d'essais infructueux, le soufre se décida à s'allumer. Tandis qu'elle s'enflammait, il l'approcha, la tenant toujours entre les dents, du petit tas de brindilles. Mais le soufre qui brûlait lui monta aux narines et le fit tousser spasmodiquement. Il desserra les mâchoires; et l'allumette tomba dans la neige pour s'éteindre. Il essaya ensuite avec ses deux bras, serrant fortement les deux mains, il frotta sur sa cuisse tout le paquet; une flamme unique en jaillit. Les soixante-dix allumettes s'allumèrent d'un seul coup. Sa chair brûlait, et assez profondément pour qu'il sentît la douleur, qui s'intensifia, mais l'homme l'endurait, tenant toujours le petit faisceau de flammes; trop maladroit, les brindilles refusaient de s'allumer. Enfin, ne pouvant plus supporter la douleur, il lâcha tout. Les allumettes grésillèrent dans la neige. L'allumeur de feu avait échoué.

La lutte inhumaine face à la fatalité écrasante se poursuivit.

L'homme affronta son destin avec dignité, en dépit de l'issue tragique et inéluctable qui se dessinait derrière sa propre déchéance physique. Il se sut voué à une mort certaine...

Tout cet enchaînement de faits tragiques, uniquement parce que quelques centilitres d'eau s'étaient glissés dans ses mocassins et ses prévisions!

Ces péripéties, ce morceau d'anthologie restaient gravés dans ma mémoire. Mais ce récit, captivant par les retournements incroyables de situation jusqu'à la fin tragique, prenait alors une tout autre dimension. Une chose était de lire cette histoire confortablement installé dans un fauteuil (cette histoire eût-elle un inimitable accent de vérité), c'en était une autre de se dire qu'il s'agissait, dans notre cas, moins de littérature que d'un enchaînement de faits dramatiques qui pouvait bien nous arriver. Nous ne tenions pas spécialement à revivre une telle expérience! J'en avais froid dans le dos rien qu'en y songeant.

En supposant que pareille mésaventure nous arrivât, le danger serait assurément moindre grâce à la présence d'un compagnon de piste à ses côtés. Celui-ci céderait ses vêtements et aiderait à la construction du feu salvateur, encore que si le destin a vraiment décidé de s'acharner contre quelqu'un, la présence à ses côtés d'un compagnon de route ne peut malheureusement pas changer grand-chose à une succession de faits dramatiques : on peut tout aussi bien disparaître corps et biens dans un trou, entraîné par la violence des eaux sous la couche de glace... Je ne sais si c'est par bravade, humour noir, exorcisme, ou les trois à la fois, toujours est-il que cette image obsédait Nicolas. A maintes reprises, il évoqua la situation de l'un d'entre nous emporté par le courant et cherchant désespérément à se libérer de son linceul de glace pour revenir à l'air libre. La rendant encore plus parlante, il mimait les gestes de cet équipier qui s'efforçait de casser la glace au-dessus de lui à l'aide de son poing : « Toc! Toc! » Michel lui répondait invariablement :

– Dans ce cas-là, il n'y a pas grand-chose à faire.

Il croyait beaucoup moins à cette éventualité qu'à celle du bain de pieds (ou du bain à mi-corps) impromptu et glacial. Mais comme dans le Grand Nord la prudence est la mère de toutes les vertus, chacun ne devait compter que sur lui-même, avec, constamment en poche, un bout de bougie, des allumettes et un morceau de corde nylon – nous devions pouvoir nous tirer d'affaire dans toutes les situations. La bougie devait théoriquement permettre d'allumer un feu plus rapidement que le héros du récit de Jack London; le bois n'étant pas forcément partout très sec. Il était bien rare de nous appesantir au cours de nos discussions sur les dangers réels ou supposés de la piste, même si chacun les avait bien à l'esprit. A quoi cela eût-il servi? A faire naître la gamberge, à se disperser, alors que nous devions être mille fois présents pour déjouer les pièges qui pouvaient être tendus devant chacun de nos pas. Si on commençait à les évoquer, la liste pouvait être longue; et pourquoi s'inquiéter inutilement, alors que tout allait bien? Nos compagnons québécois se trouvaient en pays familier. Pleinement conscients de leur petitesse d'homme, pétris d'humilité, ils n'étaient pas de ceux à défier le Nord, à le braver pleins de morgue. Non, ils étaient là, selon l'expression de Michel, « pour vivre l'hiver selon le rythme qu'il impose, en s'y adaptant pour pouvoir en jouir, et non pour s'acharner à le vaincre ». Sans nul doute, « ils aimaient bien le gros Nord ». N'était-ce pas leur vraie force? La puissance se situe moins au niveau de chaque muscle, dans la force brute et animale, que dans la calme défaite de l'adversité, dans la marche sûre, abattant les obstacles hors de tout élan; puissance lente, inexorable puissance...

A chaque danger sa parade. Debout, pleinement conscients, habiles aux jeux de la vie, ils ne sentaient pas la peur. Ils connaissaient la recette contre le froid et les blizzards de la toundra. Ils savaient monter la tente quand il le fallait pour se terrer, courir quand le temps en était venu. Une puissance tranquille...

Notre allure de marche s'était encore réduite. Michel s'arrêtait souvent pour consulter sa carte et la confronter à ses propres observations; puis, il me glissa à l'oreille :

– On approche d'une zone de ponts de neige. La neige peut à tout moment céder sous nos pas. Suis-moi à trois mètres. Quand je m'arrête, tu t'arrêtes. Si jamais elle cède, tu viendras m'aider. Attends-moi là.

Il quitta la piste et s'engagea dans la maigre forêt d'épinettes qui couvrait les rives. Il s'immobilisa, sembla hésiter sur la direction à prendre, puis pénétra au milieu des épinettes. Il en abattit une d'un coup d'épaule. Puis, une autre un peu plus loin. Il me rejoignit ensuite, sur les bords de la rivière, en traînant deux arbres morts de petite dimension qu'il élagua devant moi.

– Si jamais la glace se rompt, je tends les bras avec mes deux troncs en travers dans chaque main; mon poids se trouvant réparti sur une large surface, le risque de m'enfoncer sera plus faible. Si la neige se dérobe à tes pieds, fais la même chose : laisse-toi tomber les bras et les jambes en croix pour augmenter la surface portante de ton corps. Évite surtout de faire des gestes brusques qui achèveraient de déstabiliser la couche. En principe, la neige devrait te retenir, et attends que je vienne t'aider à te sortir de là. Fais-en de même pour moi.

Nous nous remîmes ensuite en marche, à quelque distance l'un de l'autre. Il avançait pas à pas, comme s'il marchait sur des œufs. Je le vis ralentir une nouvelle fois, puis s'arrêter. Prenant appui sur sa jambe arrière, il éprouva énergiquement la solidité de la couche neigeuse avec sa raquette avant. Il avança lentement, très lentement. Parfois, elle s'effondrait dans un bruit sourd, se stabilisant quelques centimètres plus bas. Effets garantis : pincements au cœur, décharges d'adrénaline, frissons d'inquiétude. Michel avait beau se montrer rassurant :

– Ce n'est rien. Les différentes couches de neige se tassent sous notre poids.

Je ne parvenais pas à m'accoutumer à ces craquements lugubres. A chaque fois, je retenais mon souffle, mes muscles se crispaient, comme si le sol devait se dérober sous mes pieds. Insensiblement, nous nous éloignâmes de ce passage dangereux, et Michel reprit son allure habituelle (sa course, devrais-je dire, tant il fonçait), et moi, collé à ses basques, je serrais les dents, le souffle court. Les traîneaux se trouvaient loin derrière, infimes points mouvants sur la blancheur infinie. Nous reprîmes nos relais. En tête, nous avions le regard fixé à quelques dizaines de mètres devant pour jauger l'état de la neige et rechercher la meilleure trace pour les traîneaux; derrière, nous ne quittions pas des yeux les raquettes sans cesse en mouvement qui nous précédaient. La piste était déjà faite en partie; un pied se moulait dans l'empreinte laissée dans la neige, tandis que l'autre, décalé d'une raquette, élargissait la trace, venant compléter le travail de damage. Trente pas dans la poudreuse avec le pied gauche, puis trente pas avec le pied droit pour répartir la fatigue entre les deux jambes. De temps à autre, j'enlevais mes mitaines; je plongeais la main dans la poche de mon coupe-vent et piochais quelques reliefs de mon casse-croûte quotidien, pour tuer le temps, comme d'autres allument une cigarette : mon péché mignon ; à chaque fois, je puisais une ou deux cacahuètes ou quelques grains secs. Hormis les carrés de chocolat qui ne passaient pas la première heure de marche, il me restait le plus souvent quelques grains pour le repas du midi. Mais, quelquefois, la fringale, attisée par l'effort, avait raison de mes provisions bien avant le milieu de la journée.

De nous quatre, Jacques se montrait, de loin, le plus économe. Il gérait ses provisions en « bon père de famille », si bien qu'il disposait encore, la plupart du temps, de quelque épargne (de nourriture) à la fin de la journée. En tout cas, il n'aurait pu monter le camp sans son sacro-saint carré de chocolat. Il en gardait toujours un pour le soir. Peut-être n'était-ce là que la simple illustration de la sagesse dont on dit qu'elle est l'apanage de l'âge mûr. Jacques, malgré ses jambes de jeune homme, avait pour l'état civil quarante-sept ans ; et, comme pour confirmer ce dicton bien connu, notre capacité de résister à la tentation de constamment toucher à notre petit pécule alimentaire était intimement liée à l'âge de chacun. Jacques était le plus économe, c'est sûr. Michel, avec ses trente-huit ans, était en passe de le devenir : il avait d'ores et déjà un sens de la gestion remarquable. Quant à moi, j'étais pétri de bonnes intentions, mais j'en restais malheureusement là. Avec mes trente-deux ans révolus, coincé entre deux âges de la vie, je semblais condamné à nager entre deux eaux. Nicolas, le benjamin de l'équipe, défendait du haut de ses vingt et un ans le droit de se démarquer et de finir (si bon lui semblait) la totalité de ses provisions dans la première heure de marche. Il faisait surtout une fixation sur le chocolat. Il en conçut une telle frustration que ses rêves en étaient peuplés. Il ne s'est jamais attardé sur leur contenu, mais je l'imaginais attablé chez un maître chocolatier avec, devant lui, des montagnes de chocolat. Il y en avait de toutes sortes : du blanc, du noir, du chocolat au lait, aux noisettes, aux amandes, tous bien tentants pour sa gourmandise. Mais, à chaque fois qu'il tendait sa pincette pour en choisir un, le maître choco-latier, acariâtre et bedonnant à souhait (c'était rassurant), lui faisait les gros yeux et lui arrachait la pincette des mains, tandis que ses amis, à ses côtés, s'en donnaient à cœur joie et s'en gorgeaient. Il y avait Benoît, Peke, Laurence et bien d'autres encore... Il serait trop long de tous les citer. Mais, là, il s'agit d'une libre traduction par mon imagination d'un fait réel.

En fin de matinée, je me trouvais debout sur les lisses du traîneau arrière, et je perdis une de mes mitaines sur la piste en voulant fouiller dans mon sac de nourriture. Je stoppai immédiatement mon attelage : « Oooh! » Jugeant la piste assez dure après le passage des deux hommes en raquettes et du traîneau de tête, je ne pris pas la peine de chausser les miennes et revins sur mes pas en mutluks. Brusquement, un pied céda, puis l'autre, et l'eau commença à gagner mes pieds. Je pataugeai sur cinq ou six mètres avant de rejoindre une couche plus ferme. J'en fus quitte pour une bonne frayeur rétrospective. Les raquetteurs et le premier traîneau étaient passés grâce à leur assise plus large et plus longue.

De retour sur mon attelage, je fus saisi d'appréhension. Mon attention, mêlée d'inquiétude, se focalisait au niveau des orteils : en transperçant la couche de glace, ne m'étais-je pas en même temps mouillé les pieds? Si oui, il fallait immédiatement arrêter le traîneau et sortir de mon sac deux paires de chaussettes sèches. Je me mis à guetter l'engourdissement précurseur. Je cognai du bout des pieds le frein métallique. Non, tout allait bien, mes orteils restaient sensibles. Je me mis alors à courir derrière le traîneau pour chercher confirmation de ce signe prometteur. Je sentis mes pieds, j'en fus rassuré. L'eau glaciale n'avait, selon toute probabilité, pas eu le temps de traverser les quatre ou cinq protections extérieures de mes pieds. Seuls les mutluks et les mocassins avaient dû être trempés.

Bercé par les craquements réguliers du bois, les halètements saccadés des chiens, l'écrasement sourd de la neige sous les lisses, je m'étais finalement laissé envahir par une douce torpeur. A peine m'obligeais-je, de temps à autre, à parler à mes chiens, pour justifier ma présence, mais j'aurais très bien pu me passer de le faire. En queue de convoi, ils n'avaient qu'à suivre la piste tracée par le premier attelage. J'avais tout loisir d'apprécier les qualités de mon traîneau. A l'image des hommes qui se gardaient bien de heurter de front l'esprit du Grand Nord, de le courroucer par trop de présomption, les traîneaux courbaient l'échine, hurlaient parfois de douleur quand ils s'enfonçaient dans un trou ou heurtaient une motte de neige, mais ils se jouaient des obstacles et progressaient toujours. Roseaux plus que chênes. Leur résistance se jouait de leur faiblesse apparente. Nos traîneaux, de type « Alaska » – en frêne, avec des assemblages en tenons-mortaises (les pièces sont emboîtées les unes dans les autres), attachés à l'aide de babiches (pas un clou ni une vis) –, avaient une solidité suffisante pour transporter trois cents kilos chacun. Les patins, qui étaient formés de trois couches de bois plié et collé, recouvertes d'une couche dure et épaisse de plastique, avaient la force de soutenir le tout. Frêle esquif perdu dans une mer de blancheur...

J'aime cette comparaison avec le monde de la mer. Au physique, Michel, leur maître d'œuvre, a l'apparence granitique et sauvage du marin au long cours. Il a le visage tanné, allongé, mangé par une barbe luxuriante. Son front haut est couronné d'une masse de cheveux coiffés sans beaucoup de discipline. En guise de casquette de capitaine, il portait une tuque de laine. Il est très grand, avec des membres longs et musculeux. Ses mains sont larges, par endroits crevassées par les travaux manuels. C'est avec une précision d'homme de la mer qu'il avait conçu les deux traîneaux. Je l'ai même vu frapper leur structure du plat de la main en différents endroits pour écouter le son clair du bois, comme on le fait avec la coque d'un navire.

Ce parallèle me paraissait on ne peut plus vrai sur la piste. Nos traîneaux roulaient, tanguaient, la proue tantôt en l'air, tantôt perdue dans la neige molle, comme des voiliers en pleine mer et, parfois, quand l'état de la piste me le permettait, je m'étendais sur le dos sur le traîneau, et, ainsi, à l'abri du vent, je me laissais griser par mes rêves éveillés... Je me revoyais quelques années plus tôt, au large de l'île de Sainte-Lucie dans les Caraïbes, savourant la douce quiétude d'une nuit tropicale, les yeux fixés sur un ciel d'éther rempli de constellations; j'écoutais le doux clapotis des vagues contre l'étrave, le tintement des drisses contre le mât...

Enivré de senteurs nouvelles, d'impressions diffuses : je ne parvins plus à contrôler mon subconscient. La mer n'est-elle pas la métaphore privilégiée de l'infini, du voyage et de la rupture. Autant voilier que traîneau. La comparaison ne s'arrêtait pas là. Au petit temps qui était le nôtre aujourd'hui succéderait inévitablement la tempête, plus souvent dénommée blizzard sur la terre ferme. Je pressentais une identité de sort entre marins et hommes du Nord. Mais j'anticipe... Mon esprit vagabondait par doses homéopathiques car, toutes les minutes ou les deux minutes, je devais, en maître d'attelage consciencieux, me redresser et m'assurer que tout allait bien en tête : un chien n'en avait-il pas profité pour se prendre la patte dans son harnais ou pour briser la cordelette de son trait (comme cela arrivait souvent), ou, chose encore plus fréquente, mes chiens n'avaient-ils pas rattrapé l'attelage de Jacques? Qu'on se garde bien de toute conclusion hâtive : mes chiens n'étaient pas meilleurs que ceux de Jacques. Différence essentielle, les miens avançaient sur une piste déjà tracée par le premier traîneau. Pour être tout à fait objectif, il convient de ne pas passer sous silence un autre élément d'appréciation qui n'est pas propre à la psychologie animale et qui pourrait s'énoncer sous forme de théorème : un être ou un groupe d'êtres en mouvement, ayant en ligne de mire un ou plusieurs de leurs semblables également en mouvement, se trouvent, tôt ou tard, aspirés dans leur sillage, fussent-ils de force et de valeur égale. Les sportifs connaissent bien ce phénomène d'aspiration. Sauf exceptions (qui confirment la règle), l'attelage de queue finissait ainsi par rejoindre celui qui le précédait. Un moment interrompues, mes réflexions reprenaient jusqu'au moment où je dus définitivement chasser mes chimères. Nous approchions une nouvelle fois d'un passage d'eau courante. Mais le couloir de neige, entre les rives boisées et le torrent d'eau vive, faisait ici à peine deux mètres de chaque côté. Nous choisîmes de longer la rive droite en raison de la belle plage de neige fraîche qui s'étalait quelques centaines de mètres en aval. Tandis que les marcheurs allaient et venaient le long de la berge, les responsables d'attelage, après avoir passé en revue leurs troupes et vérifié la mise de chacun, fixèrent un cordage sur le flanc droit de leur traîneau.

– Il va falloir se mettre à quatre et faire passer les traîneaux l'un derrière l'autre. Le passage est délicat, en particulier à cause de la piste nettement déclive sur le gouffre d'eau. Je marcherai sur le côté droit du traîneau, en tenant la corde pour bien le maintenir sur la piste. Ça en prendra un à l'avant pour encourager les chiens et, éventuellement, les contraindre à avancer. Les deux autres resteront derrière et pousseront le traîneau, fit Michel.

Raquettes aux pieds, nous nous mîmes en position. Nicolas et Jacques à l'arrière, jambes et bras tendus, déjà arc-boutés pour donner, au moment voulu, le violent coup de reins initial qui décollerait les lisses.

Moi, à l'avant, empoignant une corde fixée au trait de Mahingan, que je fis passer par-dessus l'épaule, et Michel, donc, à un mètre du traîneau, les deux raquettes hors de la piste (il prit cependant la précaution de damer sa propre piste pour éviter de s'engluer dans la profonde et tomber).

– Allez, les chiens! Aaaaie! Aaaaie! hurla Jacques.

Hommes et bêtes s'étaient instantanément raidis. Tous poussaient ou tiraient. Les hommes reprirent en chœur les mêmes ordres :

– Allez, Mahingan! Aaaaie! Aaaaie!

Les traîneaux avancèrent sans à-coups, creusant un double sillon dans la neige molle. Le regard fixé à quelques mètres devant moi, je me suis mis dans la peau du chien de tête, tirant de tout mon saoul, sans me soucier de ce qui se passait derrière.

Jacques et Nicolas poussaient le traîneau de toutes leurs forces. Jacques, par de petits mouvements latéraux de gauche à droite, s'efforçait de lui faire épouser au mieux le bord droit de la piste. A peine le traîneau avait-il esquissé la moindre velléité de mordre le bord gauche que Nicolas sautait à pieds joints sur la lisse droite pour lui redonner une trajectoire parfaite. Enfoncé jusqu'aux genoux dans la neige molle, Michel les accompagnait sur le bord droit de sa légère démarche de canard. Les bras tendus, agrippés à la corde de halage, il donnait de temps à autre des coups secs pour ramener la proue dans la piste. Parfois, les chiens s'empêtraient dans la blancheur et relâchaient leurs efforts. Les cris redoublaient :

– Aaaaie! Aaaaie!

Nous tirions et poussions encore plus fort, en attendant de les voir se ressaisir. Peine perdue. Les attelages s'engluaient parfois bel et bien. Tout était à refaire.

– Il ne faut pas qu'ils s'arrêtent comme ça en plein effort. Il faut être plus dur avec eux. Avec moi, ils ne l'auraient pas fait, me reprocha Michel.

Puis, après avoir copieusement sermonné Mahingan, Tröll et Bilbo, il reprit sa place.

– Bilbo tire bien. C'est plutôt P'tit-Ours et Chloro qui n'en fichent pas une rame! fit Nicolas.

Nouveau départ. Les chiens rudement tancés se remirent en piste, tête et queue basses, signes qui ne trompaient pas. Subitement, la neige céda sous le poids des hommes debout

87

sur les patins, et le traîneau resta emprisonné, bancal, proue en l'air, dans un magma d'eau et de neige d'où on eut bien du mal à le sortir. La situation était délicate. Aucune solution ne s'imposait clairement. En cherchant à dégager le traîneau, on risquait d'achever de déstabiliser la couche de neige... Et en temporisant, on pouvait atteindre le même résultat, le traîneau s'enfonçant doucement et sûrement... jusqu'à le perdre corps et biens. Aussi fallut-il agir avec discernement, s'aider de ses pieds pour pousser le traîneau, le tirer hors du gouffre, mais pas trop, juste ce qu'il fallait et, surtout, se cramponner à la barre transversale du traîneau si l'assise venait à se dérober sous nos pieds... Ainsi procéda-t-on, grandement aidés par nos chiens (reconnaissons-leur ce mérite). Conscients du danger, ces derniers ne furent, pour une fois, pas chiches de leurs efforts : ils donnèrent un bon coup de collier et nous tirèrent une non moindre épine du pied. Enfin, la trace quitta les bords d'eau vive. Le terrain devint plus stable. « Oooh! Oooh! » On stoppa le traîneau. Sans même prendre la peine de souffler, nous revînmes sur nos pas, pour nous occuper du second attelage resté à l'arrière. Vautrés sur la neige, encore dans la position où nous les avions laissés, les chiens se secouèrent et se redressèrent en nous apercevant. Bien dressés, ils l'étaient de toute évidence; cependant, avant de les quitter, nous avions pris la précaution de bloquer leur ligne de trait avec un de nos piolets. Imagine-t-on les conséquences d'un coup de tête subit, d'une lubie passagère? Ce n'était vraiment pas le moment de perdre un de nos attelages dans un trou d'eau... Second passage. Hommes et chiens, avertis du danger, se jouèrent des difficultés en sautant par-dessus le gouffre d'eau. Aussitôt après, Michel proposa d'installer le bivouac :

– Autant profiter de la proximité de cette eau ouverte!

Arrêt bienvenu pour tous. Nos jambes lourdes commençaient à ne plus obéir. Au lieu de nous laisser tomber sur le sol comme nous aurions aimé le faire, il fallait monter le camp. A peine trouvâmes-nous le temps de nous désaltérer à la rivière. Assoiffés, nous l'étions tous, après cette succession d'efforts. Un véritable feu intérieur nous brûlait la gorge. A tour de rôle, nous bûmes à petites gorgées, pour faire durer le plaisir, pour mieux la savourer, aussi.

Mêmes gestes, même répartition des tâches que la veille. Des gestes que l'on referait le lendemain, le surlendemain... en tout une centaine de fois! Ainsi se déroulait cette chronique de l'expédition : les jours et les faits à signaler n'étant qu'une fraction minime du temps global. Pendant trois ou quatre jours, rien de marquant ne pouvait se passer, qui romprait un peu la routine de l'expédition. Simplement, marche de l'aube au coucher, repos, sommeil, repas, temps qui s'écoule sans bruit et, parfois, montée subite d'adrénaline, comme lors du passage d'eau ouverte ou l'anecdote piquante (le mot est choisi à dessein) arrêtant le temps.

Ce soir-là me reste gravé dans la mémoire. Je le dois à Nicolas, qui en fut l'acteur bien involontaire. Nous vaquions à nos occupations : Jacques à sa tente, Michel et moi auprès des traîneaux, et Nicolas, un peu plus loin, à proximité de la chaîne d'attache des chiens. Nous entendîmes brusquement sourdre de l'endroit où Nicolas se trouvait un bruit étouffé, indéterminable, une sorte de vagissement :

– Cooo...llé, cooo...llé...

– Articule, on ne comprend rien à ce que tu dis, lui lança Michel.

Le cri reprit, tout aussi confus, mi-humain mi-animal, quelque chose de vraiment bizarre, comme si Nicolas ne savait plus s'exprimer de façon intelligible. L'énergie et la constance qu'il mettait pour chercher à se faire comprendre avaient fini par nous inquiéter. De toute évidence, ses grognements n'avaient rien de très catholique. Que pouvait-il lui être arrivé ?

– Je me suis collé... Je me suis collé avec le mousqueton.

Les mains prises, il avait voulu s'aider de sa bouche pour ouvrir le mousqueton du collier d'un chien, et, bien sûr, avec le froid vif qu'il faisait ce jour-là, sa langue était restée soudée au métal. Ne parvenant à se libérer seul de cette position pour le moins fâcheuse, il avait cherché désespérément à attirer notre attention, d'où ses appels pressants.

Sacré Nicolas ! Ce n'était pas le premier bon tour qui lui arrivait : parti en Skidoo porter notre ravitaillement sur les bords du lac Attikamagen, il s'était proprement englué dans la poudreuse et avait dû rentrer raquettes aux pieds. Peu de temps auparavant, voulant réparer une lampe à gaz, il s'était brûlé la paume de la main, et, maintenant, c'était cette langue collée ! Ce dernier incident nous avait tous bien fait rire, lui le premier !

– Il m'en arrive toujours de bien bonnes, reconnut-il, coutumier du fait. A quand le prochain coup d'éclat ?

Ayant achevé sa corvée de bois, Michel, comme tous les soirs, s'en alla câliner ses chiens. Queues en trompette, ils lui faisaient fête. Jacques en faisait de même chaque soir, avant de monter le bivouac.

– Il faut prendre le temps de les caresser. Ils doivent comprendre qu'on les aime. Travaillant dur dans la journée, ils ont bien mérité ces quelques marques d'affection.

Ce soir-là, les pelages de Bodash et Pekan étaient tout humides.

– Ils ont des déperditions de chaleur, leur poil est trop ras pour être bien isolant, me confia Michel en passant la main dans leur maigre fourrure.

Il se tourna alors vers P'tit-Ours qui, ravi qu'on s'intéressât à lui, jappait et sautillait au bout de sa chaîne.

– Tu vois la différence, sa fourrure épaisse est bien isolante. La neige qui s'agglomère à son poil ne fond pas.

Puis, se saisissant d'une hache, il tailla quelques branches d'épinettes qu'il jeta devant Bodash et Pekan.

– Avec ça, ils ne brûleront pas de calories inutilement pour se sécher. Regarde bien ce qu'ils vont faire.

S'emparant alors avec leurs gueules des rameaux d'épinettes, les deux chiens les disposèrent sous eux en litière et s'y étendirent en rond. Les autres se creusèrent tant bien que mal un « nid » dans la neige.

Dans ces étendues glacées, où tout n'est qu'eau à l'état solide, le plus extraordinaire des paradoxes veut que le malheureux marcheur soit constamment tourmenté par la soif, la journée, bien sûr, mais également le soir, quand il n'a pas la possibilité d'installer son bivouac à proximité d'une étendue d'eau libre, cas le plus fréquent. Sans exagérer, et au risque de passer pour un drôle de soiffard, aussitôt installé sous la tente, je buvais (quand j'en avais la possibilité) litre d'eau sur litre d'eau, à moi seul plus que mes trois compagnons réunis. Je compensais ce que j'avais éliminé sur la piste – et Dieu sait ce que cela voulait dire! Les soirs comme celui-là étaient plutôt rares. Pour une fois, je n'avais pas à me soucier des autres : nous n'avions qu'à puiser dans la rivière. En temps normal, nous devions faire fondre la neige. Cela nous prenait tant de temps, avec un résultat si médiocre, que je devais me montrer raisonnable par égard à mes petits camarades et aux besoins spécifiques de la cuisine. Qu'on songe que pour un volume de neige nous obtenions cinq fois moins de liquide, et encore moins quand elle n'était pas tassée.

90

De nouvelles habitudes se substituèrent aux anciennes, comme si, dans notre isolement, nous avions besoin de recréer un petit univers familier, bien à nous. Nous retrouvions chaque soir notre place attitrée sous la tente. Du point le plus éloigné du poêle au plus proche : Michel, Jacques, Nicolas et moi. Dans cet espace aussi réduit, les écarts de température étaient parfois énormes. Il nous arrivait (à Nicolas et à moi, placés à proximité immédiate du poêle) de suer à grosses gouttes, alors que Jacques et, surtout, Michel trouvaient la température tout juste supportable. Quand elle était agréable pour les uns, on pouvait être certain qu'elle l'était beaucoup moins pour les autres. Les deux Québécois pouvaient se consoler en pensant qu'ils disposaient de plus de place pour s'étendre de tout leur long.

La vie en société, fût-elle des plus rustiques, nécessite le respect d'un minimum de règles contraignantes quant à l'aménagement de notre espace habitable aux multiples fonctions de la vie de tous les jours.

Nous disposions donc d'un espace repos, dont on vient de parler, le plus important... Mais aussi d'un espace cuisine, aux pieds de Michel et Jacques, tout près de l'entrée. D'un espace buanderie, au-dessus de nos têtes, où séchaient les vêtements. D'un débarras, tout autour de la tente, où étaient alignés le matériel de reportage, nos sacs personnels. D'une remise à bois, derrière le poêle. Et même d'un coin toilette, comme dans toute bonne maison.

Nous nous étions, bien sûr, gardés de recréer l'univers familier dont tout homme moderne un tant soit peu raffiné a besoin pour conserver à son extérieur un minimum de propreté et d'allure – un simple coin rustique adapté à notre nouvelle condition de coureurs de bois. Une débauche d'attentions en ce domaine eût été parfaitement superflue.

Quand toilette il y avait, elle n'était que de chat, encore que cette expression me semble fort mal choisie – a-t-on vu un animal se lécher avec plus d'application qu'un chat ? Le froid glacial avait eu raison de nos meilleures résolutions. Il n'en reste pas moins vrai que tout homme normalement constitué a des besoins naturels à satisfaire. Pour les gros besoins, on se mit facilement d'accord pour repousser le lieu d'aisances au-delà des limites de notre toile. Quand au reste, il y eut discussion. Personnellement, sans être d'une pudibonderie indécrottable, j'estimais que chacun pouvait faire l'effort de sortir, fût-ce en pleine nuit, dans le froid glacial. Mes compagnons ne partageaient pas mon opinion :

— Je ne vois pas pourquoi on irait se geler dehors quand on peut faire sous le poêle, ça ne gêne personne.

Trois contre un. La cause était entendue. Donc, le coin toilettes sous le poêle. Je dois convenir que mes inquiétudes se révélèrent infondées. Le système mis en place fonctionna à la satisfaction générale. Une solution parfaitement appréciée par les temps de blizzard.

6.

En raquettes et au Gee-Barr

Six jours s'étaient écoulés, lorsque dans la nuit du 28 au 29 février, la douce musique de la brise, gonflant et dégonflant notre tente avec la régularité d'un métronome, s'effaça devant les assauts d'un vent au caractère des mieux trempés. L'une n'était que susurrements, sons tendres et mélodieux, pétris de convenance; petite onde rassurante dans le silence des ténèbres. L'autre se moquait de ces prévenances et s'affichait sans vergogne : souffle tapageur, roulement de tambour continu et obsédant, bousculant tout sur son passage, amplifié et déformé par les craquements de la toile, les tremblements du mât sur sa base et les plaintes des cordes de tension.

Cette nuit-là, nous restâmes sur le qui-vive des heures entières, comme si la tente allait bien finir par nous tomber sur la tête. Vaine inquiétude. En réalité, nous étions plus impressionnés par les rumeurs étranges de la forêt, les craquements des branches des cimes dans le ciel et leur écho démesuré dans la noirceur de la nuit, que par les bourrasques elles-mêmes, à bout de souffle, canalisées, filtrées qu'elles étaient par l'épais rideau d'épinettes alentour. Enfin, un sommeil léger nous gagna après des heures de veille inutile. Tout cela s'accompagna d'un réchauffement sensible de la température : 15 °C à 20 °C de mieux en quelques heures. Douillettement lovés dans nos sacs de couchage, nous sentions son haleine humide et chaude se faufiler par le sol. Quel bonheur de se réveiller sans le frisson coutumier du petit matin!

Tiens, Michel n'avait pas encore sonné le branle-bas du réveil. Relevant la tête, j'ouvris des yeux ébaubis sur ce spectacle insolite : Michel dormait du sommeil du juste dans la clarté laiteuse. Ne soufflant mot, je me recouchai trop heureux de cette aubaine : pour une fois que nous pouvions faire grasse matinée!

Longtemps après et encore à moitié endormi, il sortit péniblement de son duvet. A quatre pattes, il alla jeter un coup d'œil à l'extérieur. Glissant la tête au travers de la fermeture Éclair à demi remontée, il resta là, planté, quelques instants. Il reprit ensuite sa place après avoir refermé le zip d'entrée derrière lui.

– C'est du vent d'est, du vent de la mer. Il a beaucoup neigé et il neige toujours. Mais ça, ce n'est rien comparé à la mauvaise visibilité; je ne sais pas si elle est suffisante pour reprendre la route en toute sécurité. Il n'est pas exclu qu'on frappe un blizzard dans la journée.

Il se tut alors, nous laissant dans l'incertitude de ses intentions. Jacques restait silencieux dans son coin.

– Qu'est-ce qu'on fait, on reste ici ou on y va?

– Je n'en sais rien. Prenons tranquillement notre déjeuner (petit déjeuner), il sera toujours temps de prendre une décision après.

La réalisation de nos projets dépendait entièrement du temps. Si tout se déroulait comme prévu, nous devions atteindre la pourvoirie « Fritz Grégor » dans la journée; la matinée, peut-être, si nous marchions bien... N'en étions-nous pas tout proches : une quinzaine de kilomètres selon nos prévisions les moins optimistes. Depuis longtemps, il était prévu d'y faire étape. On comprendra donc notre impatience de reprendre la piste.

Cette semaine de marche forcée et monotone avait fini par nous peser dans les jambes, et sans doute plus encore au moral. Cette première partie du voyage nous avait fait déchanter. Où était le bon temps promis? Certainement pas sur la piste, huit heures par jour!

Une fois le bivouac installé, nous étions si fatigués que nous nous écroulions sitôt le dîner terminé. Aussi Michel et Jacques remettaient-ils de soir en soir leurs petits travaux de réparation des harnais mangés par Kimo et Coyote. Ils possédaient bien quelques harnais de rechange, mais, à ce rythme-là, cela ne durerait pas longtemps. Des voraces et de fortes têtes, ces deux chiens-là. Toujours les mêmes, force était de le constater : les corrections magistrales que leur maître leur administrait avaient bien peu d'effets sur eux. Kimo et Coyote reprenaient le lendemain leurs mauvaises manies, comme si de rien n'était.

Michel, refusant tout découragement, se voulait plus têtu qu'eux. Philosophe, il répétait à qui voulait l'entendre :

– On verra bien lequel de nous trois cédera le premier!

Les jours passant, j'avais d'autres motifs d'inquiétude : en une semaine, je n'avais en tout et pour tout filmé que quelques misérables plans d'une banalité confondante : quelques images du bivouac, d'autres d'une halte lunch, en tout cas, aucune scène en action des traîneaux et des marcheurs, ce qui ôtait par avance tout intérêt au film; le bide total! Un gâchis incroyable d'espoirs et de moyens. N'avais-je pas tout pour réussir : un matériel performant, un sujet indéniable, la confiance de commanditaires, et voilà que mes espoirs s'envolaient en fumée (ou, plus exactement, s'engluaient dans la profonde). Pessimiste, on l'eût été à moins. Le trou noir dont je ne voyais comment sortir. Difficile de se trouver à la fois au four et au moulin. Difficile de marcher en raquettes, de conduire les traîneaux à longueur de journée et de trouver encore le temps de filmer ses compagnons d'aventure. Tous mes malheurs n'étaient-ils pas dus à un excès de confiance? Forfanterie impardonnable d'avoir cru pouvoir concilier l'inconciliable. J'en étais pour mes frais. Sans doute avais-je accepté de voir l'expédition prendre le dessus sur le film... Une des conditions de notre entente. Mais le résultat était là : je n'avais pu m'extraire du groupe, ne fût-ce une seule fois, principe pourtant admis par mes compagnons, dans l'intérêt supérieur du film.

Comment, d'ailleurs, aurais-je pu laisser à mes seuls camarades la totalité du travail dans cette neige épaisse? Comment auraient-ils pu faire équipe à eux trois? Michel, devinant mon trouble, se voulut rassurant :

– Une fois que nous aurons rejoint la rivière George, la neige sera plus dure, donc meilleure, et tu pourras filmer tant que tu voudras...

En attendant, nous n'y étions pas encore. Il était impensable d'être privé d'images de cette phase de notre aventure, sans doute la plus épuisante (à défaut d'être la plus excitante). Aussi fondais-je de réels espoirs dans cette halte à la pourvoirie, espérant que mes compagnons se montreraient coopérants et accepteraient de chausser leurs raquettes pour tourner les quelques plans que je n'avais pu réaliser jusque-là. Nicolas ne faisait pas mystère de ses intentions : il irait traquer les lagopèdes.

– A peine arrivé, je chausse mes raquettes et je pars pour la journée.

Sa résolution était à la hauteur de ses désillusions. Pauvre Nicolas! Il en avait avalé, des couleuvres! Chasseur émérite, il devait, la plupart du temps, laisser son fusil sur le traîneau et se contenter de regarder les colonies de lagopèdes. On imagine son supplice!

Les lagopèdes, ce n'est pas ce qui manquait. Ils se regroupaient parfois par dizaines dans les aulnages (zones de végétation arbustive en bordure de rive); il décelait leur présence bien avant nous, si tant est que nous y parvenions (nous aurons l'occasion de reparler de son sens de l'observation)... Parfois même, ils venaient le narguer à portée de fusil, caquetant bruyamment, inconscients du danger. Un jeu de les abattre. Mais non, pas le temps de nous arrêter. Son sang ne faisait qu'un tour, mais il se pliait à notre décision collective d'avancer, d'avancer toujours.

Michel l'avait prévenu : « Nous ne faisons pas une expédition de chasse! » Plus tard, Nicolas, toujours plus tard... Encore devait-il s'estimer heureux d'avoir abattu quelques lagopèdes égarés autour d'un de nos bivouacs.

Ainsi, tous les quatre, nous avions de bonnes raisons de ne pas vouloir nous éterniser dans notre cadre exigu de toile, nous voyant mal rester bloqués une journée ici. Cette simple perspective nous faisait rager d'autant que, dans ce cas, nous pouvions faire une croix sur la halte à la pourvoirie en question. Il était hors de propos de prendre deux jours de repos d'affilée. N'étions-nous pas déjà en retard d'une journée sur nos prévisions?

Avec toute la capacité de persuasion qui doit lui être reconnue, Nicolas tenta de forcer la décision pendant le petit déjeuner en créant un climat psychologique propice au départ.

– Ça vaut vraiment le coup de s'emmerder trois heures sur la piste pour se retrouver après bien au chaud. La visibilité n'est pas « si pire »; on ne risque pas de se perdre en suivant les rives les uns derrière les autres...

Parmi d'autres arguments plus ou moins convaincants, il faut bien le dire, je plaçai également un petit couplet optimiste :

– Non, vraiment, on n'a pas une journée à perdre sous la tente.

Mais Michel et Jacques avaient-ils besoin de se laisser convaincre? Ils n'avaient certainement pas plus envie que nous de moisir ici. Je les suspecte même d'avoir sciemment laissé planer le doute, pour se ménager une porte de sortie en cas de soudaine aggravation de la tempête; sauf impondérable, leur décision était sans doute prise depuis un bon moment. Toujours est-il que nous reprîmes la route avec soulagement.

Ce matin, entorse inhabituelle à notre principe de l'alternance : Nicolas se voyait dispensé de faire équipe devant, avec Michel. Je prenais sa place, lui restant aux traîneaux avec Jacques. Cela non pas par sollicitude ou commisération, autant déplacée que vexante : Nicolas allait bien. Merci pour lui. Aussi, n'aurait-il aucune excuse de rentrer bredouille le soir.

Sa passion de la chasse avait quelque chose de fascinant pour le non-chasseur que je suis. Je la comprends mieux maintenant, après l'avoir côtoyé si longtemps. Elle était indissociable d'un véritable amour du monde animal et de la nature. Il fallait écouter Nicolas parler des diverses variétés de lagopèdes, les lagopèdes des saules, les lagopèdes des roches, de ce qui les distinguait, leur habitat respectif changeant en fonction des saisons, et de bien d'autres choses encore...

Rien de commun avec l'image peu glorieuse du chasseur tirant sur tout ce qui bouge... Les accidents, dont les médias se font régulièrement l'écho, ne sont pas en effet là pour rendre crédible auprès du public l'image du chasseur souvent pris (dans le meilleur des cas) pour un Tartarin ou un inconscient. Il n'avait lui-même pas de mot assez dur pour fustiger les « viandards » (selon son expression), amateurs de tableaux de chasse impressionnants – « Tiens, j'ai fait cinquante faisans dans la matinée » –, comme si cela tenait lieu de critère!

Son sel de la chasse était l'approche plus que le carton proprement dit. Le jeu de piste initial où l'on doit interpréter les signes du sol, reconnaître chaque trace, déjouer les ruses du gibier, en un mot, comprendre la nature. Il se considérait comme un prédateur, certes, le plus dangereux de tous, mais un prédateur quand même.

On a souvent perdu de vue, dans nos pays civilisés, cette dimension de la chasse. Là-bas, dans de telles immensités, chaque animal avait sa chance. Rien n'était joué d'avance. Ainsi lui arrivait-il de rentrer bredouille, néanmoins satisfait de s'être frotté à plus malin que lui : la manière plus que la fin.

Je reconnais, pour être tout à fait exact, que cela lui arrivait rarement. Son fameux coup de fusil ne nous avait pas échappé longtemps. D'où notre proposition intéressée : certes, notre ordinaire était équilibré, suffisant, tout ce qu'on veut, mais, n'en déplaise à Jacques, notre grand intendant, nous restions quelquefois sur notre faim. Sans doute, le régime qu'il préconisait ne pouvait être que salutaire à notre forme, mais enfin, le régime végétarien avait ses limites. Sans être des carnassiers incorrigibles, un petit gibier de temps à autre n'avait rien pour nous déplaire. Jacques, pas rabat-joie du tout, participait à nos agapes. Il mangeait de la viande quand il y en avait, mais s'en passait très bien.

Le bel optimisme affiché la veille par Nicolas s'envolait à mesure que la neige tombait en épais flocons.

– Ça m'étonnerait que je voie des lagopèdes. Par ce temps, ils se laissent recouvrir par la neige et disparaissent des rives; enfin, on verra bien là-bas.

Ce sixième démontage du bivouac se déroula en un temps record : moins d'une heure. La spécialisation des tâches avait du bon. Chacun pouvait donner pleine mesure de son efficacité. Munis de plumeaux de circonstance (en l'occurrence de branches d'épinettes), nous brossâmes la tente avec soin avant de la plier, pour en chasser la neige. Tant que la toile restait sèche, son étanchéité était préservée.

La chape de blanc avait tout recouvert : nos traces de pas, de raquettes, la piste qui nous avait amenés ici et même les lignes d'attache – seuls dix-neuf monticules de neige dénotaient la présence des chiens. Au milieu de cette étendue vierge, les traîneaux « peints » en blanc semblaient venus de nulle part.

Aussitôt avions-nous chaussé nos raquettes pour tracer de nouvelles pistes, que les chiens émergèrent les uns après les autres de leurs nids de neige, la tête encore coiffée d'un calot immaculé. Confits de résignation, ils attendaient, sagement couchés, qu'on vînt les chercher pour les atteler. Une fois attachés à leurs traits, ils gardèrent la même attitude figée, l'œil vague, goûtant les derniers instants de repos : ils savaient bien ce qui les attendait, et cette perspective n'avait vraiment pas l'air de les réjouir.

– Alors, Tröll, on en fait une tête! Et toi, Bilbo, qui ne manquais pas une occasion de chercher noise, te voilà bien calme...

Il nous était maintenant possible de nous éloigner d'eux le plus tranquillement du monde, pour vaquer à nos occupations, sans constamment craindre que deux d'entre eux n'en profitassent pour s'entr'égorger. Non, cela, c'était déjà de l'histoire ancienne. En une semaine de randonnée, les choses s'étaient bien décantées. Un début de hiérarchie sociale semblait s'être instauré dans la meute. Les rodomontades de certains avaient fait long feu. Les plus forts étaient naturellement craints. Certes, tous ne vivaient pas en parfaite intelligence. Une rivalité latente opposait Bilbo à Tröll; Pakouk à Duway, mais tout au moins pouvait-on parler de modus vivendi en attendant qu'ils eussent réglé leurs comptes à la première occasion, selon l'expression de Michel.

Ce matin-là, Pakouk et Duway, compagnons de trait, s'ignorèrent superbement. L'un lapait la neige pendant que l'autre détournait la tête, plein de mépris... Les chiens étaient devenus sages comme des images, la fatigue ayant entamé son travail de sape sournois.

– Jacques, on va partir cinq minutes avant vous pour commencer à tracer la piste. Il faudra rester à vue pour ne pas se perdre.

– D'accord, mais ne prenez pas trop d'avance, il se peut qu'on ait besoin de votre aide aux traîneaux. Cette neige ne me dit rien qui vaille.

Michel et moi reprîmes donc notre bâton de pèlerin, en tête à tour de rôle. Démarche lente, mal assurée, plus déhanchée que jamais dans la profonde. Une raquette s'engluait parfois dans la masse neigeuse et manquait de nous déséquilibrer. Nous évoluions dans un paysage monochrome, en demi-teintes, la visibilité étant des plus réduites. Le brouillard conjugué aux stries de neige dans le ciel masquait les contours et écrasait le relief.

Tête enfoncée dans notre passe-montagne, lui-même recouvert d'une capuche bordée d'un collet de renard, larges lunettes de blizzard aux verres jaunâtres, vissées sur les yeux, nous avancions lentement, insensibles aux intempéries dans notre petit monde intérieur. Seuls le sifflement de notre respiration et le piétinement de nos raquettes venaient troubler le silence absolu. A intervalle régulier, nous nous repassions le relais. Dix fois, vingt fois, je me portai à hauteur de Michel pour prendre la tête.

Dans ces conditions, rien d'étonnant que mes fameuses douleurs aux pieds reprissent de plus belle. Les plantes de pied couvertes d'ampoules me faisaient terriblement souffrir; certaines à vif et saignantes me causaient des brûlures presque intolérables. Mes orteils écorchés par les lanières des raquettes faisaient alors, à côté, figure de « petits bobos ». Douleur accentuée à chaque soulèvement du pied, à chaque frottement de raquette.

Lorsqu'on est dans cet état, la seule solution est de continuer à marcher. Mais à quoi bon m'apitoyer sur mon propre sort. Mes malheurs n'intéressaient personne d'autre que moi. Cela ne devait pas m'empêcher d'assurer ma part de travail. Je faisais connaissance avec ce fameux « mal des raquettes », connu de tous les hommes du Nord. Il fallait, paraît-il, en passer par là... Épreuve expiatoire? Michel me précédait lorsque je le vis s'étendre de tout son long sur la piste, les bras en croix. Pincement au cœur.

– Ça va?

– Oui, fit-il, se relevant lentement en contrôlant tous les mouvements de son corps.

La couche restait instable. Ce n'était pas le moment d'achever de la déstabiliser. Debout, ses traits s'illuminèrent d'un sourire nerveux :

– J'ai failli me faire piéger. Je ne pensais vraiment pas que la neige céderait ici. J'ai eu le bon réflexe de me laisser tomber; il ne faut surtout pas essayer de résister : c'est le meilleur moyen d'y rester.

L'avertissement n'avait pas été inutile. Immédiatement après, il se tailla deux perches d'épinettes dans le sous-bois alentour.

– Il faut prévenir les autres, maintenant.

Revenant sur ses pas, il plaça une branche en travers de la piste tracée, arrondit un angle avec ses raquettes. Il se mit ensuite à battre un nouveau chemin à une bonne distance du danger.

– Cette branche leur signalera le trou.

Nous nous aperçûmes alors que nous avions perdu de vue les deux traîneaux.

– Nous ne devons plus être bien loin de la pourvoirie. Ce n'est pas la peine de se geler à les attendre! Ils nous rejoindront là-bas. Le temps a l'air de se maintenir. Autant commencer à dégager les accès du camp.

J'opinai de la tête. Je ne sais si mes brûlures aux pieds influaient ou non sur mon moral, mais je commençais à être « tané » (nous avions commencé à adopter les expressions de nos amis québécois) par cette grisaille, cette neige molle, et cette marche de galérien. J'avais hâte de me retrouver au chaud.

Les divers bâtiments ne tardèrent heureusement pas à se dessiner dans le flou, au sommet d'une butte. Les derniers mètres furent les plus pénibles : une curieuse impression de piétiner. Aussitôt, nous nous mîmes à dégager l'épais amoncellement de neige qui bloquait l'entrée du bâtiment principal : la cuisine où nous avions décidé de nous installer. Michel dénicha dans un coin une pelle. A tour de rôle, nous déblayâmes la porte d'entrée que personne n'avait vraisemblablement poussée depuis longtemps.

Parvenu à ce stade du récit, une digression me semble utile. Certains ne manqueront pas, en effet, de voir dans l'existence de camps de chasse la preuve matérielle que ce territoire immense est parcouru, reconnu, voire partiellement habité. Une telle conclusion serait pour le moins hâtive. Elle ignorerait le rôle considérable pris par l'avion aujourd'hui. En effet, les distances ne veulent plus dire grand-chose : en quelques heures, n'importe qui peut se rendre dans les coins les plus reculés du Grand Nord : lacs, rivières, étendues glacées formant autant de pistes d'atterrissage possibles. Aussi une kyrielle de camps de chasse et de pêche a-t-elle fleuri un peu partout, la plupart de ces camps étant établis sur les routes migratoires des caribous, où une poignée d'adeptes fortunés viennent s'adonner à leur passion en belle saison.

Ainsi en est-il pour la rivière George et les grands axes fluviaux sud-nord. Les pourvoiries de la rivière De Pas, dont le camp « Fritz Grégor », situées hors des routes migratoires des caribous, sont plus spécialement consacrées à la pêche en rivière et à la chasse au petit gibier. Le site est réputé pour ses lagopèdes. (Nicolas n'était pas sans le savoir.) Il s'agit d'une activité saisonnière des beaux jours. Neuf mois sur douze, ces camps restent déserts en raison du froid. C'est pourtant la période rêvée pour chasser le lagopède. Dispersées l'été dans l'immense toundra, les colonies se regroupent l'hiver, le long des fleuves, dans les aulnages, là où quelque nourriture peut encore être trouvée.

Une poignée de petites compagnies de brousse assurent donc les liaisons estivales avec Schefferville. De temps à autre, quelques groupes de sportifs épris d'aventure font étape l'été au camp « Fritz Grégor », avant de poursuivre la descente en canot des rivières De Pas et George, jusqu'à la baie d'Ungava (expérience que Nicolas et moi avions vécue séparément en 1983 et 1982).

Parfois, quand les rivières sont prises par les glaces et la neige relativement peu abondante, quelques chasseurs amérindiens montagnais et naskapis s'y aventurent en Skidoo. Voilà bien longtemps que les premiers habitants de ces terres glacées, à de très rares exceptions près, ne se déplacent plus qu'à dos de ces machines pétaradantes.

Finies les longues expéditions de chasse d'antan dont parlent avec nostalgie les anciens. En une quarantaine d'années, bien des choses ont changé au pays du Grand Nord. On n'y meurt (heureusement) plus de faim depuis belle lurette, l'État-Providence pourvoit à tout. Quelques esprits chagrins regretteront le temps où familles entières, hommes, femmes, enfants, partaient, raquettes aux pieds l'hiver, en canot l'été, vivre leurs grandes migrations saisonnières de chasse et de pêche. Il est de bon ton de poser un regard réprobateur et condescendant sur la vie en réserve, l'école obligatoire, voire l'oisiveté corruptrice... Mais il faut vivre avec son temps!

Pourquoi les Amérindiens devraient-ils encore remonter les rivières à la perche, des mois durant, alors que la possibilité leur est donnée aujourd'hui de se faire déposer n'importe où par avion de brousse? Pourquoi continueraient-ils à voyager en raquettes des jours et des jours quand, en Skidoo, ils peuvent parcourir la même distance en quelques heures? Accepterions-nous de revenir au temps des diligences? Certes, les changements intervenus dans leur mode de vie en si peu de temps furent générateurs de nombreux traumatismes et déséquilibres. Qui le conteste? Mais leur a-t-on demandé leur avis? Qui s'est imposé sur leur territoire il y a quatre cents ans? Tout aurait été parfait s'ils avaient pu continuer à migrer ainsi de la côte au plateau, du plateau à la côte, selon le rythme qui était le leur. Les Blancs en ont décidé autrement. Les Amérindiens furent amenés à se sédentariser, adoptant avec plus ou moins de bonheur une civilisation allochtone, parfaite négation avec leur vision du monde. On peut le regretter, mais peut-on refaire l'Histoire?

Toujours est-il que la chasse, aussi ancrée soit-elle dans la personnalité amérindienne – qui n'a jamais remarqué cette lueur dans l'œil des anciens à la seule évocation de ce mot magique? –, n'est plus ce qu'elle était. De principe ontologique, de nécessité impérieuse, la chasse est devenue passetemps, au mieux, « art de vivre ».

Aujourd'hui, on s'éloigne rarement très loin des villes. En six jours, nous n'avions pas croisé une seule piste de Skidoo; la dernière, nous l'avions quittée au lac Attikamagen, à une trentaine de kilomètres de Schefferville. Depuis, plus rien. Ce jour marquait nos débuts sur la piste devant les chiens. Belle revanche des attelages traditionnels sur les « chevaux moteurs »!

Les pourvoiries sont des haltes généralement prisées par le voyageur de passage. Il sait qu'il y trouvera toujours une brassée de bûches, des allumettes près du poêle et de la nourriture hors de portée des rongeurs, des ours ou de tout autre prédateur. Tout venant en entrant ici, mi-gelé et cherchant un abri, y trouvera réconfort et chaleur. Jamais, il ne se heurtera à porte close ou cadenassée. Il est admis de puiser dans les réserves, à condition d'avoir la courtoisie de remettre tout en état avant le départ, de griffonner son nom sur un papier et à tout le moins de laisser trace de son passage; ces initiatives sont même appréciées. A personne ne viendrait l'idée de transgresser cette loi du Nord non écrite. Aussi, nous n'avions qu'à piocher dans le tas de bûches. Le poêle ronfla bientôt. Les premiers cristaux de neige s'égouttèrent des poutres le long des parois.

De la neige, il y en avait partout : sur la grande table centrale, les bancs, les meubles en bois massif et sur le sol également. Tout cela prouvait une longue inoccupation. Probablement depuis l'automne et les premiers froids : de telles quantités de neige n'avaient manifestement pas pu s'amasser en un jour. A vrai dire, je n'arrivais pas à comprendre par où cette neige avait bien pu s'introduire. Construction sérieuse en bois rond, bien isolée à première vue. En apparence seulement! En observant bien, je m'aperçus que la couche de neige était plus ou moins épaisse selon les endroits, en particulier concentrée sur le sol à proximité de l'entrée et sur les meubles au-dessous des fenêtres. Autant d'indices qui me désignaient les lieux d'infiltration : les tourbillons de neige drossés par les blizzards successifs arrivaient à s'insinuer par le chambranle de la porte et la jointure des fenêtres; petite neige fine devenue croûte glacée avec les gels et dégels successifs de l'automne.

Brève investigation des lieux, des provisions, petit en-cas mérité (pain de guerre et confiture), pour nous mettre ensuite au travail : déblayer cette neige avant que, la chaleur revenant, elle ne se tranformât en eau. Tandis que Michel utilisait sa pelle comme une barre à mine, pour briser la carapace de glace du plancher, subitement fiévreux, je changeai mes vêtements détrempés par l'action combinée de la transpiration et des flocons de neige fondante. Vidé, abattu comme par une massue. Dès l'arrivée, mes douleurs aux pieds s'étaient avivées. A peine pouvais-je mettre un pied devant l'autre. J'enlevai finalement mes mocassins : une immense et unique ampoule, gonflée comme un ballon de baudruche, me couvrait toute la plante du pied gauche, de la base des orteils à l'extrémité du talon. L'autre n'allait guère mieux : les ampoules y étaient certes de dimension plus modeste, mais la douleur était tout aussi vive.

– Je n'ai jamais vu ça, je ne comprends pas comment tu as pu attraper de telles ampoules, me confia Michel.

Étonné, je l'étais également. L'état de mes pieds s'était brusquement aggravé dans la matinée. Depuis plusieurs jours, je souffrais d'ampoules; je les surveillais. Mais de là à penser qu'elles ne formeraient bientôt plus qu'une seule énorme cloque...

– Tu auras une journée pour te remettre.

Silencieux, je me demandais bien comment je parviendrais à être d'attaque le surlendemain.

– Vu ton état, je te conseille de faire des bains d'eau chaude. Tes ampoules mûriront plus vite.

– Une bonne idée, si ça pouvait me faire du bien.

– Quand les autres nous rejoindront, tu n'auras qu'à rester à l'intérieur; il en faut de toute façon un. Nous autres, nous nous occuperons d'attacher les chiens, de les nourrir et de leur construire un petit mur de neige pour les protéger du blizzard.

Sa sollicitude était touchante. Grelottant, je ne me sentais vraiment pas le courage de ressortir dans la tempête. Au fait, Jacques et Nicolas ne nous avaient pas encore rejoints. Cela faisait un bon quart d'heure que nous étions au camp. Que leur était-il arrivé? Ne tenant plus en place, Michel sortit mettre son nez dehors. Son visage renfrogné en disait long...

– Rien... La visibilité est quasi nulle. Peut-être ont-ils été ralentis par l'état de la neige? On aurait dû les attendre. Si, dans un quart d'heure, ils ne sont pas là, je vais à leur recherche. Tu n'auras qu'à rester ici et finir de tout installer.

Dix minutes encore. Toujours rien. Le visage fermé des mauvais jours, Michel brisait la glace du plancher à coups de pelle. Le cœur n'y était pas. Je le sentais inquiet. Mais que pouvaient-ils bien faire, ils auraient dû être là depuis un bon moment. Un dernier regard dehors... Aussitôt poussée la porte, son visage l'avait trahi : il s'était soudain adouci avec un regard rasséréné, plus juvénile, et même un sourire à peine esquissé mais perceptible pour celui qui le connaissait bien.

– Ils arrivent!

Nous sortîmes à leur rencontre.

– Que s'est-il passé?

– Ne devions-nous pas nous suivre? lança ironiquement Jacques.

– Nous pensions que vous étiez juste derrière, et, comme le temps avait l'air de se maintenir, nous avons préféré mettre un peu d'ordre ici.

– Parlons-en, du temps! intervint Nicolas. Figurez-vous que la neige avait recouvert votre piste. Sans Mahingan, nous n'aurions jamais pu la retrouver.

– Oui, cela n'a servi à rien que vous partiez devant. Les chiens ont dû refaire la piste derrière vous...

– Une chose est sûre, Mahingan a bien travaillé; sans elle, nous ne serions pas encore là.

S'approchant d'elle, Jacques la câlina quelques instants. D'autres, jaloux, jappèrent.

– Ils ont tous bien travaillé, fit-il, cajolant ses chiens les uns après les autres.

Nicolas ne fut pas en reste. Il se pencha sur les chiens de son attelage. Nous sentant quelque peu fautifs, Michel et moi les écoutâmes silencieusement. Franchement, nous ne pensions pas que nos traces eussent pu s'effacer aussi rapidement.

– La prochaine fois, il faudra être plus vigilants, conclut Michel, les traits tout à coup durcis. Avez-vous vu le trou dans lequel je suis tombé?

– Non.

– Vous n'avez pas croisé en chemin deux pistes? J'avais pris la peine de condamner l'une d'elles avec une branche d'épinette.

– Non, fit Nicolas, puis, se ravisant : Si, si; c'est sûrement dans ce trou que je suis tombé. Soudain, la neige a cédé. Je me suis retrouvé les deux pieds dans l'eau, agrippé à la barre arrière du traîneau. Si tu m'avais entendu crier... Jamais de ma vie je ne l'ai fait aussi fort. Heureusement, les chiens ont bien réagi, flairant le danger, ils m'ont tiré de là. Quelle trouille, quand j'y pense...

– Pourtant, je vous avais signalé le danger.

– Peut-être... Mais nous n'avons rien vu. Vous aviez pris trop d'avance. Entre-temps, la neige avait tout recouvert.

– C'est malin, fit Michel, d'une voix éteinte, presque inaudible.

Paroles superflues, sa mimique l'avait trahi. Dans un monde où beaucoup s'ingénient à masquer leurs pensées les plus secrètes, Michel avançait à visage découvert. J'avoue que cette spontanéité tant en accord avec le milieu ambiant m'était sympathique. Rester vrai quoi qu'il arrivât, avec des excès parfois – quand il se laissait emporter par ses pulsions –, l'antithèse presque parfaite de Jacques. Non pas quant à l'exigence d'authenticité (ils étaient l'un et l'autre coulés dans le même moule), mais autant Michel était spontané et volubile, autant Jacques était réservé et taciturne. Association explosive? Pas le moins du monde. Leur diversité : le véritable secret de leur association et de leur amitié qui durent depuis dix ans. A trop se ressembler, on finit par s'agacer. Logique. Rien de plus irritant que de retrouver ses propres faiblesses au travers de son double. L'homme est ce qu'il est : il aime se draper d'un halo de mystère, d'un flou existentiel. Naïveté, peur du miroir déformant, ou recherche de l'absolu? Tout cela, probablement. Rien de semblable lorsque les personnalités sont bien tranchées : la différence et la complémentarité étant les données indissociables de toute entente durable.

Au fil des années et de leurs pérégrinations nordiques, Michel et Jacques avaient pu éprouver leur amitié. Elle était d'une telle étoffe qu'ils se comprenaient instinctivement, par télépathie, ce qui était au demeurant bien pratique sur la piste. Ils ne se voyaient, en effet, pratiquement pas de la journée, l'un battant la piste en tête, pendant que l'autre dirigeait le traîneau. Tout juste s'ils se croisaient à chaque relais ou lors de leur arrêt lunch. On eût pu penser que, le soir venu et la longue solitude de la piste leur pesant, ils auraient hâte de se parler. C'était mal connaître Jacques. Ce n'était pas dans sa nature de s'épancher sur tout et rien. Malgré des efforts louables faits en ce sens pour être agréable à Michel, il se claquemurait tôt ou tard à double tour sur lui-même. Michel, qui n'avait pourtant pas la langue dans sa poche, se fatiguait de ses monologues. De guerre lasse, il finissait par capituler, se réfugiant, lui aussi, dans sa tour d'ivoire. De longs silences s'instauraient alors entre eux.

« Parfois, nous ne nous adressions pas la parole pendant plusieurs jours. Après le souper, n'ayant toujours rien à nous dire, nous n'avions plus qu'à nous coucher. Cela présentait au moins l'avantage de pouvoir bien récupérer la nuit », nous avait un jour confié Michel, non sans humour, un petit sourire au coin des lèvres.

Excepté ce petit grief (dont je compris qu'il avait souffert), ils s'entendaient comme larrons en foire. C'était bien là l'essentiel. Michel était le premier à en convenir. Évidemment, à quatre, nos conversations avaient plus de tonus (même si Jacques restait, à son habitude, peu disert). Peu à peu, nous apprenions à nous connaître. Tout semblait aller pour le mieux entre nous. Les appréhensions que nos amis québécois nourrissaient à notre égard commençaient à s'estomper : nous tenions le coup. L'équipe se soudait dans le travail.

Après une semaine de vie en commun, une constatation s'imposait : tout allait bien dans le meilleur des mondes. Notre expédition avait débuté sous d'heureux auspices... Mais sans bavardages stériles, Jacques ne les supportait pas. En vieux sage (c'est vrai qu'il ressemble à un gourou), il avait proposé et obtenu son quart d'heure pour se « déstresser » ou pour « décoincer », comme on dit aujourd'hui. Un quart d'heure pour savourer le repos tout neuf, la chaleur du poêle, oublier les fatigues de la journée... Ensuite, activités et conversations pouvaient reprendre.

Fidèle à sa manière d'être, Jacques n'entendait pas faire une montagne de ce premier incident survenu sur la piste.

– Bon, on pourrait peut-être maintenant s'occuper des chiens. J'ai hâte de rentrer au chaud.

– Occupez-vous des chiens pendant que je leur construis des murets de neige pour les protéger du vent.

Les rafales avaient, en effet, forci. Impressionnant, surtout ces sifflements aigus produits par l'infiltration du vent dans le réseau de jointures, les cavités en bois de la cabane. Un véritable concert improvisé, avec toute une gamme de sons hétéroclites déformés par l'écho. Il me revient à nouveau cette image du voilier, drisses et haubans battant le mât. Les chiens, eux-mêmes, ne semblèrent pas rester insensibles à ces sons inquiétants; une crainte diffuse s'empara d'eux. Aussitôt attachés, ils creusèrent à l'aide de leur gueule et de leurs pattes un abri dans la glace au fond duquel ils se terrèrent en rond. Étonnante prescience dictée par leurs gènes. Le blizzard n'était pas loin. Les petits murets terminés, Michel jeta un dernier coup d'œil autour de lui. Les museaux avaient déjà disparu dans les fourrures.

– Ils attendent le blizzard. Bientôt, la neige les recouvrira et les isolera du froid. C'est le principe de l'igloo : les chiens se protègent du froid en créant une sorte de microclimat.

Surpris par le blizzard, l'Inuk a le même réflexe. S'il n'a pas le temps de construire un igloo, il s'enfouit dans une congère. A l'inverse du Blanc qui, généralement, continue à marcher pour se réchauffer, l'Inuk ne cherche pas à lutter contre les éléments : il attend que le blizzard passe, économise ses forces, au lieu de s'épuiser à marcher. Une conduite millénaire!

Cette étape ne pouvait pas mieux tomber. Longtemps attendu, le blizzard avait fini par se lever. Deux jours de suite il souffla. La purée de pois intégrale : le fameux « white out » des anglophones. Ne dit-on pas que le marcheur surpris au milieu de la tourmente arrive tout juste à distinguer le bout de son nez! Le domaine de l'immatériel... Sensation de vulnérabilité créée par l'absence d'échelle, de points de repère. Étrange impression de marcher dans le vide et, parfois, perte de tout sens de l'équilibre, comme si on avait besoin de voir ses pieds pour exister. Le danger absolu. Le plus sûr moyen de s'égarer, de tourner en rond, et même de périr congelé. Aussi incroyable que cela puisse paraître, certains s'égarent en pleine ville, entre deux bâtiments, et plus fréquemment qu'on ne le pense. L'horreur même : mourir de froid à deux pas de son home douillet.

Aussi, avant chaque annonce de blizzard, chacun se calfeutre chez soi, le temps qu'il passe. Cela peut prendre un jour, comme une semaine. Savoir attendre : autre principe du Grand Nord!

L'après-midi, puis toute la journée du lendemain, nous étions restés bien au chaud dans notre cabane en bois. Une fois de plus (par la force des choses), les projets de Nicolas furent reportés aux calendes grecques. Véritable ours en cage, il fureta partout à la recherche de je ne sais quoi. Dénichant un vieux magazine de chasse et pêche, il le feuilleta sans vraiment avoir le cœur à lire; puis il le referma. Cette lecture ne pouvant qu'aviver ses regrets! Enfin, après maints tours de piste (cabane), son attention se porta sur un sac de farine :

– Je vais faire un pain, lança-t-il à la cantonade.

Initiative heureuse dont nous nous félicitions tous. Le voilà préparant sa pâte, la malaxant, plein d'application. Enfin, il avait trouvé de quoi s'occuper l'esprit. Michel et Jacques consacrèrent l'essentiel de leur journée à la réparation des harnais. Des virtuoses de l'aiguille et du fil! Quant à moi, j'astiquai et entretenai plusieurs heures durant mon matériel de cinéma. Je trouvai encore du temps pour la lecture et profitai d'une accalmie pour faire quelques prises de vues dehors.

Quel plaisir de flemmarder et de se refaire une petite santé (en ce qui me concerne). Force était de constater un léger mieux : les nombreux bains-marie que je m'étais amoureusement préparés m'avaient, manifestement, profité. Foin de l'ampoule insolente de la veille; déjà toute ridée, elle avait pris un sérieux coup de vieux. Pour moi, il s'agissait d'une véritable renaissance. J'envisageai dès lors, la sérénité revenue, le moment où nous reprendrions la piste. Elle avait marqué les hommes mais aussi les bêtes. Depuis la veille, P'tit-Ours traînait la jambe; non à cause d'ampoules, mais de la neige humide qui s'agglomérait en boules compactes sous ses pattes.

– C'est très douloureux, la neige finit par lui écarter les doigts. Malheureusement, on ne peut pas faire grand-chose pour lui ici, si ce n'est stopper le traîneau de temps à autre pour libérer la patte de sa gangue de neige. Hélas! elle se reforme presque aussitôt après. Demain, au camp « Fritz Grégor », je lui dégagerai les poils.

P'tit-Ours était le seul à connaître ces petits désagréments, pour une raison toute simple : sa fourrure était de loin la plus épaisse. En attendant, il avait pris son mal en patience. A chaque arrêt, je le voyais mordiller ses pattes pour en chasser la neige. Parfois, nous l'aidions. Apaisement éphémère : les boules de souffrance se reformaient aussitôt après. Fidèle à sa parole, Michel sortit de la cabane, ciseaux de manucure à la main pour soulager P'tit-Ours. Comprenant que nous lui voulions du bien, il ne bougea pas de toute l'opération. A peine nous surveillait-il discrètement du coin de l'œil.

7.

Derniers pas sur la rivière De Pas

Deux jours plus tard, la piste nous reprit, plus éprouvante que jamais. Dans cette neige épaisse, au fond peu solide, hommes et chiens s'empêtraient. Les raquettes bottaient dans cette masse presque fluide : de véritables semelles de plomb. Nous allions sans penser, sans parler, pareils à des bêtes de joug. Nous avancions d'un pas de montagnard, pour économiser nos forces. Lentement, très lentement, dans notre ordre de marche habituel : deux devant, deux derrière.

Les deux raquetteurs se repassaient régulièrement le relais. Toutes les deux ou trois minutes à peine. La fatigue se lisait dans les regards, s'entendait dans les respirations. Au bout d'une heure, ils laissaient leur place aux hommes de l'arrière. Un travail de forçat que d'ouvrir la piste! A chaque pas, soulever sa raquette à mi-jambe et écraser la poudreuse, pourtant, les chiens qui nous suivaient n'étaient pas à la noce. Les bienfaits de l'étape furent bien vite oubliés. Dès la matinée, premiers signes d'épuisement : les chiens se laissaient tomber sur le sol au moindre prétexte et ne se relevaient que sous la menace, vidés de toute énergie, de tout ressort. Il ne s'agissait pas d'une fatigue passagère après une dure étape (non, la journée ne faisait que commencer), mais d'un état de lassitude générale que les quelques heures de repos n'avaient pu effacer, et, là, ils ne jouaient pas la comédie. Bilbo lui-même, le meilleur de nos chiens jusqu'ici, semblait en perdition. Lui, le courageux, le costaud, traînait lamentablement la patte, tête et queue basses, à l'instar de ses camarades.

Les voir ainsi nous fendait le cœur. Mais ce n'était pas le moment de les voir craquer. Coûte que coûte, ils devaient avancer, au besoin par la contrainte. Dure loi de la piste qui exclut toute sensiblerie, voire tout sentiment de pitié. La sécurité de l'équipe était à ce prix.

– Si on commence à s'apitoyer sur leur sort, on ne pourra plus rien en tirer. Sûr qu'ils travaillent dur, mais on ne peut pas faire autrement que d'avancer : nous avons tout juste assez de nourriture jusqu'au premier ravitaillement.

– Je me demande s'ils sont assez nourris. En tout cas, il est certain que Bilbo meurt de faim. Au dernier camp, il a commencé à manger le cuir de mes raquettes. Il mange même ses merdes... et les nôtres par la même occasion...

– Ça ne veut rien dire du tout. Chez moi, même bien nourris, ils font la même chose. Sais-tu que les selles sont remplies de bonnes choses : de sels minéraux, de vitamines qui font défaut dans leur moulée. Façon pour eux de rééquilibrer leur nourriture. Ça étonne toujours, mais c'est la vérité.

– Ouais, fit Nicolas, pas convaincu du tout. Tu ne vas quand même pas me dire que tu trouves normal de donner la même ration à Bilbo et à Kayak. Bilbo fournit deux fois plus d'efforts, il est également deux fois plus gros.

– Je suis d'accord avec toi : on devrait doubler la ration de Bilbo. Qu'en penses-tu, Jacques? Dispose-t-on d'assez de nourriture?

– Ça devrait aller; il nous en reste un peu plus que prévu. Ce n'est pas le moment de perdre Bilbo, le costaud de l'équipe.

– A partir d'aujourd'hui, double ration chaque soir pour Bilbo, fit Michel, avant d'enchaîner : c'est certain, nos chiens ont une baisse de régime. On doit tout faire pour leur simplifier le travail; par exemple, éviter, dans la mesure du possible, de se tenir debout sur les lisses et suivre les traîneaux en raquettes.

– Je crois qu'on le fait déjà.

– J'ai une idée pour le premier traîneau, auquel revient le gros du travail. Je vais construire un « gee-barr ».

– Un quoi?

– Un gee-barr : il s'agit d'une barre de direction fixée à l'avant-droit du traîneau, d'où son nom de gee-barr (gee signifiant « à droite » dans le langage des conducteurs de traîneaux). Des photos anciennes m'en ont soufflé l'idée. Cette technique, couramment employée au temps des coureurs de bois, est depuis totalement tombée dans l'oubli. Dommage! elle avait fait ses preuves.

Combien de traditions furent ainsi sacrifiées sur l'autel du progrès? Progrès symbolisé par la motoneige, fossoyeur d'un savoir acquis du fond des âges, transmis oralement de génération en génération. Avec l'apparition des engins à moteur, la chaîne s'était brusquement cassée. Brusque retour en arrière à la case départ, si j'ose m'exprimer ainsi. Il avait fallu tout réapprendre. Une chance encore que Michel tombât sur un livre aux pages jaunies, témoin d'un passé qu'il fut à deux doigts d'ignorer. Notre monde est amnésique, il nous offre de bien curieux retours en arrière. Me revinrent alors les débuts de Michel et Jacques : « Nous avons dû tout apprendre sur le terrain, modifier les traîneaux en fonction de notre propre expérience et des quelques lectures que nous avions faites. » Mais personne ne nous avait parlé de ce gee-barr. A quoi servait-il? Qu'apportait-il de plus?

– C'est dans la neige profonde que le gee-barr est vraiment utile. Le conducteur, placé, raquettes aux pieds, entre les chiens et le traîneau, peut, grâce à cette barre, infléchir la course du traîneau avant même qu'il ne s'écarte de la piste.

– En somme, à la manière d'un gouvernail ou d'une barre de bateau.

– Oui, l'image est bonne. C'est exactement ça. Il suffit de tirer ou pousser dessus pour garder une trajectoire parfaite et, par là même, soulager les chiens.

Une idée simple, facile à mettre en œuvre, mais encore fallait-il y avoir pensé. Sitôt dit, sitôt fait. Michel fixa au traîneau l'épinette qu'il venait d'ébrancher, puis testa le dispositif.

– Une première! lança-t-il, non sans ironie.

Il ne faisait, en effet, pas mystère de l'agacement que lui suggéraient les « exploits » que certains présentent un peu rapidement comme des « premières ».

– Les premières, il n'y en a plus beaucoup dans le Grand Nord. Depuis l'aube des temps, Amérindiens et Inuit parcourent ce territoire dans tous les sens : du nord au sud, d'est en ouest. Eux seuls peuvent se prétendre les véritables découvreurs de ces étendues glacées.

Il n'avait pas tort. Que diable, faisons preuve d'humilité! La sédentarisation actuelle des peuples autochtones autoriset-elle à dire n'importe quoi, à balayer du revers de la main des milliers d'années de vie d'errance. Quelle naïveté que de maquiller la vérité historique dans un souci de gloriole personnelle. Il reste des aventures formidables à vivre... Pour les raisons que je viens d'exposer, ce territoire est sans doute plus vide aujourd'hui qu'autrefois. Mais de là à prétendre être les premiers, il y a un pas que je me garderais bien de franchir...

Mais revenons à notre propos. Au gee-barr, un seul véritable danger : chuter, passer sous le traîneau et se faire labourer le corps par les patins, ce qui a d'ailleurs bien failli arriver à Michel. En voici les circonstances : Jacques et Nicolas étaient de corvée de raquettes, Michel au gee-barr quelques dizaines de mètres derrière. Comme toujours en fin de journée, il stimulait son attelage de la voix : « Aaah! Aaah! » Aussi fut-il totalement pris au dépourvu lorsqu'il vit ses chiens accélérer soudainement. Ses compagnons de tête en furent bien involontairement la cause. En effet, venue l'heure d'installer le bivouac, Jacques et Nicolas avaient tout naturellement obliqué vers la terre ferme; signal qu'attendaient ses chiens pour se lancer dans une joyeuse cavalcade dont ils avaient le secret. L'écurie n'était-elle pas là toute proche?

Le pauvre Michel, coincé entre ses chiens et le traîneau, se vit, bien malgré lui, entraîné dans cette débandade. C'était ça ou passer sous le traîneau. Il eut beau s'égosiller tant et plus pour tenter de ramener ses chiens à la raison, leur intimer l'ordre de s'arrêter, rien n'y fit. Bien au contraire, terrorisés par l'inconséquence de leur conduite, ils accélérèrent encore un peu plus, pris dans un engrenage de faits qu'ils ne contrôlaient plus. Une véritable fuite en avant. Le mal était fait. Qu'avaient-ils à gagner à obéir maintenant? N'avaient-ils pas mérité une sérieuse correction? Ils n'avaient plus rien à perdre... Ils auraient pu cavaler longtemps, bride sur le cou, mais ce qui devait arriver arriva : dépassé par le train, handicapé par ses raquettes, Michel s'étala de tout son long dans la neige; son corps, faisant brusquement rempart devant les patins, stoppa les chiens en pleine course. A moitié étranglés par leurs colliers, faisant contre mauvaise fortune bon cœur, ils retrouvèrent, avec un certain culot, je dois le dire, leurs réflexes de chiens bien dressés : ils s'allongèrent, comme si de rien n'était, les uns à côté des autres... Fausse sérénité, car s'ils regardaient résolument devant eux, gueule dans leurs pattes, c'était de peur de s'attirer les foudres de leur maître, fou furieux, qui ne cessait de brailler.

Michel put se dégager seul, non sans mal, mais indemne. Les trois cents kilos du traîneau l'avaient à peine effleuré. Une chance que la neige eût fait tampon. On devine la suite... Les chiens en perdirent toute envie de recommencer.

Cette malheureuse chute, presque heureuse dans ses conséquences, fut bien le seul incident au passif du gee-barr. Le choc psychologique attendu eut bien lieu : un frisson d'inquiétude s'était emparé des dix chiens dès l'installation de cette barre. Ils n'étaient pas idiots au point de ne pas comprendre la menace qu'elle représentait pour eux. Bien sûr, selon la version officielle, leur maître se trouvait derrière eux pour leur donner un coup de main. Mais du coup de main au coup de bâton...

Dès lors, constamment épiés, surveillés, les chiens filaient doux. Plus question de s'arrêter au moindre prétexte, comme autrefois. Plus question d'avancer « en roue libre », le trait détendu. Non, ils devaient constamment tirer pour avoir la paix, sinon c'était le rappel à l'ordre, l'avertissement : un coup de bâton sur le bois du traîneau ou le trait du chien fautif si celui-ci était placé en queue d'attelage. En réalité, la menace était suffisamment forte pour que chacun fît son travail; les plus appliqués étant manifestement Pakouk, Duway, Kimo et Coyote, placés en queue d'attelage – ceci expliquant cela. Ainsi tous les quatre formaient-ils une force d'entraînement sur l'attelage tout entier. Seul Bodash, le chien de tête, semblait paradoxalement à la remorque, dépassé par le train imposé par ses compagnons; son trait restait souvent détendu. De fer de lance de l'attelage, il en était devenu le frein. « Allez, Bodash! Allez, Bodash! » Il fallait l'avoir à l'œil, celui-là, constamment le pousser. Quand il faisait par trop preuve de mauvaise volonté, nous stoppions le traîneau, pour lui inculquer les bons principes. Nous avions la paix pendant un quart d'heure, puis, de nouveau, nous devions le reprendre en main – une sacrée tête de caboche! Il abusait de sa position de chien de tête, aussi il n'était pas question de se priver de ses services, si modestes fussent-ils, en le plaçant à titre de punition en queue d'attelage, comme nous le faisions habituellement avec les fortes têtes.

Les jours passant et la fatigue aidant, les chiens revinrent à leurs errements passés. Leur désir de bien faire s'émoussa :

usure morale, également valable pour nous. A la fin, nous marchions sans penser, sans presque parler, allant de souffrances en fatigues, n'osant même plus nous demander ce qu'il restait de piste à parcourir. De véritables sauts de puce. Un jour c'était quinze kilomètres, l'autre vingt kilomètres! Exténués, nous ne pensions qu'au bivouac du soir, au feu auprès duquel se sécher, s'allonger et dormir. Chaque soir, les mêmes gestes pour monter la tente, le même coup d'œil désabusé sur la carte.

– Où est-on?

– D'après moi, nous sommes ici, près de ce renfoncement. Tu vois la montagne en face, elle doit correspondre à cette courbe de niveau.

– Combien a-t-on fait aujourd'hui?

– Si c'est bien ça, dix-neuf kilomètres seulement.

– Dix-neuf kilomètres! Pas plus?

– Non.

– En es-tu bien certain? Moi, j'ai l'impression de n'avoir même pas fait ça. Franchement, je n'ai pas souvenir d'avoir vu cette île immense indiquée sur la carte.

– Possible, dans ce cas, nous n'avons marché que quinze kilomètres.

Verrait-on jamais le terme de cette piste harassante? Quand en finirait-on avec cette rivière De Pas? N'avions-nous pas sous-estimé notre moyenne? Et si nous étions en réalité beaucoup plus loin que la position donnée par Michel?

– Gare aux appréciations personnelles! Rien de plus trompeur. On a souvent l'impression d'avoir marché beaucoup plus que la distance réellement parcourue.

Vue de l'extérieur, cette conversation pourrait paraître étonnante. Était-il si sorcier de faire le point avec des cartes au 1/50 000? Logiquement, non, et, pourtant, on trouvait le moyen de déterminer notre position à trois ou quatre kilomètres près. Excusez du peu. Peut-être même beaucoup plus, si nous étions en réalité moins loin que nous le pensions. Drôles de coureurs de bois, même pas fichus de s'orienter convenablement sur la De Pas! Les repères ne manquaient pourtant pas, avec toutes ces excroissances de cours, ces îles boisées plantées dans la rivière et autres pics dominant la vallée. Comment ferions-nous sur le plateau du Labrador, totalement dénué d'arbres? Là-bas, rivières et lacs sont masqués par l'uniforme carapace de glace et de neige. Un véritable désert blanc. Autant d'interrogations que le lecteur est en droit de se poser. En réalité, l'explication de nos erreurs d'orientation (puisque erreurs il y eut) était beaucoup plus simple.

Tout occupés à marcher, marcher et marcher encore, le nez fixé sur nos raquettes, ou droit devant sur les traits des chiens, les dents serrées sur notre fatigue, bétail exténué, nous en oubliions de faire le point. Nous arrêter pour consulter les cartes n'eût servi à rien! En suivant la rivière, nous ne pouvions passer la pourvoirie « Twin River Lodge » (notre premier ravitaillement) sans la voir. N'était-elle pas située à quelques kilomètres en aval des rivières George et De Pas?

Chaque soir, à la même heure, véritable rituel, Jacques sortait la carte... et les discussions habituelles de reprendre :

– Nous sommes là, près de ce lac...

– Ne serions-nous pas plutôt par ici?

Chacun appuyait sa thèse avec des arguments présentés comme indiscutables : « On vient juste de franchir ce rapide... Vois-tu ce pic au-dessus de nous... Il est indiqué là sur la carte... »

Finalement, nous arrivions le plus souvent à nous mettre d'accord. A tort ou à raison, peu importe. L'essentiel était de porter sur sa carte (chacun possédait la sienne) l'emplacement supposé du bivouac.

– Quel kilomètre, aujourd'hui, Jacques?

– Le kilomètre 146.

Avec une précision de comptable, il avait, en effet, annoté sa carte tous les cinq ou dix kilomètres (je n'en ai plus un souvenir très précis); ainsi nous livrait-il le kilométrage cumulé d'un simple coup d'œil. Nous avions parcouru cent quarante-six kilomètres en neuf jours (du moins, le pensions-nous alors), une moyenne de seize kilomètres par jour (haltes comprises), soit nettement moins que prévu.

– Combien nous reste-t-il jusqu'au premier relais?

– « Twin River Lodge » se trouve au kilomètre 236, cela fait, si je calcule bien, quatre-vingt-dix kilomètres.

– Encore quatre-vingt-dix kilomètres! A peine plus de la moitié, c'est pas croyable, on n'avance pas!

– Tout dépend de l'état de la neige. La De Pas commençant à s'élargir, il se peut qu'on aille bientôt beaucoup plus vite; il faudrait maintenant un bon coup de vent pour souffler la piste et la durcir, fit Michel, optimiste, à son habitude.

– Je n'y crois pas trop au coup de vent...

– On ne sait jamais. Dans le Nord, les conditions de progression changent vite. Il n'est pas impossible qu'on rattrape notre retard avant la George.

– Rattraper nos trois jours de retard?

– Oui, regarde : si nous faisons trente kilomètres par jour, nous mettrons trois jours.

– Je pense qu'on en mettra plutôt cinq, nous n'avons jamais parcouru trente kilomètres dans la journée...

– Sur la neige dure, on peut faire facilement quarante à cinquante kilomètres sans se fatiguer... Je te rejoins sur un point : ne sachant pas ce que nous réserve la De Pas, nous devons avancer. Jacques et moi suggérons de ne pas prendre notre second jour de repos.

– Veux-tu dire que nous ne nous arrêterons pas au « Poulailler » comme prévu?

– C'est bien ça.

– Allons donc, encore un jour de repos qui saute! Cela commence à bien faire... Il y a quelques jours, le camp « Fritz Grégor », maintenant le « Poulailler », et après, pourquoi pas le camp « Twin River Lodge »?

– Pas impossible, en effet, si on n'a pas rattrapé notre retard d'ici là... Remarque bien que nous préférerions tous prendre du bon temps. Si toi tu es passionné de chasse, moi j'aimerais bien lire et me balader tranquillement... On est tous d'accord là-dessus.

– Quelle idée d'avoir prévu une moyenne journalière de vingt-cinq kilomètres dans cette neige! C'était couru d'avance qu'on ne les ferait pas.

– C'est la première fois que nous n'y parvenons pas. Peut-être aurait-on dû tenir compte de l'état de la piste. La prochaine fois... Pour l'heure, nous sommes tenus par notre planning : si nous nous arrêtons comme prévu, les chiens n'auront plus rien à manger...

– On marche, on marche, et on passe à côté de tout; qu'avons-nous vu jusqu'à maintenant? Quelques malheureux lagopèdes isolés; quelques traces de martres et de loutres, c'est à peu près tout. Pas la peine de venir de si loin pour voir si peu de chose...

Nicolas allait de déception en déception. Après la révolte, l'abattement. La mine décomposée, il n'ouvrit plus la bouche de la soirée. Nul besoin d'être grand clerc pour connaître le fond de sa pensée. Partout, il eût aimé prendre son temps,

118

graver en sa mémoire les trous, les élévations, la moindre rigole, le moindre vallonnement. Suivre les pistes des animaux jusqu'à leur habitat, deviner où ils se terraient... Sans même la volonté de les chasser, de les trapper... Juste pour le simple contentement des yeux! Il n'ignorait pas que les ours et les loups se terraient dans les endroits pierreux et cahoteux (autant de refuges possibles, que de cavernes et de grottes); les lièvres arctiques et les écureuils choisissaient les plateaux moussus, couverts d'épinettes, les lagopèdes, les régions de terre meuble couvertes d'herbes hautes et de buissons doux... Comme ce site, plus connu sous le nom de « Poulailler » : une véritable basse-cour, on disait que des lagopèdes s'y rassemblaient par centaines. Sceptique, je demandai à voir, les hommes ayant souvent tendance à prendre leurs désirs pour des réalités. Mais, là, je dois le dire, et je pèse mes mots, le spectacle auquel nous eûmes l'insigne chance d'assister surpassa notre attente. Oui, il s'agissait d'un spectacle au sens plein du terme, avec mise en scène parfaitement agencée et commandée par un chef d'orchestre clandestin. Imaginez que, débouchant sur ce site après une succession de rapides, deux cents lagopèdes (je me fie ici au bon sens de Nicolas) nous tombèrent brusquement dessus dans des battements d'ailes sonores. Un immense nuage d'une blancheur immaculée survola les deux traîneaux. Nicolas, lui-même, en resta figé d'émotion, incapable de sortir le fusil de son étui. C'eût été un sacrilège! Personne n'aurait pu rester insensible à ce tableau d'une beauté stupéfiante : une véritable fête des sens. Sans crainte d'être démenti par mes compagnons, je crois que des images comme celles-ci effaçaient toutes nos petites misères de la piste et étaient notre meilleure récompense. Requinqués, regonflés. L'ineffable bonheur nous irrigua le cœur longtemps après. Beauté absolue bannissant le commentaire. État second, allégresse esthétique reculant les limites du corps. Les chiens eux-mêmes avaient levé le museau vers le ciel... Mais peut-être pas pour les mêmes raisons... Ô temps suspends ton vol... Mais non, les lagopèdes étaient déjà loin. Un dernier vol plané avant de regagner leurs quartiers de nuit sur la rive opposée. Quelques attardés levés par nos chiens nous survolèrent encore. Mais le spectacle était cassé, il avait perdu sa magie. Rideau!

Le verbe haut, encore tout émoustillé, Nicolas fut vraiment intarissable ce soir-là. Il savourait sa joie :

– Ça « déménage »... La première fois que je vois autant de lagopèdes à la fois. Une compagnie de deux cents nous a survolés; mais il y en avait cinq ou dix fois plus sur les rives. J'en ai vu des centaines d'autres après. Ça caquetait de partout. Dommage que nous soyons arrivés à la « brunante », nous aurions pu faire un dîner de lagopèdes!

Puis, se tournant vers Michel :

– Que fait-on demain?

– Je t'ai donné mon opinion, demande aux autres.

– Il est plus prudent de se remettre en route.

– Je pense que Jacques et Michel ont raison, il faut avancer.

– Ne peut-on pas lever le camp exceptionnellement un peu plus tard?

– Les journées sont courtes, il faut profiter du jour pour avancer.

Alors, Michel, magnanime, de proposer :

– Si tu veux aller chasser, vas-y dès le lever du jour; nous démonterons le camp et chargerons les traîneaux pendant ce temps-là.

Aux premières lueurs de l'aube, par centaines les caquetages reprirent de toutes parts. Contrairement à son habitude, Nicolas fut le premier levé. Deux minutes plus tard, il était dehors, le fusil sur l'épaule, un appareil photo en bandoulière et un petit enregistreur dans la poche. Il voulait tout faire. L'occasion ne se reproduirait peut-être pas.

– Je vais sur l'autre rive. Là-bas, ils sont plus nombreux. Dans deux heures, je serai de retour.

Le martèlement de ses pas cadencés se fondit peu à peu dans la nature. Les caquetages eux-mêmes devinrent plus discrets. Nicolas se faisait menaçant... Quelques minutes après, en plein petit déjeuner, un coup de feu renvoyé par l'écho : Paaam! Puis un second : Paaam!

– Tiens, nous aurons du gibier ce soir!

Deux coups de feu, il avait fait mouche deux fois; deux lagopèdes de la taille de nos poules.

– Ils sont énormes, j'en ai jamais vu de si gros. Il n'y a pas grand monde par ici, mais ils sont méfiants. Pas moyen de les approcher, ils s'envolent aussitôt. Ces deux-là, les plus gros, je les voulais; ils m'en ont fait voir. Dès que je m'approchais un peu trop, ils voletaient un peu plus à l'intérieur. De loin en loin, ils m'ont amené jusqu'au pied des montagnes... Sur le point d'abandonner, j'ai essayé une dernière fois, et voilà! j'en garderais bien un pour le faire empailler, mais j'ai peur qu'il s'abîme... Dommage!

– Ils ont l'air farouches?

– Tu parles s'ils sont farouches!

– Pourtant, certains les tuent d'un coup de bâton.

– J'aimerais bien voir ça; avec ceux-là, tu peux toujours courir... Avec les tétras des savanes peut-être, mais pas avec les lagopèdes... Les gens confondent souvent les deux espèces.

– Il nous en faudrait deux de plus pour ce soir.

– N'est-ce pas mon tour de battre la piste ce matin?

– Si, avec moi, fit Michel.

– Eh bien, je prendrai mon fusil; cela m'étonnerait qu'on n'en voie pas d'autres aujourd'hui.

– Bonne idée, avec le froid de la nuit dernière, la neige est légère et facile en raquettes.

– As-tu pris des photos?

– Quelques-unes, de très loin, mais je ne garantis pas le résultat.

– Et le son?

– C'est pas mieux; il suffisait que je sorte le Nagra pour qu'ils se taisent. De véritables garces...

Dieu qu'il avait fait froid au cours de la nuit. Comme chaque fois avant de nous coucher, nous avions revêtu tous nos vêtements, chemise, pantalon, pull-over en laine et, en plus, par-dessus, une épaisse doudoune, sans oublier notre tuque en laine, nos gants; nous ne pouvions pas être plus emmaillotés dans nos sacs de couchage, et cela ne nous avait pas empêchés d'être pris de frissons au cœur de la nuit, à en rester éveillés pendant des heures. Pas moyen de se réchauffer, le froid insidieux, tel un cataplasme de souffrance, nous collait aux os.

Au matin, après un repos insuffisant, nous nous tirâmes à regret de nos duvets et dûmes ramollir les mutluks gelées devant le poêle, allumé quelques instants plus tôt par Michel. A l'extérieur, c'était quelque chose! Nous étions comme groggy; les cristaux de neige en suspension dans l'air nous donnant la sensation étrange de voir trente-six chandelles. Un froid impressionnant! Première fois que nous étions à ce point saisis. A – 38 °C la température restait supportable, mais c'était ce petit vent frisquet qui était particulièrement redoutable. En restant actif, on pouvait encore le tenir en respect, mais dès que nous nous immobilisions quelques secondes, le froid gagnait les extrémités des mains et des pieds. Nous devions alors marcher de long en large, frapper des pieds et battre des mains jusqu'à ce que la circulation se rétablît.

Le démontage du camp fut rondement mené. Commencé à quatre, nous le terminâmes à deux, Michel et Nicolas nous ayant précédé sur la piste d'une bonne demi-heure pour tenter de surprendre quelques lagopèdes.

Aussitôt les traîneaux chargés et les chiens attelés, je me mis au gee-barr, Jacques restant derrière avec son attelage. En mon for intérieur, je n'étais pas très rassuré. Je n'avais aucune envie de connaître la même mésaventure que Michel; les départs étant tout aussi risqués que les arrivées. Revigorés après une nuit de repos, les chiens n'avaient-ils pas coutume de donner un sacré coup de collier les premières centaines de mètres? Je me devais d'être vigilant au départ, ensuite, je savais qu'ils réduiraient leur train. Aussi pris-je maintes précautions, me montrant inflexible avec les manquements à la discipline. « Assis, Coyote!... Assis, Moulouk! » Enfin, je les avais tous bien en main. Un dernier coup d'œil sur les traits et la piste en pente s'ouvrant devant moi, nous l'avions préalablement damée avec nos raquettes car rien ne devait être laissé à l'improviste. Une œillade, derrière, en direction de Jacques :

– Je suis prêt, dit-il, le pied sur le frein pour retenir son propre attelage et me laisser le champ libre.

Un silence pesant. Le trac. Un dernier rappel des gestes que je devais faire ou ne pas faire. Le pied droit d'abord, attention de ne pas tomber dans la poudreuse, vite rejoindre la piste tracée par mes compagnons...

– Les chiens, allez!

Démarrage impeccable. Mais quelle énergie! Ils auraient voulu me faire chuter qu'ils ne s'y seraient pas pris autrement. Mais je tins bon, trottinant, cramponné à la barre, avec le traîneau menaçant derrière moi. Jacques, vaguement inquiet, surveillait la manœuvre. Tout allait bien. Nous avions retrouvé la piste, et, déjà, les chiens de réduire leur allure, de reprendre leur petit train habituel. Ouf! j'étais sauvé. Jacques, lançant ses chiens, me rattrapa bientôt.

Une journée de plus sur la piste, mais aujourd'hui mon moral était bien meilleur : je savourais encore le spectacle de la veille. Le temps s'était remis au beau. Je marchais même avec plaisir, l'effort de la course ayant ramené à mon corps quelque chaleur, tant et si bien que je me dévêtis bientôt. Je restai en sous-vêtements de laine malgré le froid très vif. Une température idéale pour marcher. Tout en avançant, je me remémorais un passage d'un vieux livre sur le Grand Nord décrivant le phénomène que j'étais en train de revivre :

« La température souhaitée pour la raquette est de 25 à 35 °C au-dessous de 0. L'air sec pénétrant fait alors "pomper" les poumons à leur puissance; la densité de l'atmosphère force la réaction intérieure et active la circulation; le mouvement devient un besoin, et le coureur, vêtu de sa légère peau velue de renne, lancé au pas de gymnastique, peut aller, des jours et des semaines, sans désemparer plus que ne le demandent les sommaires repas et le court sommeil "à la belle étoile". Rompu au métier, exempt d'ampoules et du "mal de raquettes", il peut dévorer sans fatigue excessive des espaces qui déconcerteraient les coureurs sportifs des pays tempérés... »

Mais cette euphorie, dans laquelle je me perdais avec délices, fut de courte durée. Une fois de plus, les chiens se chargèrent de me ramener sur la piste et de la manière la plus prosaïque.

Comme toujours en début de journée, les chiens libérèrent leurs sphincters à tour de rôle; chacun y allait de son inspiration : il y avait ceux qui levaient classiquement la patte... tout en avançant sur les trois autres; ceux qui pratiquaient l'obstruction en se laissant traîner sur les pattes arrière. Enfin, il y avait le cas Chloro. Prenant sans complexe appui sur Bilbo, bonne poire, elle levait ses deux pattes arrière le temps de se soulager puis reprenait sa place sans avoir l'air d'y toucher. Elle n'était après tout pas si empotée que ça, cette chienne! En tout cas avec sa drôle de gymnastique, Chloro assurait le spectacle à elle seule.

Dureté excessive envers nos chiens? Non. Nous ne pouvions quand même pas nous arrêter à chaque fois qu'un chien nous le demandait. On imagine le cirque avec vingt chiens : un petit pipi par-ci; un petit pipi par-là; la porte ouverte, le champ libre à tous les abus – et ils étaient orfèvres en la matière! De proche en proche, nous ne pouvions qu'être entraînés à perdre tout l'ascendant que nous avions si difficilement acquis sur eux... Non, ce n'était pas possible. Quelles que fussent les techniques employées, le résultat était là.

Cramponné au gee-barr, je me voyais plongé dans un

gymkhana sinon perdu d'avance, du moins à l'issue des plus incertaines. Attention à droite... De justesse j'avais évité les déjections canines. A gauche là... Encore derrière les traîneaux était-il relativement aisé de s'écarter d'un pas de la piste, mais coincé comme je l'étais entre le traîneau et l'attelage, ma marge de manœuvre était quasi nulle, et, bien sûr, je finis par poser ma raquette dans une diarrhée dysentérique. Merde! Il ne manquait plus que ça, et, pour faire bonne mesure, la neige de s'agglomérer en gros paquets autour. Me voilà bien : les raquettes alourdies, tout odorantes d'effluves dont je me serais bien passé... D'une nature relativement bonne, je n'accordai à cet incident pas plus de valeur qu'il n'en avait en réalité, et puis dans le grand air...

Le soir venu, c'était une tout autre chanson. Nous rentrions habituellement nos raquettes pour les faire sécher. Même nettoyées, leur « douce » odeur reprenait corps avec la chaleur du poêle. Dire que c'était proprement insoutenable, c'était exagéré. Mais de là à rester complètement insensible... Notre appendice nasal avait déjà été mis à rude épreuve. Je ne parle pas de l'odeur de sève fraîche exhalée par notre matelas d'épinette – celle-là, envoûtante, nous plongeait dans une euphorie philosophique propre aux narcotiques puissants – mais de l'odeur forte et acide des harnais séchant au-dessus du poêle, ou de cette odeur âcre et piquante de la fumée lorsqu'elle se prenait à refluer du conduit de cheminée. Tout cela n'était cependant rien comparé à cette odeur fécale foncièrement repoussante qui se dégageait de nos raquettes. Heureusement, nous n'avions pas le nez constamment dessus!

Pendant quatre jours, la neige fut tout aussi molle et instable : « Dans quelques jours, sur la rivière George, ce sera différent... » Refrain qui avait maintenant le don de m'exaspérer. Verrait-on un jour le terme de cette marche harassante, de cette « galère en raquettes »?

Rien de véritablement marquant à signaler, hormis, le 6 mars, la venue de notre avion de ravitaillement. Comme nous le craignions, nous nous trouvions à cette date à trois jours, au bas mot, de la pourvoirie « Fritz Grégor ». Retard ennuyeux, mais pas catastrophique. Que nous fussions ou non au rendez-vous, des instructions avaient été données pour qu'il assurât sa mission. Mais était-il bien utile de le lui préciser? Qui mieux que les pilotes de brousse connaissent ce vieux précepte du Nord : « On sait quand on part, jamais quand on arrive. » La prudence commande de ne jurer de rien. Combien de fois, partis sous un beau soleil, ont-ils été contraints de se poser en catastrophe dans la taïga ou la toundra, surpris par un méchant blizzard. Chose courante que de rester cloué au sol quelques heures, voire quelques jours. Capables de prouesse pour aller récupérer un naufragé du Grand Nord, ils savent également patienter quand cela est nécessaire. Nul ne brave impunément la tempête. Prendre des risques, certes, mais des risques calculés. Pas question de se jeter dans la gueule du loup... Alors, pourquoi notre pilote s'inquiéterait-il de notre retard, d'autant qu'en nous survolant sur la rivière De Pas (comme nous le lui avions demandé), il pourrait s'assurer que tout allait bien pour nous, que nous avancions lentement, certes, mais sûrement.

Un chic type, ce pilote! Il nous avait même promis de faire son possible pour atterrir : « Je viendrais vous dire un petit bonjour, si le temps le permet. » Sur le moment, dans l'excitation du départ, nous n'avions prêté qu'une oreille distraite à sa proposition. Nous avions alors surtout hâte de nous retrouver tous les quatre sur la piste avec nos chiens. Dix jours après, les choses avaient bien changé : nous en avions par-dessus la tête de la piste, de la neige, des raquettes – ce qui se conçoit aisément. Confronté à la réalité, le rêve avait perdu sa charge affective, sa poésie et, paradoxalement, c'était ce petit avion notre petit rayon de soleil, le lien avec l'extérieur brisant quelques instants notre isolement. Ne nous apporterait-il pas des nouvelles de nos amis de Schefferville, du courrier peut-être, de quoi nous évader l'esprit, sortir du quotidien de la piste, communiquer... C'est bien ça, communiquer avec les autres, livrer ses impressions de voyage, ne pas les garder pour soi ou entre soi, sortir du carcan des conversations à quatre, même si, je le répète, il n'y avait aucun nuage entre nous. Nous avions tous les quatre notre cercle de proches qui nous manquait...

Aussi, à la lueur tremblotante des bougies, les deux dernières soirées furent consacrées aux petits travaux d'écriture, et les lettres destinées aux amis communs de passer de main en main...

Mais voilà, le jour dit, le temps était gris, pas totalement bouché, mais le plafond relativement bas. Encore optimistes le matin, nous l'étions beaucoup moins en milieu de journée : les nuages commençaient à grignoter le sommet des collines. L'avion pourrait-il se poser? Rien de moins sûr. Mais nous refusions de voir tout en grisaille. Il restait un espoir. De notre côté, nous étions fin prêts, le courrier à portée de main dans les sacs arrière des traîneaux.

– Mettons qu'il décolle dès 10 heures, deux heures de vol, il ne sera pas là avant midi.

Pourtant, dès 10 heures, nous scrutions le ciel, sait-on jamais! Bon moyen, également, de s'occuper l'esprit, que de se mettre dans la peau de notre pilote : A 9 heures, il arrivait dans le hangar de la compagnie, chargeait bientôt les quinze ou vingt sacs de notre ravitaillement... A 10 heures, il compulsait ses cartes aériennes, traçait l'itinéraire, regardait une dernière fois la météo, à 11 heures, ça y est, en route! Le compte à rebours est lancé. Le voilà bientôt sur la tête de la rivière De Pas, survolant la pourvoirie « Fritz Grégor », le « Poulailler »... Plus qu'une question de minutes! Je fixai le ciel. Rien. Toujours rien. Il aurait dû arriver... Et s'il ne venait pas... Pour chasser aussitôt mon doute : « Non, ce n'est pas possible, les pilotes de brousse sont des gens de confiance, mission de routine que celle-ci. Seule la tempête peut empêcher l'avion de venir. Ce n'était pas le cas aujourd'hui, il viendrait donc. »

Il finit par arriver. D'abord, un bruit d'insecte, à peine perceptible, qui nous fit dresser l'oreille. Pas de doute, c'était bien lui. Un ronflement d'avion. Il creva les nuages, minuscule. Le temps de stopper les traîneaux, de faire asseoir les chiens, il était déjà au-dessus de nos têtes. Un premier survol, un arc de cercle pour revenir dans l'axe; un second survol, plus bas, comme s'il cherchait à se poser; il devait sans doute nous rendre ainsi nos salutations de terriens. Toujours est-il qu'il remit subitement les gaz, s'éleva et disparut à l'est dans les nuages. Il était 15 heures. Une heure plus tard, sa mission terminée, l'avion était de retour, battant des ailes comme convenu, il ne s'attarda pas : la grisaille de la nuit accourait déjà à l'est.

Tant pis pour notre courrier resté en souffrance. Rassurés malgré tout de savoir notre ravitaillement à « Twin River Lodge ». Notre expédition pouvait continuer : tout s'était déroulé comme prévu.

– Et si les prédateurs en profitaient pour s'attaquer à notre nourriture? m'inquiétai-je.

126

– Le pilote l'a sûrement mise à l'abri des prédateurs. Je ne vois d'ailleurs pas quel animal pourrait s'intéresser à la moulée de nos chiens?

– Et les renards et les loups?

– Ils sont carnassiers, ils préfèrent la viande fraîche.

– Nos chiens aussi, cela ne les empêche pas d'aimer leur moulée.

– Ils y sont habitués. Non, vraiment il y a peu de chances, crois-moi.

Quelques heures auparavant, alors que je me trouvais en compagnie de Jacques au traîneau, celui-ci arrêta son attelage devant moi.

– Tiens, regarde l'inscription sur la neige. Nicolas nous demande de prendre une photo du rapide. C'est sûrement l'endroit où lui et ses copains ont chaviré en canot l'été dernier.

– Quel rapide?

– Là, juste devant toi, tu vois le rétrécissement...

Évidemment, on ne voit pas grand-chose; tout disparaît sous la neige et la glace. S'exécutant, il prit un cliché, plus pour le souvenir que pour la photo elle-même. Il fallait vraiment faire preuve d'imagination pour en deviner tous les dangers. Tout était figé par une carapace de glace, dans le silence de l'hiver. A peine si, par endroits, la glace était inégale et accidentée. Incroyable métamorphose du site d'une saison sur l'autre. Le Nord : un monde de tromperie. Il ne fallait pas s'y fier. C'était comme si la rivière elle-même entrait en hibernation avant le réveil du printemps; chaque été, elle faisait des siennes. Des canots chaviraient là ou ailleurs. Deux des compagnons de Nicolas en avaient fait l'amère expérience ici même. Ils s'en étaient bien tirés. Cela aurait pu se passer plus mal.

Resurgit alors la blessure mal cicatrisée de mon propre naufrage un an auparavant (l'été 1982), au cours duquel mon compagnon d'expédition, Marc Moisnard, frappé d'hypothermie, avait trouvé la mort. Cela se passait à quelques centaines de kilomètres plus au nord, sur la rivière George, peu avant la baie d'Ungava, à trois ou quatre jours du terme de notre expédition en canot. Malchance immense. Fatalité écrasante dans une portion tranquille du fleuve. Si près du but, après avoir franchi sans encombre des dizaines de rapides. En cet instant, à l'endroit où le canot des deux équipiers de Nicolas s'était retourné, je reconstituai les éclats épars de ma mémoire.

127

Je revécus l'enchaînement des faits dramatiques dix-huit mois après. Ils restaient à jamais gravés. Comme aux heures les plus sombres, se bousculaient dans ma tête un fouillis d'images lancinantes, usantes, plus noires les unes que les autres; pensées terribles. J'imaginais sans peine les conversations qui avaient dû être les leurs avant le saut du rapide, les circonstances de leur naufrage et l'angoisse qui s'ensuivit...

Ce jour-là avait pourtant bien commencé. Nicolas et ses compagnons descendaient la rivière à bonne allure, presque sans se fatiguer, par petits coups de pagaie. Plusieurs rapides avaient déjà été franchis. La rivière s'y engouffrait rageusement, puis s'assagissait dans la succession des bassins intérieurs égrenant son cours. Comme avant chaque rapide annoté sur leur carte, ils avaient eu la prudence d'accoster pour l'examiner de plus près. Ils l'avaient observé un moment en silence, repérant les roches à fleur d'eau, créatrices de tourbillons et de gerbes d'écume, puis avaient échangé leurs impressions avant de s'entendre sur un plan d'attaque :

– Il faut le prendre par la droite, là où il y a plus d'eau, mais attention à la roche que l'on voit pointer là-bas, au bout.

– Oui, ça devrait passer, on fait comme d'habitude.

Les voilà lancés en canots, l'un derrière l'autre, suivant le fil d'eau prédéterminé. Le pagayeur avant pointait du doigt les rochers émergeant dans un bouillonnement d'écume, et l'équipier arrière lui criait ses commandements pour se faire entendre dans le tumulte des eaux. Des ordres brefs auxquels le premier répondait instinctivement. Ils faisaient corps comme deux éléments complémentaires et indispensables tendus vers un seul objectif : franchir le rapide. Les canots furent ballottés de gauche à droite, l'avant piquant dans les vagues, embarquant au passage quelques débris d'embruns. La consigne : maintenir la trajectoire bien droite.

Viendraient-ils à toucher une roche, qu'ils devraient glisser dessus, et non la prendre de travers, pour éviter le bain glacé. Tout se passait bien. Encore quelques remous, quelques vagues pour être tirés d'affaire, et puis, tout s'était brusquement emballé.

Le destin en avait décidé autrement. Déjà concentré et tendu, leur visage devint subitement livide. Le grain de sable. Sans comprendre pourquoi, peut-être que l'un des deux canots fut surpris en travers par une vague. Serrant les dents, les muscles durs, ils tentèrent de se dégager des griffes du rapide. Mais, trop tard, le canot, ingouvernable, déséquilibré par de véritables déferlantes, se retourna. Les deux équipiers à l'eau. La situation délicate. Quelques minutes devant eux pour rejoindre la rive avant d'être saisis par le froid.

Nicolas avait eu le réflexe (le bon) de sortir sa petite caméra super-8. Les quelques images qu'il en rapporta étaient éloquentes : les mines défaites, les regards exorbités des naufragés à leur retour sur la terre ferme en disaient long sur leur peur rétrospective. Je ne garantis pas au mot près l'exactitude de ma narration, mais cela se passe en général ainsi.

Enfin, le camp. Le repos. Le feu retrouvé. Le poêle ronflant comme une forge. La chaleur telle que le rabat en toile de la porte et le zip d'aération au-dessus de nos têtes restaient grands ouverts.

Au menu du soir : quatre lagopèdes tirés par Nicolas. Chacun en prépara un. Nous ne nous donnions même plus la peine de les plumer, ayant fait nôtre la méthode des Amérindiens, des Inuit et des trappeurs, qui consiste à leur arracher carrément la peau. C'était bien plus rapide ainsi. Nous gaspillions un peu de viande, certes, mais ce n'était pas perdu pour tout le monde, les restes revenant généralement à Bilbo, notre plus gros. Quel goulu, celui-là! Il avalait tout indistinctement : viande et plumes. Quel spectacle! Il en avait plein la gueule...

Comment se portaient nos affamés? Il nous tardait (hommes comme chiens) d'en finir avec cette De Pas. L'honnêteté est de reconnaître que nos chiens, sans exception aucune, avaient perdu la forme éblouissante et leur fière allure des premiers jours. Alors gras à souhait, ils avaient à tel point maigri que les os saillaient de leurs reins comme des couteaux. Leur fourrure, autrefois si éclatante, avait perdu de son lustre : l'usure des harnais, les frottements de la piste avaient entaillé le poil quand il n'était pas carrément arraché. Les coussinets et, par endroits, les chairs étaient à vif. Seul un repos prolongé pouvait, dans leur état d'épuisement, les guérir et leur redonner le goût de tirer. Ce n'était pas le moment de les voir flancher, si près du terme de cette première étape. Encore quelques efforts... Que faire? Avoir recours aux grands moyens, les contraindre à puiser dans leurs ultimes réserves. Non. Cela n'eût probablement servi à rien. Ils s'étaient déjà beaucoup dépensés. Trop, certainement.

La machine était grippée, à bout de souffle. Aux arrêts, ils se laissaient tomber dans les traits, comme morts. Nous ne pouvions constamment exiger de nos malheureux plus qu'ils n'en pouvaient supporter. Ne risquait-on pas d'éteindre à jamais la petite étincelle qu'ils avaient encore en eux? Et, d'ailleurs, comment aurions-nous pu rester insensibles à un je sais quoi de lassitude, de tristesse qui se lisait dans leur regard? En nous gardant de toute sensiblerie, véritable aveu de faiblesse, nous n'arrivions pas à les maudire, à leur reprocher leur baisse de régime. C'était certain, ils faisaient de leur mieux. Donc, une fois n'est pas coutume, nous les prîmes en commisération, avec l'espoir que cette thérapeutique serait la bonne. Cela valait la peine d'essayer, et, en même temps, nous apaisions nos scrupules.

Jusque-là, il faut bien le dire, nous n'avions entretenu avec nos chiens que des rapports d'intimidation. Il nous en coûtait parfois de nous montrer plus méchants que nous l'étions en réalité. Car, sous ce vernis de dureté, nous n'en restions pas moins hommes. Oui, nous aimions nos chiens, et malgré tout ce que nous leur faisions endurer, ils nous le rendaient bien. De braves chiens. En effet, jamais nous n'avions fait montre de marques aussi ostensibles d'affection à leur endroit. Jamais nous les avions autant bichonnés que ces derniers jours. Au traîneau, nous les encouragions : « C'est bien... C'est bien, les chiens... » réservant menaces et sanctions aux manquements les plus grossiers à la discipline.

Au camp, ils bénéficiaient d'un régime alimentaire amélioré : la ration de chacun fut alignée sur celle de Bilbo (sauf pour Kayak, dont la taille et les efforts sur la piste ne le justifiaient pas). De telles largesses s'expliquaient par l'état de nos réserves et la proximité de la pourvoirie « Twin River Lodge ». Donc, double ration, et même triple ration le dernier soir, pour tout liquider. Insatiables, nos chiens trouvaient encore le moyen de se disputer les misérables reliefs.

Mais ce qui était valable pour les chiens l'était tout autant pour nous. A l'approche de la pourvoirie, notre ordinaire s'en trouva nettement amélioré. Jacques s'était montré jusque-là intraitable, repoussant avec véhémence l'idée même d'entamer nos rations de réserve. Nous devions nous contenter de notre sac du jour, soit une soupe, un plat principal à base de céréales et un dessert déshydraté. Plutôt spartiate!... Je ne prétendrai pas que nous sortions de table la faim au ventre : nous souffrions avant tout de l'idée que nous nous en faisions;

du manque de viande surtout. Heureusement, quelques lagopèdes, ramenés par Nicolas, venaient compléter de temps à
autre notre ordinaire. Je n'incrimine pas le bien-fondé des
principes nutritifs de Jacques. Je l'ai déjà dit, nos repas étaient
équilibrés, suffisamment riches en calories pour nous permettre de supporter le froid arctique et les fatigues de la piste.
Selon un dosage savant, glucides, lipides et protéines étaient
contenus dans les céréales, les cacahuètes et autres sucreries.

  – Chez nous, en ville, on mange deux fois trop par rapport à
l'énergie dépensée. Regarde le nombre d'obèses. Les gens se
nourrissent mal. Nos habitudes alimentaires sont à revoir.
C'est certain, au début, vous resterez sur votre faim, le temps
que votre organisme s'habitue à la nourriture de l'expédition.

  Jacques avait raison : force était de constater que le régime
qu'il nous avait concocté n'avait en rien entamé notre capital
physique ni notre capacité de résistance aux températures les
plus extrêmes. Après quinze jours de marche harassante, nous
nous sentions au mieux de notre forme, le corps endurci par
l'effort. Sur un seul point, Nicolas et moi étions en désaccord
avec lui : loin de s'estomper avec le temps, la faim aiguillon-
née par la nourriture se ravivait chaque soir. Désir aigu,
irrésistible, lancinant. A cette douleur morne et monotone,
venait probablement se greffer la lassitude d'un rituel trop
bien réglé et sans fantaisie aucune. Passe encore de marcher
comme des somnambules du lever au coucher du soleil, de
répéter soir après soir les mêmes gestes pour installer le
bivouac, part inévitable de routine propre à toute expédition
de ce genre. Mais encore eût-il fallu, le soir venu, un rien
d'inattendu, d'originalité, pour briser un peu le rythme d'une
organisation impeccable, presque trop parfaite. Les repas du
soir auraient pu constituer un bon dérivatif, mais là, également, tout avait été scientifiquement dosé, minutieusement
préparé. Le soir, au moment de regagner la tente, nous avions
droit au sempiternel morceau de fromage « Kraft »; ensuite,
c'était l'assiette de soupe, de céréales (nous en possédions
quand même plusieurs variétés) et le dessert déshydraté, un
cérémonial qui ne variait pas d'un iota d'un jour à l'autre. Tout
cela manquait de fantaisie et commençait vraiment à nous
peser. L'efficacité justifie-t-elle la grisaille? Non, évidemment,
c'est avec joie que nous avions accueilli la fin de la période de
vache maigre. Quelque chose s'était passé en nous. Véritable

déclic. Cette décision nous insuffla bonne humeur, énergie et enthousiasme. Enfin, le bol d'air si nécessaire, l'impression de véritablement vivre après s'être laissé enfermer dans un carcan de règles... Même Jacques était plus prolixe, comme quoi ce n'était pas dans sa nature de jouer au père Fouettard. Michel était resplendissant et guilleret comme un gamin. Nicolas, tout émoustillé, fut pris d'une folle envie de créer quelque chose avec ses doigts, et décida de faire un gâteau avec, pour tous ingrédients, quelques réserves de farine et du sucre. « Ah, la bonne idée! » Dans un silence religieux, il pétrit la pâte pour la rendre bien onctueuse.

– Il me faudrait un bon four...

Malheureusement, il ne disposait que des moyens du bord : un poêle à bois et une poêle à frire, pas même d'huile! Et, bien sûr, la pâte attacha, dégageant une forte odeur de brûlé. Qu'importe, le résultat était tout à fait honorable... Et puis, cela nous changeait des galettes de pain. Mais Nicolas, trop perfectionniste, n'était pas satisfait :

– Ah! si seulement j'avais un four! se plaisait-il à répéter.

Trompés par la cuisson de notre gâteau, nous n'avions, jusque-là, guère prêté attention à l'âcre odeur de brûlé qui peu à peu avait empli la tente. Ce n'est que bien après, l'air devenant quasi irrespirable, que nous nous aperçûmes que quelques branches d'épinettes placées sous le poêle chauffé à blanc se consumaient depuis un bon moment. Cela faisait plusieurs jours, déjà, que le poêle donnait quelques signes de fatigue. Un soir, en l'activant, quelques braises incandescentes étaient tombées sur le sol : notre étonnement! Sous l'effet de la chaleur, le métal s'était déformé et même percé. C'est ce qui venait de se produire : quelques flammèches, ou peut-être même un tison, avaient en tombant mis le feu à notre tapis d'épinettes. Après cet incident, il ne fut, bien sûr, plus question de placer la moindre épinette à proximité du poêle. Mais, maintenant, le rayonnement de la fournaise en contact direct avec la neige était tel que de véritables cratères finissaient par se creuser dans la neige, d'où le soin particulier apporté à la mise en place des supports en bois nécessaires à son maintien en équilibre jusqu'au lendemain.

Un malheur n'arrive jamais seul. Un matin, nous déjeunions, le poêle tirant, comme lors de chaque réveil, à son maximum, lorsque le toit de la tente s'embrasa :

– Le feu!

Aussitôt, branle-bas de combat. Tandis que Michel et moi combattions les flammes de l'intérieur avec nos réserves d'eau (bien vite épuisées), Jacques et Nicolas les attaquaient de l'extérieur avec des branches d'épinettes. Ouf! plus de peur que de mal. On s'en sortait bien, avec un seul rabat en toile (tout à fait accessoire) calciné.

Ce qui nous impressionna le plus, ce fut la vitesse à laquelle le feu s'était propagé. On avait frisé la catastrophe : quelques secondes de plus pour maîtriser l'incendie naissant, et notre tente s'embrasait totalement; et sans tente, c'était toute notre belle organisation qui s'envolait, elle aussi, en fumée. Comment aurions-nous pu poursuivre sans toit? Certes, restait la solution de construire un igloo. Mais nous imagine-t-on bâtissant un nouvel igloo chaque soir? Non, cela aurait pris trop de temps : deux ou trois heures avec l'habitude, en supposant que la neige s'y prêtât. Elle devait être à la fois assez ferme pour se couper en blocs, mais également suffisamment molle pour que les blocs pussent se souder les uns aux autres. Était-elle trop dure, trop molle, trop poudreuse ou granuleuse comme du sel, qu'il était impossible de la découper en blocs. En sachant cela, était-on plus avancés? Il y avait neige et neige : les neiges bonnes à bâtir et les autres. Comment les distinguer? Cette science-là ne s'apprend pas dans les guides de survie. Il faut tout le flair propre aux populations vivant dans l'Arctique, pour juger de ces choses. Ne dit-on pas que l'Esquimau reconnaît (ou du moins reconnaissait, car avec la sédentarisation ils sont chaque jour moins nombreux à en être capables) la neige à bâtir au seul son qu'elle rend sous les pieds. Belle leçon d'humilité pour nos sociétés dites « modernes » en désaccord grandissant avec la nature : nos sens atrophiés par le progrès, beau paradoxe pour une société qui ne perd pas une occasion de donner des leçons de civilisation... Combien d'entre nous, plongés brutalement dans un désert ou une jungle inconnue, arriveraient-ils à s'en tirer, à s'adapter aussitôt? En revanche, la réponse me paraît évidente en ce qui concerne les Esquimaux. Depuis l'aube des temps, ne font-ils pas partie intégrante du monde qui les entoure? N'ont-ils pas appris à tirer parti de tout?

Dans ces étendues glacées, tout savoir livresque semble bien dérisoire. Michel et Jacques devaient nous en fournir, une fois de plus, la démonstration. Esprits curieux, ne manquant pas une occasion d'enrichir leur expérience, ils s'étaient décidés, un jour, à construire un igloo. Armés d'un coutelas à neige, ils avaient scrupuleusement suivi les recommandations de leur guide de survie. Ils creusèrent d'abord à l'aide de leur coutelas une courte ligne droite, enlevèrent la neige le long d'un des côtés de l'entaille, ce qui donna une surface plate et verticale d'environ cinquante centimètres. A angle droit avec cette surface verticale, ils creusèrent alors deux lignes parallèles de la même profondeur. Revenus au trou creusé, ils pratiquèrent une entaille horizontale à la base de la face verticale. Jusquelà, tout allait bien. Mais cela se gâta quand il fallut dégager le premier bloc de neige sans bavure; les coins furent rognés. Sans doute la neige n'était-elle pas parfaite. Mais enfin, rien de grave, ils purent bâtir l'ossature de leur igloo. Découpant une quinzaine de blocs, ils les disposèrent, au jugé, en un cercle d'environ deux mètres de diamètre, à l'exception du dernier, ménageant ainsi une tranchée. Ils les ajustèrent ensuite les uns aux autres, les encastrant d'un coup solidement porté, et ainsi sur plusieurs rangées. C'était déjà plus long que prévu; mais tout se corsa avec les étages supérieurs : ils étaient incapables de donner à l'igloo sa forme en spirale. La bonne volonté y était, mais manquait le coup de main, et, bien sûr, le guide ne livrait aucune recette là-dessus. Bien marris, ils durent se rendre à l'évidence, et baisser les bras après trois ou quatre heures de travail acharné. L'igloo resterait inachevé. Nul ne s'improvisait bâtisseur de glace : un métier et un art tout à la fois!

Bref, mieux valut pour nous ne pas devoir apprendre sur le tas la technique esquimaude, si tant est que nous eussions pu y parvenir seuls... L'alerte avait été chaude avec ce début d'incendie. Un avertissement venant juste à point pour nous inciter à la vigilance. La moindre inattention de notre part pouvait avoir des conséquences incalculables. Et Michel de saisir l'occasion pour nous assener une vérité :

— Voilà pourquoi il est préférable de laisser mourir le feu avant de nous emmitoufler dans nos sacs de couchage. Il suffit d'une flammèche au contact d'une branche d'épinette pour déclencher un incendie. Si cela s'était produit de nuit, nous aurions tous péri carbonisés; on n'aurait rien pu faire.

— Pourtant, les Indiens montagnais se chauffent bien toute la nuit sous leur tente, objectai-je.

— Oui, mais ne nous compare pas aux Indiens. Eux ont le sommeil léger. Ce n'est pas notre cas, je le vois bien : cinq minutes après l'extinction des feux, tout le monde dort; c'est normal de récupérer des fatigues de la piste. Te vois-tu te lever en pleine nuit pour alimenter le feu? Non, moi non plus d'ailleurs. Je préfère dormir, et c'est mieux ainsi. N'oublie pas également que les Indiens sont relativement mal équipés; ils n'ont souvent qu'une couverture sur eux. Ils ne pourraient pas se passer de feu.

Vint le matin de notre arrivée à la pourvoirie. Levés à 4 h 30, le jour n'avait pas encore pointé. Seule suintait une clarté laiteuse. Deux heures après, nous étions sur la piste : il faisait – 30 °C avec un vent violent, « un jour à se geler », confia Jacques.

Selon ses estimations (fausses, comme nous n'allions pas tarder à nous en apercevoir), nous n'étions plus qu'à onze kilomètres de la pourvoirie, ce qui représentait trois à quatre heures de marche, selon l'état de la piste. Au cœur de la nuit, le vent s'était levé; il avait soufflé la mauvaise neige poudreuse des jours précédents. La couche dure et compacte crissait sous les mutluks. Enfin, la bonne neige que nous attendions, ou plutôt que nous n'attendions plus. Michel laissa échapper sa satisfaction :

– On en a fini avec la poudreuse, au moins jusqu'au canyon de la rivière Fraser et l'inconnu de la banquise, mais cela m'étonnerait que l'on y trouve des conditions aussi difficiles. Sans doute nous faudra-t-il garder les raquettes aux pieds aujourd'hui encore, mais dès que nous déboucherons sur la rivière George, nous pourrons nous en passer.

Déjà, quelle formidable sensation de liberté! Quel plaisir de marcher dans une neige qui n'enfonçait pas. Grisé, je me pris même à trottiner, raquettes aux pieds; la première fois que cela m'arrivait. La matinée avait commencé dans la bonne humeur. Jacques et moi ouvrions la piste, le pas léger, décidés, gonflés à bloc. Ne devions-nous pas en finir aujourd'hui même avec cette étape si éprouvante?

J'assurai le train à une allure qui m'était inhabituelle : quatre à cinq kilomètres à l'heure. Après s'être un temps accroché à mes basques, Jacques eut la sagesse de me laisser filer. Euphorique, je ne relâchai pas mon effort. Oui « ça y allait », comme aurait dit Nicolas. Ma détermination avait, semble-t-il, également impressionné mon compagnon de piste, car j'eus le droit, le soir, aux honneurs de son carnet de route. A chaque journée, son titre. « L'envol du Rastoin », tel était le chapeau du jour! Il était bien indulgent à mon égard, Jacques, car parlons-en de l'envol : un feu de paille! La journée se termina pour moi nettement moins bien qu'elle avait commencé. En effet, au bout de deux heures, le doute naquit dans mon esprit. Autant que je pouvais en juger, le tracé de la rivière ne correspondait absolument pas à celui de notre carte. Curieux! Et cette île immense que nous n'avions pas encore croisée... Parmi d'autres indices, tous aussi troublants. N'aurions-nous pas déjà dû atteindre le confluent des rivières De Pas et George? Finalement, je décidai d'attendre Jacques pour lui faire part de mes doutes. Pour lui, il ne s'agissait déjà plus de doutes, mais de certitudes : depuis plusieurs jours, nous avions surestimé notre position. On était bien loin du point présumé. Avant même que j'eusse terminé ma phrase, il me coupa la parole :

– Depuis trois jours au moins, on n'a fait que « se planter ». Vois-tu le point de repère, là-bas, servant à mesurer le niveau des eaux? Nous l'avions croisé vers 14 heures, deux ans plus tôt, et, pourtant, nous n'avions atteint la pourvoirie qu'à la noirceur; il nous reste donc onze kilomètres à faire.

– C'est comme si on n'avait rien fait. On efface tout et on recommence! m'exclamai-je, de dépit.

Bien la peine de m'être dépensé sans compter. Nous avions déjà probablement marché quinze kilomètres et mon moral s'en ressentait. Plus de motivation, jambes lourdes, raquettes de plomb. Et Jacques, qui avait su garder une allure de marathonien, de me dépasser et me laisser sur place. En perdition, je n'avançais que très lentement, m'arrêtant tant et plus pour reprendre mon souffle. Pas un muscle, pas une parcelle d'énergie en moi qui ne criât grâce. Je demeurais de longues secondes immobile, face au vent, pour calmer la respiration sifflante et ralentir les battements du cœur. C'est alors que je perçus les premiers effets du froid : petits picotements aux extrémités, léger frisson me parcourant le dos; pourtant, ce n'était pas faute de m'être couvert : j'avais appris à ne pas rire avec les températures hivernales. J'avais sur moi deux paires d'épaisses chaussettes, des chaussons de laine en double épaisseur et, par-dessus, les mocassins; de longs sous-vêtements, un pantalon en laine épaisse sur lequel j'avais enfilé un pantalon coupe-vent; une chemise, un gros pull-over, un anorak coupe-vent dont le capuchon était rabattu sur un bonnet de laine, si bien que seuls mes yeux et mon nez étaient à l'air. Il faisait froid, un froid obsédant. Malgré la triple épaisseur de gants, je n'arrivais pas à chasser le froid du bout de mes doigts. Tout en cheminant, j'avais beau battre des mains, les frapper l'une contre l'autre, la circulation semblait ne pas vouloir se rétablir, et, de plus, en me palpant le nez et les pommettes, je m'aperçus qu'ils restaient insensibles. La circulation rétablie, il suffisait que je cesse de les frictionner du bout de mes mitaines pour que nez et pommettes redevinssent inertes. J'en étais quitte pour faire peau neuve, car, contrairement à une idée répandue, on ne risque pas de perdre son bel appendice nasal à cause du gel. C'était plutôt rassurant. Je m'essuyai les yeux embués par les larmes de froid, les cils eux-mêmes, véritables glaçons. A peine m'en étais-je débarrassé le mieux possible que je les voyais se reformer presque immédiatement. Écailles d'un nouveau genre!

Je finis par rejoindre Jacques, barbe et moustache également blanches de givre. Il m'avait attendu.

– Ils sont loin derrière, on va les attendre. Tu pourras ainsi te reposer au traîneau.

– Tiens, ton nez a gelé, il est tout blanc.

– Oui, je sais.

– On va allumer un feu sur les rives, sinon on risque de se geler complètement avec ce vent.

Nous nous dirigeâmes vers la berge que nous gravîmes. Le bois, par bonheur, était abondant. Quelques branches d'épinettes et quelques menues brindilles firent l'affaire. Jacques, accroupi, commença par étaler et ranger sur la neige quelques branches pour servir de foyer à son feu et ainsi empêcher à la flamme naissante de se noyer dans la neige fondue. Puis il me demanda mon briquet. Une étincelle, mais pas la moindre flamme. Il s'y reprit à plusieurs fois sans plus de succès. Il me le tendit ensuite.

– Essaie, tu auras peut-être plus de chance que moi.

A mon tour de frotter le métal sur la pierre. Peine perdue.

– Je ne comprends pas, il a bien fonctionné jusqu'à maintenant. Encore ce matin je l'ai essayé, et pourtant le gaz sort...

– C'est à cause du vent. As-tu des allumettes?

Je sortis la boîte de ma poche et la lui tendis. Il enleva ses mitaines et s'accroupit à nouveau, gratta plusieurs allumettes sans résultat. Le soufre refusait de s'enflammer. Ses gestes, au début précis, le furent moins après. Ses doigts étaient gourds. A moi d'essayer, tandis que Jacques, après avoir réenfilé ses mitaines, battait les mains sur ses côtes pour les réchauffer.

– C'est fou comme on peut s'engourdir! Quand on commence à ne plus maîtriser ses gestes, il est temps de remettre ses mitaines.

A la troisième tentative, mes doigts ne m'obéissaient déjà plus. A peine si j'arrivais à me saisir des allumettes, et lorsque j'y parvenais, je les cassais sur le grattoir. Mes doigts étaient devenus livides, inertes : je commençais tout bonnement à me geler.

– Ça ne fait rien, on n'a qu'à se remuer. Les autres ne devraient plus être très loin. Les allumettes ont sûrement pris l'humidité. On devrait toujours garder sur soi des allumettes de sécurité (s'allumant en toute situation). Imagine qu'on fût tombé dans un trou et qu'il eût fallu un feu pour se réchauffer.

J'imaginais, en effet, et c'était vraiment idiot. Mais y serait-on pour autant parvenus? Michel et Nicolas, dans une situation identique, n'avaient pas eu plus de réussite avec leurs allumettes de sécurité.

Les deux traîneaux étaient loin derrière, minuscules points noirs à l'horizon. Sur cette neige dure, nous avions pris beaucoup d'avance. En les attendant, nous battions des pieds et des mains pour nous réchauffer. Michel et Nicolas arrivèrent enfin. Ils s'étaient aperçus également en cours de route de notre erreur de jugement.

– As-tu tes allumettes? Je propose qu'on se réchauffe quelques instants autour d'un feu et qu'on fasse le point, fit Jacques.

– Je préférerais qu'on se remette aussitôt en route. Il nous reste beaucoup de piste à faire. Qui veut prendre ma place au traîneau?

Épuisé, je n'eus pas beaucoup à me faire prier pour accepter l'offre de Michel.

– Moi, ça va, je veux bien rester devant, mais si tu le souhaites, je te cède ma place, fit Jacques en se tournant vers Nicolas.

– Oh non! je suis bien au traîneau. C'est plein de lagopèdes sur les rives. J'ai bien envie d'en tirer quelques-uns tout à l'heure.

Jacques et Michel venaient de se remettre en piste, lorsque Jacques stoppa net devant un énorme trou :

– Calice! Puis, après un bref silence : Si nous nous étions arrêtés cinq mètres plus loin, nous perdions un de nos attelages dans ce trou... Calice!

Trouvant qu'il dramatisait quelque peu la situation, je me risquai à objecter :

– Les chiens auraient certainement senti le danger. Ils se seraient arrêtés d'eux-mêmes ou écartés de la piste pour éviter le gouffre.

– Oui, je sais, c'est ce qu'on entend souvent, mais ce sont des fables... Les chiens ne savent pas apprécier l'épaisseur de la glace ni éviter les zones dangereuses. Non, je crois qu'ils auraient plongé et disparu dans le gouffre. Certes, l'autre jour dans la tempête, Mahingan a pu retrouver notre piste grâce à son flair. Mais ici, c'est différent. Vous aviez, Jacques et toi, déjà rejoint la berge, et j'aurais très bien pu stopper le traîneau quelques mètres plus loin. Les chiens ne sont pas aussi intelligents qu'on le dit. Ils ont de l'instinct et se dressent facilement, manifestent des signes d'intelligence, ça, je ne le conteste pas. Mais jamais nos chiens n'ont su, jusqu'à maintenant, déceler la glace mince et friable. C'est à nous de nous méfier et de choisir les bons passages.

Nous en frissonnions tous rétrospectivement. Combien d'explorateurs et de missionnaires ont péri ainsi... Je ne citerai pour preuve qu'un exemple rapporté par le père Duchaussoy dans son livre de souvenirs [1] :

« Arrivé le 20 octobre 1920 à la mission esquimaude, le père Falaize n'y trouve pas le père Frapsaule. On l'informe que celui-ci, pressé par la disette des vivres, est parti à la pêche sur le lac gelé, et qu'il doit rentrer d'un jour à l'autre. Le 25, le père Falaize, inquiet, part à la recherche de son confrère. Il ne rencontre que les traces de son attelage qui se terminent à une glace brisée. Le missionnaire avait sombré là, la veille, 24 octobre, avec ses chiens et son traîneau. »

Depuis deux heures, Nicolas marchait derrière le traîneau de tête, le regard presque constamment rivé sur les berges, plus préoccupé par ce qui se passait tout autour que devant lui. Des lagopèdes, il en avait vu des dizaines. Parfois, il stoppait ses chiens, s'emparait de son fusil posé à plat sur le

---

1. *Aux glaces polaires, Indiens et Esquimaux.*

traîneau, s'approchait des rives et allait tirer un volatile. Absolument rien ne lui échappait, comme s'il avait des yeux derrière la tête. Comment avait-il pu remarquer que deux loups nous suivaient à quelques centaines de mètres. Mystère. Toujours est-il qu'il stoppa les traîneaux pour me les montrer du doigt :

– Ils nous suivent depuis un bon moment déjà.

Il saisit son fusil et se dirigea vers eux. Les deux loups approchaient toujours, et, bientôt, ils étaient à distance assez proche pour être bien distingués : de la taille de nos chiens, peut-être légèrement plus hauts sur pattes. En tout autre lieu, nous les aurions probablement pris pour des chiens. Aucune manifestation hostile de leur part. Leur pas restait souple, leur tête haute. Ils avançaient toujours, et Nicolas d'opérer un retour prudent vers les traîneaux, bien que n'ayant pas de raison majeure de s'en méfier : si ce n'est cette survivance de la crainte que l'homme nourrit encore envers ce seigneur du Grand Nord. Rarissime, en effet, que le loup s'attaque à l'homme s'il n'est tenaillé par la faim et ne trouve nul autre gibier à se mettre sous la dent. Animal craintif, il préfère chasser en toute tranquillité les lagopèdes ou harceler les traînards des hardes de caribous, guettant le moment où une bête commettra l'erreur de se détacher du troupeau. Jamais, il ne viendra s'attaquer à un troupeau bien groupé.

Les deux loups, probablement un couple, s'étaient finalement couchés dans la neige, mais à bonne distance des traîneaux. Nous nous remîmes en marche, les loups également. Nous nous arrêtions, ils nous imitaient. Mais, le soir, parvenus à la pourvoirie, ils avaient disparu. Nous crûmes qu'ils s'étaient lassés de nous suivre. Erreur. Les nombreuses empreintes découvertes le lendemain matin autour des bâtiments nous prouvaient le contraire. Cachés la journée dans quelques trous de neige, ils venaient rôder la nuit autour de nos chiens qui semblaient apprécier cette visite car, pas une fois, nous ne les entendîmes japper ou grogner. Quatre jours durant, ils ne devaient plus nous quitter, et puis, un beau matin, ayant satisfait leur curiosité, ils étaient repartis du même pas souple.

Notre ravitaillement, remisé dans un des bâtiments de la pourvoirie, n'avait, semble-t-il, pas reçu la visite des prédateurs. Pour nous en assurer, et en même temps vérifier que rien ne manquait, l'inventaire fut fait. La moulée des chiens, notre nourriture, le poêle à essence appelé à remplacer notre vieux poêle à bois, bientôt inutilisable sur la toundra faute de combustible ; les piolets prévus comme points d'attache de la tente, une nouvelle provision de films, quelques vêtements... Conformément à nos arrangements, le boucher de Scheffer-ville avait bien pensé à ajouter quelques quartiers de viande avariée pour nos chiens. Nos amis du Centre d'études subarc-tiques ne nous avaient pas oubliés : ils eurent la délicate attention d'y ajouter un carton rempli de gâteries dont quatre bouteilles de bière. Geste touchant. Mais deux d'entre elles avaient éclaté sous le gel, les deux autres, lentement dégelées auprès du poêle, furent d'autant plus appréciées. Notre pre-mière boisson alcoolisée de la randonnée...

L'indifférence de nos chiens ne dura pas longtemps. Mais qu'est-ce qui pouvait les exciter autant ? Non pas l'odeur de la viande, elle était congelée, mais notre propre état d'excitation était-il contagieux ? Très probablement car nous étions comme de jeunes enfants devant un cadeau tout neuf : ces colis, véritable récompense de quinze jours d'efforts, de fatigue et, parfois, de découragement.

La distribution des quartiers de viande libéra l'agressivité de chacun. Ce n'était déjà plus les jappements, les piaffements d'impatience, les grognements sporadiques, mais la lutte au couteau, pour défendre ses droits.

Même Kayak, ne doutant de rien, s'y était mis. Nullement impressionné par Bilbo et Tröll, ses deux intimidants voisins de chaîne. Ne le voilà-t-il pas défendant bec et ongles sa pitance. Nous ne savions plus où donner de la tête. Séparions-nous deux combattants, leurs voisins en profitaient pour en découdre derrière notre dos.

Fous, ils l'étaient à la vue de cette viande fraîche, mais il y avait également une autre explication à ce déferlement de violence : nous avions attaché nos chiens trop près les uns des autres, non par négligence, mais tout simplement parce que nous n'avions pu faire autrement. Faute d'arbres, ou de tout autre point d'attache, nous avions tendu leurs chaînes autour du même hangar, et la place manquait. Michel était sou-cieux.

– On ne va quand même pas passer la nuit à faire la police ! Il ne nous reste plus qu'à croiser les doigts en espérant qu'ils se calmeront une fois qu'ils en auront ter-miné avec leur repas. Mais restaient les os, enjeu de batailles dérisoires toute la nuit. Cela pour notre malheur, d'autant que Duway, le malin, parvenant à se glisser hors de son collier, vint semer la discorde dans la meute qui n'avait pas besoin de ça.

Tel est pris qui croyait prendre, Duway eut tout le temps de méditer ce dicton, après avoir regagné son coin, penaud et malade. Pour une correction, c'en était une. Le lendemain, il était méconnaissable : une de ses pattes ensanglantée et un coussinet à moitié arraché. Manquait plus que ça, Duway, blessé, à la patte de surcroît! Coyote n'était guère plus brillant, avec une oreille à moitié sectionnée pendant piteusement, mais, au moins, cette blessure ne le handicaperait pas sur la piste. Maigre consolation. Triste bilan de cette journée de repos : certains repartaient en plus mauvais état qu'ils n'étaient arrivés. Pas tous, heureusement. Il nous restait notre noyau de costauds. Avec un ou deux éclopés, l'attelage conservait son rendement. Ne fût-ce que pour cette seule raison, les bagarres ne pouvaient être tolérées.

Ce jour-là fut jour de bombance : double ration matin et soir pour leur faire retrouver leur forme resplendissante et, accessoirement, ramener notre chargement de moulée dans des limites plus raisonnables. Ce n'était plus cent cinquante kilos qu'ils auraient à tirer au départ de la pourvoirie, mais pratiquement le double. Le plein était fait, constitué en grande partie par leur propre nourriture. Avoir dix-neuf chiens, c'est avoir dix-neuf bouches à nourrir. Le compte est vite fait : six cent cinquante grammes par jour et par chien, soit près de douze kilos quotidiennement pendant les quinze jours que devait durer cette étape. Cent quatre-vingts kilos au total (neuf sacs de vingt kilos). Pas plus, pas moins. Juste le nécessaire pour les maintenir en bonne forme tout le long.

Je vois pointer les critiques... « Vous qui avez plein la bouche de traditions, qui vous targuez de mettre vos pas dans ceux de vos devanciers, Amérindiens, Inuit et autre coureurs de bois, comment se peut-il, Grand Dieu, que vous ayez recouru aux ravitaillements aériens? Quel non-sens! » L'objection est pertinente, je me la suis moi-même faite. Philosopher, porter un regard moralisateur, c'est bien; beaucoup mieux est d'apporter une solution concrète aux problèmes posés. On a beau vouloir se glisser dans la peau des pionniers, le contexte n'est plus tout à fait le même. Les situations ont changé. Une chose est certaine : si nous avions dû compter sur les produits de la chasse et de la pêche pour survivre, nous, hommes autant que chiens, serions tous morts de faim. Désert glacé! Le Grand Nord est, en effet, le pays de la famine. Elle est, serait-on tenté de dire, « la maladie la plus commune ». C'est elle, qui, de tout temps, a réglé la marche des groupes nomades à travers taïgas et toundras. C'est elle qui a exterminé certaines familles, dont certains groupes amérindiens; les exemples ne manquent pas. Je n'en citerai qu'un parmi d'autres, survenu précisément sur cette terre du Québec-Labrador : en 1892, cent cinquante Naskapis moururent de faim alors qu'ils attendaient près de la rivière Koksoak un troupeau de caribous qui ne vint pas... C'est elle qui nous apprendrait, sans doute, ce qui est advenu de tel ou tel missionnaire, de tel ou tel explorateur... Il y a aussi l'histoire de Leonidas Hubbard, ce journaliste américain dont la fin tragique fit, au début du siècle, les choux gras de la toute jeune presse américaine. Pour une tragédie parvenant aux oreilles du monde, combien d'autres ignorées? Certes, survivre sur ces terres glacées est possible, preuve en est que des populations y habitent. Mais la survie est une histoire d'intégration au milieu. Une nécessité absolue : y être comme un poisson dans l'eau, connaître le territoire, ses moindres ressources, savoir s'adapter aux saisons, chasser quand il en est encore temps, se fixer quand il le faut. Un cycle de vie immuable. En été, les Amérindiens restaient sur la côte (la vie dans les réserves a bien changé tout cela), pour jouir des brises fraîches, mais dès que septembre se montrait sur les feuilles, ils montaient sur le plateau du Labrador pour la saison de la chasse et de la pêche. Au campement, les femmes tannaient les peaux que leur apportaient les hommes; eux passaient leur temps à chasser tant et plus, le caribou surtout, car c'était sa période de migration. Ils pêchaient aussi en grandes quantités à la passe d'automne, juste avant le temps des glaces; ils constituaient ainsi (les bonnes années) d'énormes réserves de viande et de poisson pour l'hiver. Ensuite, venaient les longues nuits de l'hiver. Le gros gibier était parti sur d'autres terres de migration. Restait le petit gibier sur lequel on se rabattait... Parfois, cela ne suffisait pas, et alors on devait puiser dans ses provisions, maintenues en parfait état de conservation dans le sous-sol constamment gelé du Grand Nord, le permafrost, les fameuses caches de nourriture si nécessaires à la survie. A la débâcle du printemps, ils redescendaient en canot sur la côte, pour proposer leurs fourrures aux établissements de traite. Ainsi allaient les choses...

Les trois quarts de l'activité humaine, pour ne pas dire les neuf dixièmes étaient autrefois consacrés aux activités directes de subsistance et aux longs déplacements saisonniers. Chaque groupe amérindien étant historiquement rattaché à une terre : les Montagnais sur la côte Nord et le sud de la péninsule du Québec-Labrador, les Naskapis dans la région du lac de la Hutte-Sauvage, et les Inuit dans l'Ungava et le long de la côte du Labrador.

Ce long exposé préliminaire n'a d'autre but que de souligner les différences de situation entre la vie un temps fixe (l'hiver) des Amérindiens et notre vie de nomades. Notre objectif n'était-il pas de traverser au cœur de l'hiver les trois territoires précités? Pour survivre, il eût fallu consacrer tout son temps à la chasse et à la pêche – encore avec les restrictions que l'on va voir. Ce qui est sûr : sans nos trois ravitaillements aériens, nous y aurions laissé notre peau. Ils palliaient en quelque sorte les caches de nourriture que nous n'avions pu constituer. Mais cela changeait-il l'esprit de notre expédition? Absolument pas. Ils la rendaient possible, un point c'est tout.

Le gibier, parlons-en. Plutôt rare. Qu'avions-nous rencontré au cours de cette première étape? Beaucoup de lagopèdes, mais pas tous les jours et, de toute façon, en nombre insuffisant pour nourrir hommes et bêtes... Quelques traces de loutres et de martres se perdant dans la forêt, deux loups, mais peut-on parler de gibier à leur égard? J'ai à peu près fait le tour. Aux caribous (comme on vient de le voir), il ne fallait pas songer, leurs troupeaux ayant migré à cette époque de l'année du côté de la baie d'Hudson.

Et la pêche? Pêche sous la glace, cela va de soi! Là réside la difficulté. Il est faux de croire tous les lacs poissonneux. Tant s'en faut, et bien souvent quand ils le sont, ce n'est que partiellement. Cela est d'autant plus vrai en hiver, époque où les poissons se réfugient dans les profondeurs. Dans ces conditions, comment être sûr de son coup? Comment distinguer les bons sites des autres? Je vous le demande... En été, il est encore possible de lancer sa ligne au hasard; si le poisson ne mord pas, on en prend son parti et on tente sa chance ailleurs. Il serait bien surprenant que, après plusieurs tentatives, votre opiniâtreté ne soit pas récompensée de quelques belles prises. Mais, en hiver, il en va différemment. Avant d'atteindre l'eau libre, il faut percer la glace parfois épaisse de plusieurs mètres. Est-il utile de préciser que cela ne se fait pas en cinq minutes, même outillé d'une chignole! Non, c'est long, très long et très éreintant; j'en sais quelque chose pour m'y être essayé... Est-ce un hasard, si les populations amérindiennes et les Inuit, dont on a beaucoup à apprendre, se contentent de maintenir libres de glace les mêmes trous de pêche tout l'hiver? Bref, pas question de perdre son temps et de s'épuiser à creuser la glace n'importe où. Mais peut-on faire autrement que de la percer à l'aveuglette? L'homme de passage n'a-t-il pas tout à apprendre? N'est-il pas dans la peau du tout petit enfant à la découverte du monde? A défaut du vieil atavisme amérindien, n'est-il pas contraint d'avancer à tâtons, de faire l'expérience de l'échec? Oui, tout cela s'apprend, mais pas en quelques heures, ni en quelques jours... Et nous, qu'étions-nous, sinon des hommes pressés?

A supposer que la chance fût avec nous, que nous eussions percé un trou et que le poisson mordît, encore aurait-il fallu que ce fût en quantité suffisante pour nourrir nos dix-neuf affamés et nous-mêmes. Il nous aurait fallu pas moins d'une bonne vingtaine de prises quotidiennes. Donc, prendre tout notre temps, patienter des heures auprès de notre trou immobiles, exposés aux vents arctiques... Cela, bien sûr, au détriment de notre progression. Mais la chance ne pouvait pas nous sourire continuellement. Et les mauvais jours? Non, folie eût été de compter sur les produits de la chasse et de la pêche pour survivre.

8.

La mort de Kaali

Une seule journée de repos au lieu des quatre prévues, et déjà repartir! Le froid arctique s'était durablement installé. A l'aube, le thermomètre marquait encore $-45\,°C$, mais avec un ciel dégagé et lumineux; un temps, somme toute, idéal pour progresser. Ici commençait la toundra sans fin, plate et unie comme un ciel d'hiver. On la devinait au-delà des rives escarpées de la vallée glaciaire aux flancs desquelles s'accrochait une forêt chétive d'épinettes. En progressant vers le nord, elle irait en se raréfiant. Nous entrions de plain-pied dans le Nord arctique. Bientôt, nous quitterions la taïga clairsemée des rives de la George, pour la toundra dénudée.

Les chiens, dispos après ce repos, donnaient du collier, tiraient sans fléchir. Le poids des traîneaux semblait, à vrai dire, ne pas trop leur peser. Les conditions n'étaient-elles pas, première fois depuis longtemps, idéales, avec cette neige dure et bien compacte? Bien campés sur leurs pattes, ils donnaient l'impression de ne pas trop forcer. Même Duway tirait de son mieux, clopin-clopant, tête et queue basses. Il ne s'était manifestement pas remis de sa sérieuse correction.

Michel et Nicolas avaient débuté la journée, raquettes aux pieds, mais, bientôt, ils s'en débarrassèrent et les plantèrent dans la neige au bord de la piste; nous les récupérâmes au passage. Il fallait les voir gambader, extérioriser leur joie. Cela faisait vraiment plaisir à voir. C'était comme s'ils étaient soudain libérés d'un lourd fardeau. Jamais la vie de l'expédition ne leur était apparue sous un jour aussi agréable. Ils n'en éprouvaient plus le poids ni les corvées. Ils la savouraient enfin. Ils ressentaient un sentiment de plénitude. Ils étaient dans cet état de griserie que connaissent ceux qui nouent leur première idylle avec un idéal longtemps caressé. Enfin, l'aventure telle qu'ils l'avaient rêvée.

Depuis un an, nous n'avions pas mesuré nos efforts : la préparation de l'expédition nous avait totalement requis, constitution de l'équipe, préparation logistique et financière, démarches administratives, que sais-je... Tout cela dans une atmosphère fébrile, parfois angoissée et, en même temps, enthousiaste et confiante. Jusque-là, cet idéal était loin d'avoir tenu toutes ses promesses. On pouvait compter sur les doigts de la main les moments d'intense émotion, de joie indicible : l'instant du départ – concrétisation d'une année de préparation –, la beauté esthétique de quelques centaines de lagopèdes en vol au « Poulailler », parmi quelques autres occasions de vibrer trop chichement comptées. C'était vraiment négligeable, compte tenu du nombre d'heures passées sur la piste. Notre lot quotidien, c'était la monotonie pesante et oppressante dont nous ne savions comment nous défaire. Il fallait bien avancer, faire la trace pour nos chiens, répéter sans cesse les mêmes gestes... Arrivions-nous à nous évader (par l'esprit) de la piste, elle nous ramenait presque aussitôt au ras des raquettes. Oui, il y avait de la déception en nous. Mais pourquoi remuer le couteau dans la plaie ? Y avait-il une alternative ? Non, et puis maintenant, c'était de l'histoire ancienne. Seul l'avenir comptait. Nous avions mangé notre pain noir et, enfin, trouvé la bonne neige :

– Vous allez voir comme on va avancer maintenant. Vingt-cinq kilomètres par jour, on les fera en un rien de temps, ce qui nous permettra de prendre du bon temps.

Combien de fois avions-nous entendu ces paroles dans la bouche de Michel ? Mais, cette fois, il ne s'agissait plus de vagues promesses lancées en l'air, dérisoires à force d'être déçues. Nous ne voulions plus nous payer de belles paroles, mais nous attacher au concret, au concret seulement. Nous avions enfin fini par trouver cette bonne neige. La lumière aidant, le paysage en était transformé, plus grandiose ; le vent, artiste méconnu, avait ciselé les glaces selon une géométrie éphémère, ouvrage sans cesse remis sur le métier.

Deux jours pour traverser le lac de la Hutte-Sauvage, longue excroissance de quatre-vingts kilomètres de la rivière George. C'est John Mac Lean, employé de la Compagnie de la baie d'Hudson, qui le nomma ainsi dans ses notes à cause des squelettes de Tipis indiens qui se dressaient sur les promontoires. Autrefois, il portait le nom de Mutshuaunipi : le « lac de la Terre-sans-Arbres », dans la langue imagée des Naskapis ou, plutôt, des Nenenots, les « hommes rouges véritables », comme ils se dénomment fièrement. Une constante, d'ailleurs, des peuples autochtones que de se proclamer les seuls vrais hommes. Les Montagnais ne se dénomment-ils pas eux-mêmes « Innut », et les Esquimaux, « Inuit », termes ayant la même signification. Le site est historique : de grands troupeaux de caribous se rassemblent ici, sur le chemin de leurs migrations est-ouest, ouest-est. Les hommes aussi : Naskapis et Esquimaux pour chasser et pour troquer tabac, peaux et autres denrées. Un peu partout subsistent des traces de vie humaine, des vestiges de campements indiens : quelques pierres rondes, placées par la main des hommes et délimitant l'emplacement des foyers. J'en avais vu plusieurs, deux ans plus tôt. L'hiver, ces sites historiques disparaissaient sous l'épais linceul de neige. Le plus souvent, ils étaient établis en bordure de lac, là où la vue panoramique facilitait le guet du caribou, source de vie. Postés dès l'automne aux endroits stratégiques, les Naskapis suivaient des yeux les mouvements des hardes de caribous. Ils les laissaient descendre des montagnes, s'engager dans les défilés, traverser la George, avant de leur tomber dessus. Parvenues sur les rivages, les bêtes humaient une dernière fois l'air, avant de s'élancer énergiquement pour ne pas être déportées par le courant. Accroupis, les Naskapis gagnaient alors leurs embarcations sans hâte, les mettaient discrètement à l'eau. Les caribous avançaient toujours, sans se douter de ce qui se tramait. Quelques coups d'aviron vigoureux, et les bêtes étaient prises au piège, encerclées par des dizaines de canots accourus de toutes parts. C'en était fait d'elles. Affolés, les caribous tentaient de regagner le rivage. Mais il était trop tard, le troupeau était dirigé vers les rives. La curée pouvait commencer. Peu en réchappaient. Les lances se plantaient dans les chairs, aussitôt retirées pour frapper à nouveau. Exsangues, ils avaient juste la force de venir mourir sur la rive. L'esprit du caribou avait été favorable. Il fallait beaucoup de chasses comme celle-là pour être tout à fait serein avant le retour de l'hiver. Mais, parfois, les caribous ne venaient pas... Mystère des migrations, cycle immuable, sans interruption depuis des millénaires, mais connaissant parfois des variantes. Ainsi, depuis trois ou quatre ans, les pistes de migration traditionnelles s'élargissent de plus en plus; on se perd en conjectures pour en connaître les raisons. Une chose est certaine : cela ne fait pas l'affaire des pourvoyeurs de chasse. Leurs camps installés, il y a dix ans, aux carrefours des voies de migration s'en trouvent, aujourd'hui, exclus. Tant mieux pour les caribous! Pas si sûr, car le gibier menacé au début du siècle, par des massacres insensés, s'est de nos jours entièrement reconstitué. On peut même parler d'explosion démographique, ce qui n'est pas sans inquiéter les écologistes. Le problème, aujourd'hui, consiste moins à protéger le cheptel que d'en réguler le nombre. Le troupeau est actuellement estimé (au bas mot) à trois cent cinquante mille têtes, malgré la prédation des loups, la chasse, la mortalité naturelle et accidentelle. Il s'accroît de trente-cinq mille bêtes par année; à moyen terme, cette surpopulation peut entraîner une véritable catastrophe écologique, voire l'extinction du troupeau par pénurie de nourriture (lichens et mousses de caribous) ou par épidémies. Il faudrait donc stabiliser la population de caribous en abattant trente-cinq mille bêtes par saison de chasse, six fois plus qu'à l'heure actuelle. D'où la nécessité, maintes fois proclamée, d'instaurer une chasse commerciale pour en limiter le nombre. L'idée fait son chemin, mais aucune décision n'a encore été prise à ce sujet, sans doute sous la pression des différents organismes défenseurs de la nature ou proclamés tels. La mort de certaines bêtes garantissant la survie des autres... A ce sujet, que n'a-t-on entendu lors de la noyade de neuf mille six cent quatre caribous dans les chutes de la rivière Caniapiscau à l'automne 1984! La presse a parlé de façon très excessive de « catastrophe écologique sans précédent, aux conséquences irréparables »... Vous pensez, près de dix mille caribous noyés! On s'est donné bonne conscience en jetant l'anathème sur je ne sais quelle société responsable du gâchis... Sentencieux, on a désigné les coupables, sans examiner le problème de plus près. Non, dix mille caribous morts, ce n'est pas la même chose que dix mille cerfs sacrifiés dans nos belles forêts françaises. Il y a une telle différence d'échelle! Ce n'est pas la première noyade collective, bien d'autres se sont produites dans le passé, certes pas de la même ampleur, mais tout simplement parce que les hardes étaient beaucoup moins nombreuses. Dans le cas de la Caniapiscau, les animaux formant la tête de la colonne se sont mis à l'eau dans la rivière en crue et ont abordé une petite île située

149

en amont des chutes. Ne pouvant franchir les flots tumultueux de la seconde branche, ils ont fini par s'entasser sur la petite île (en moutons de Panurge), les derniers arrivés bousculant les premiers, jusqu'à ce qu'une panique générale s'empare du troupeau et le précipite dans les chutes. C'est donc beaucoup plus le site choisi par les animaux pour leur traversée que l'erreur humaine qui est la cause de leur perte. Ne s'agit-il pas d'un phénomène de régulation naturelle? Une véritable goutte d'eau. Il est facile de s'émouvoir devant tant de cadavres, de crier au scandale sans connaître le fond des choses...

Donc, on allait bon train. Si bon train, que nous traversions le lac de la Hutte-Sauvage en deux jours, alors qu'il nous en avait fallu cinq en canots dix-huit mois plus tôt. Freinés par un fort vent contraire, nous avancions par sauts de puce. Nous avalions cette fois-ci trente-cinq kilomètres dans la journée sans forcer nos attelages. Que de souvenirs refluaient en moi! Ah, ces vagues terribles, ce cocktail de forces impressionnantes, de courants et de contre-courants entrecoupés de remous! Combien de fois, nous fûmes contraints de rejoindre précipitamment la rive devant de véritables murailles d'eau, et lorsque nous progressions, ne devions-nous pas nous protéger du vent, nous mettre à l'abri des rives et suivre leurs configurations?

Cette fois-ci, rien de tout cela. Nous avancions au plus court. Sans conteste, l'hiver était la meilleure saison pour se déplacer. Point de fastidieux portage de l'été, tout disparaissait sous le même linceul uniforme.

Une seule difficulté, juste avant de quitter le lac, une énorme compression de glace formée au moment de l'embâcle. Deux à trois mètres de haut et l'aspect d'immeubles effondrés. D'immenses blocs de glace, imbriqués les uns dans les autres. Nous choisîmes la pente la plus douce.

« Dji! Dji! » Sans hésiter, Mahingan s'engagea là où Jacques la conduisait. Elle grimpa aisément, suivie de Kayak, Simba, P'tit-Loup et Dona. Soudain, ils s'arrêtèrent net, étranglés par leur harnais. Le traîneau butait contre un bloc. Accourus pour prêter main-forte à Jacques, nous parvînmes difficilement, et avec l'aide de nos chiens, à dégager le traîneau en nous arc-boutant. Finalement, légèrement déséquilibré, il glissa sur un seul patin de l'autre côté. Mais qu'on ne se méprenne pas : en dépit de leur moyenne flatteuse, les chiens eurent toutes les peines du monde à s'accoutumer à ce nouvel état de la piste.

Paysage de taïga des environs de Schefferville. Traversée d'un lac gelé. Le début de l'isolement. Pas une rencontre pendant plusieurs semaines.

A Saint-Adolphe, Michel met la dernière main à ses traîneaux de type Alaska, assemblés à ''tenons et mortaises'' (pas un clou), maintenus avec de la babiche (cuir cru).

Dans la profonde, trois semaines durant, nous nous relayons du matin au soir, pour battre la piste en raquettes devant les attelages. Un travail éreintant!

Raquettes indiennes et mocassins inuit en peau de phoque, pour progresser dans la neige molle et tracer la piste.

Sur la rivière George, la neige est plus dure. Nicolas Vanier peut retirer ses raquettes et marcher d'un pas rapide.

Quand la piste est solide, les attelages filent à bonne allure; nous pouvons alors rester juchés sur les traîneaux.

Par — 35° dans les montagnes Kirglapait, Mahingan, la chienne de tête de l'attelage de Jacques, donne naissance à neuf chiots. Elle finira le voyage avec ses petits sur le traîneau.

Deux chiots seulement survivront au froid : Avakutak et Amarouk. Des petits qui promettent...

Parfois des cols élevés à franchir. Hommes et chiens sont à la peine.

Retour sur la banquise du Labrador avec, en arrière-plan, l'immense masse des icebergs emprisonnés par la banquise jusqu'au printemps.

Après maintes hésitations, une longue reconnaissance préalable, nous nous engageons dans le canyon de la rivière Fraser. Un à-pic imprissionnant.

Jacques Duhoux
avec sa muselière de glace *(ci-contre)*.

Michel Denis, piolet en main,
après sa reconnaissance du canyon.
Son pansement au nez est le
souvenir d'une engelure *(à droite)*.

Bivouac sur la toundra. Pas de bois, donc pas de feu. Ici, les traîneaux et les raquettes sont utilisés comme points de fixation de la tente.

La présence du bois, c'est l'assurance d'un bivouac confortable. Le poêle à bois répand une chaleur agréable qui permet de surcroît de faire sécher les vêtements sous le toit de la tente.

Hebron : mission morave abandonnée depuis 1959. Toute la côte du Labrador au nord de Nain est désormais inhabitée.

Nicolas et ses phoques. *Ci-dessus,* avec sa tenue de camouflage approximative; sans doute la principale raison de ses premiers échecs. Les phoques, se prélassant sur la banquise, finissaient par l'apercevoir et disparaissaient dans leur trou creusé dans la glace. Enfin, l'expérience venant, il put en approcher un d'assez près pour l'abattre. *Ci-dessous,* Nicolas et Michel procèdent à son dépeçage pour nourrir les chiens.

Nain. 900 âmes. Le village le plus sep-
tentrionnal du Labrador. Les Inuit y vivent dans des maisons en dur.

Le printemps surgit subitement. Des
petites rivières commencent à craquer
la glace. L'équipe doit accélérer pour ne
pas se laisser surprendre.

Fin avril : derniers jours. Premiers pas sur la mousse. Il est temps d'atteindre Kangiqsualujjuaq; la débâcle est bien amorcée.

On était passé d'un extrême à l'autre. D'une neige profonde à une glace par endroits lisse comme une patinoire. Trop glissante, elle n'était manifestement pas du goût de nos chiens, patineurs d'une maladresse insigne. Il fallait les voir à l'œuvre, s'essayer à de bien curieux pas de deux, dans un chacun pour soi grotesque, parant au plus pressé pour éviter la glissade, la perte d'équilibre et la chute. Autant dire que l'attelage tirait à hue et à dia...

– Ils vont finir par s'habituer à la glace, comme ils se sont faits à la neige profonde, remarqua fort justement Michel.

Il y a un début à tout. Certes, le leur n'était pas des plus prometteurs, mais, avec le temps, les choses ne pouvaient que s'arranger. Les rôles s'étaient, semble-t-il, inversés chemin faisant. On eût dit que ce n'était plus eux qui tiraient le traîneau, mais le traîneau qui les poussait et les forçait à avancer. Bien étrange paradoxe, quand on connaît son poids : trois cents kilos en ce début d'étape! Mais, en examinant les choses de plus près, cela l'était beaucoup moins. En effet, le premier coup de reins donné, le traîneau avançait sur sa vitesse acquise. Sur la glace vive, nul besoin des dix forces conjuguées. Au moindre coup de collier, il glissait si bien qu'il venait de temps à autre caresser la croupe de Duway et Patouk, placés en queue d'attelage, d'où la nécessité pour eux d'accélérer pour ne pas passer sous les patins. Cercle vicieux : les chiens contraints de tirer toujours plus pour ne pas se faire rattraper par le traîneau. Nous avions tout à y gagner. Dispensés de corvée de raquettes, nous nous retrouvions, pour la première fois depuis longtemps, à deux par attelage, nous relayant aux commandes. Quelques heures sur les lisses, puis quelques heures douillettement installés parmi les bagages à rêvasser, à parler d'une chose et d'une autre, mais également à courir derrière pour se réchauffer car on ne pouvait rester très longtemps inactifs.

Venue l'heure de vérité pour nos chiens de tête : nous allions enfin pouvoir connaître leur vraie valeur sur le terrain. Ne leur avions-nous pas jusqu'alors mâché le travail, en traçant la piste devant eux? Comment réagiraient-ils sans marcheur de tête?

Un rien déroutée, Mahingan ne tarda pas à retrouver assurance et réflexes de vieux briscard. L'expérience parlait. N'était-elle pas l'unique rescapée des chiens de la dernière expédition de la rivière George, deux ans plus tôt? Mais était-ce vraiment une coïncidence si Jacques l'avait gardée? Non, cette chienne ne manquait pas de qualités. Elle était dotée d'une intelligence vive et d'un charme dont elle usait et abusait le plus candidement du monde. Pour peu qu'on eût l'œil vif, on voyait bien que Jacques était sous sa magie. Elle était sa protégée, cela ne faisait aucun doute. Comment aurait-il pu en être autrement? Elle savait se montrer si affectueuse, si fine, si douce et en plus obéissante, ce qui ne l'empêchait pas de faire, de temps en temps, sa mauvaise tête. Oui, elle avait du caractère à revendre. Ses airs de princesse, son attitude, il faut bien le dire, condescendante et un rien provocatrice n'étaient pas du goût des autres femelles. On eût été irrité à moins...

Dans l'attente d'un heureux événement (dont je conterai tout à l'heure les circonstances), Mahingan avait, chaque soir, le privilège d'être détachée au campement. Au lieu de jouir sans provocation aucune de sa toute nouvelle liberté, elle venait narguer, non pas les mâles qui n'en avaient cure, mais ses consœurs d'attelage. Elle se plantait, l'œil pétillant, à quelques mètres de Chloro et, surtout, de Dona, son ennemie intime, hors de portée de chaîne, et leur montrait les dents. Oui, elle savait être mauvaise quand elle le voulait. Cela n'enlevait rien à ses qualités, bien au contraire. Elle en était d'autant plus attachante.

Donc, après une brève période de réadaptation, Mahingan retrouva ses qualités premières. Quand Jacques lui criait « Gôch! Gôch! » elle infléchissait sa course à gauche, et quand elle entendait « Dji! » elle prenait la direction opposée. Un seul défaut, elle n'arrivait pas à maintenir la trace droite. Il suffisait que Jacques oubliât de renouveler un de ses deux commandements, pour qu'elle regagnât immanquablement la rive la plus proche.

Pour s'érailler, le conducteur s'éraillait. Je me demande comment il n'y a pas plus d'extinctions de voix chez les conducteurs de traîneaux. A croire que leurs cordes vocales, elles-mêmes, finissent par s'endurcir sur la piste.

Quant à Bodash, Michel ne me contredira pas, il était loin de valoir Mahingan. Sans doute n'avait-il pas la même expérience, mais l'eût-il eue que cela n'eût rien changé; du moins le doute est-il permis... car l'honnêteté est de reconnaître qu'après quelques mois de dressage intensif, le résultat n'était guère brillant. Que l'on en juge : il était encore incapable de répondre avec discernement aux commandements. Quand cela lui arrivait, ce n'était pas que le fruit d'un heureux hasard, le simple jeu des probabilités. Ce qui tendait à prouver qu'il se trompait avec la meilleure volonté du monde. Rassurant et inquiétant à la fois. Rassurant par la bonne volonté qu'il y mettait, et inquiétant par ce que cela sous-tendait comme personnalité falote. Il était tout juste bon à suivre l'attelage de Mahingan, et encore, à condition que le train ne fût pas trop rapide. La belle affaire! Pourquoi l'avoir donc promu chien de tête de l'autre attelage? Pour ses qualités naturelles manifestes : je veux parler de sa haute stature, ce qui n'était pas un mince avantage dans la neige profonde. Atout décisif qui l'avait fait finalement préférer à Moulouk. Quant au reste, Michel misait sur le dressage. S'était-il trompé? On est en droit de se le demander car, le moins que l'on pût dire, c'est que le dressage, loin d'apporter toute la maturité à ce chien, d'éclore ses potentialités intrinsèques, de développer ses qualités d'intelligence, n'avait malheureusement fait que mettre en relief ses faiblesses, son caractère faible et timoré... Bref, c'était l'échec sur toute la ligne. Si j'étais méchant, je dirais qu'il était tout l'opposé de Mahingan. Oui, vraiment, il ne payait pas de mine avec son air de chien battu (peut-être avait-il conscience de sa ringardise, mais mieux valait pour lui que non), on aurait dit un vieux chien sur le retour, traumatisé par la vie.

– Quand je l'ai acheté, il était comme ça, mais en le mettant en confiance et après un bon dressage, on devrait en faire un bon chien de tête...

Opinion qui n'engageait que Michel. Qui sait si sa méthode ne finirait pas par porter ses fruits; il ne fallait jurer de rien. Mais il lui restait fort à faire. A tort ou à raison, il avait porté son choix sur Bodash; sans doute nourrissait-il maintenant quelques regrets à l'égard de Moulouk, si vive et intelligente. Ah! si elle n'était pas si petite! « L'année prochaine, j'en ferai un chien de tête », nous avait confié un jour Michel. Mais, en attendant, à quoi bon avoir des états d'âme. Change-t-on de cheval au milieu du gué? Non, pour le meilleur et pour le pire, il devait se contenter de Bodash. Son heure était venue, ne devait-il pas prendre la relève de Mahingan, pendant son congé de maternité, la naissance étant prévue d'ici à trois semaines.

La brave Mahingan s'était bien alourdie en quinze jours de piste. Elle était déjà toute boudinée dans son harnais. Bientôt, elle n'y entrerait plus. Mahingan ne demandait pas mieux de tirer. Mais il fallait se rendre à l'évidence : elle avait de plus en plus de mal à tracer la piste avec un ventre proéminent bien proche de toucher la neige.

La relève se fit en douceur. Tout d'abord, Jacques apprit à sa chienne à diriger l'attelage détachée deux mètres devant, autant pour la soulager du poids du traîneau que pour habituer peu à peu l'attelage à se passer d'elle.

Une heure par jour, Michel avait pris l'habitude de se porter en tête avec son propre attelage pour accoutumer Bodash à ses nouvelles responsabilités. Il y avait de quoi s'arracher les cheveux. Il comprenait pratiquement tout de travers. Michel lui criait « Gôch! Gôch! », il se dirigeait à droite et inversement.

Quelle que fût la méthode employée : persuasion, manière forte, c'était à désespérer; et Michel de s'égosiller tant et plus sans avoir la satisfaction de voir ses efforts récompensés. Plus d'un en eût perdu patience. Mais, avec un entêtement méritoire, il reprenait tout de zéro. Véritable litanie de « Gôch! Gôch! » entrecoupée de « Dji! Dji! » sans progrès perceptible. Une heure à courir, encourager, crier, menacer. Une heure à jouer à la mouche du coche, à se porter à la hauteur de Bodash : à droite pour l'inciter à aller à gauche, à gauche pour aller à droite. Une heure qui en valait dix pour Michel. Il y mettait du cœur, voulant encore croire à la justesse de son flair. Exténué, il regagnait au bout d'une heure son traîneau et laissait la maîtrise des opérations à l'attelage de Jacques. Et Mahingan de prouver alors ce dont elle était capable, un rien narquoise, pour mieux se faire (perfidement) regretter. Elle avait vu juste, on la regretterait, cela ne faisait aucun doute. Nous avions beau tourner et retourner le problème dans notre tête, nous n'entrevoyions qu'une seule solution pour pallier la carence de Bodash : faire office nous-mêmes de chien de tête : précéder les attelages pour leur montrer le chemin. Passe encore de tracer la piste dans la neige molle, mais la tracer trois mois durant n'avait rien de très réjouissant. D'autant que, dans ce cas, nous pouvions définitivement faire une croix sur nos journées de repos; il n'était guère envisageable de marcher plus de vingt-cinq kilomètres par jour... A moins de voir Bodash se ressaisir, ou un autre chien sortir du rang; qui sait, le départ de Mahingan pouvait être l'occasion de l'éclosion de talents nouveaux.

– Je vais essayer Simba, mais il est un peu jeune... Si ça ne marche pas avec lui, je mettrai Kayak ou un autre à sa place. C'est l'occasion rêvée de faire des essais.

Il avait le mot pour rire, Jacques. Jamais défaitiste, même quand la situation ne prêtait guère à l'optimisme. Nous avions tout loisir de méditer les conséquences de la passade de Mahingan. Profitant du regroupement général de Saint-Adolphe, elle nous avait joué, avec le concours actif de Bilbo, un tour pendable. Pourtant, ce n'était pas faute de précautions de notre part. Ne l'avions-nous pas attachée pendant ses chaleurs à l'écart de la meute? Mais ce que chien veut... Nous en faisions l'expérience à nos dépens.

Le brave Bilbo, toujours présent quand il le fallait et jamais à court d'idées, avait réussi à se glisser pendant la nuit hors de son collier (Dieu sait comment, car nous avions vérifié le soir même chaque collier, nous doutant qu'ils tenteraient quelque chose pendant la nuit), pour aller conter fleurette à Mahingan qui n'en attendait pas tant.

Après sa nuit de plaisir, il avait regagné sa place, pour un repos bien mérité, faisant la nique à Tröll, qui écumait de rage au bout de sa chaîne. Eh oui, pauvre Tröll! On te comprend... Si Bilbo n'était pas là, tu régnerais en maître sur la meute. Mais, voilà, tu te heurtais toujours à plus fort que toi. Il était toujours là pour te faire de l'ombre. Il ne te restait plus qu'à ravaler ta salive en attendant ton heure. Patience, elle viendra. Après l'apogée, la décrépitude, la déchéance physique. Un jour, tu auras ta revanche... Nous voilà bien, avec une mère sur les bras et bientôt des petits.

– Dans six semaines, ils naîtront; nous serons sur la banquise.

– Que ferons-nous?

– Rien, on continuera à avancer.

– Mais comment Mahingan pourra-t-elle mettre bas?

– Le soir, au bivouac; le lendemain, on la mettra avec ses petits sur le traîneau. Ce n'est pas plus compliqué que ça. Bien sûr, il faudra ménager la mère; c'est bien ça qui me turlupine. On va perdre notre chienne de tête en cours de route.

J'avoue que je ne partageais pas les tracas de mes amis québécois, pour une raison tout égoïste, je le confesse volontiers. Mais, voilà, je réagissais en réalisateur de film. Quelle belle histoire à mettre en images que cette naissance des petits chiots. Et, déjà, j'imaginais les réactions du public : « Ah! qu'ils sont mignons! Comment ont-ils pu survivre en plein hiver du Labrador? » Encore faudrait-il qu'ils survivent par ce froid. Pour l'heure, c'était l'inconnu.

– On verra bien. On fera tout pour les sauver, et puis si on n'y arrive pas, tant pis... C'est la vie!

Nos chiens s'étaient montrés plus malins que nous. Ils avaient profité de la dernière occasion pour nous jouer un vilain tour. Ce n'était pas de chance, le jour même où nous devions faire piquer nos chiennes « contre leurs chaleurs ». Cette décision de les piquer avait été prise pour assurer la tranquillité de nos chiens, et la nôtre par la même occasion, sinon nous nous serions exposés périodiquement à une foule d'embêtements : des chiens nerveux, encore plus agressifs, cherchant à en découdre à tout propos. Que de débordements prévisibles avec le risque d'être tout à fait dépassés. Allez faire entendre raison à un chien qui en a la tête toute retournée. Pour peu que les chaleurs se suivent... C'est le bouquet! Ce n'était pas la seule mesure prise. Nous avions également été tout à fait drastiques dans la composition des attelages, ne retenant en tout et pour tout que quatre chiennes (plus Chloro, associée au dernier moment). Deux précautions valaient mieux qu'une. Allez savoir si ses piqûres auraient l'effet attendu... En limitant le nombre des chiennes, nous réduisions par avance les désagréments résultant du voisinage entre mâles et femelles. Mais, bientôt, au contact de la piste, la blessure de Duway se rouvrit. Le sang perla sur la neige. On le suivait à la trace. Il était grand temps de le dételer.

– Après quelques jours sur le traîneau, il pourra reprendre sa place.

– Je te trouve bien optimiste, vu l'état de sa blessure.

– Non, dans trois jours, il sera remis sur pied. On en a déjà eu de plus amochés. Une fois, nous avions cru un de nos chiens mourant. Penses-tu, quelques jours de repos, et il gambadait à nouveau. Il en faut pour qu'un chien esquimau soit vraiment esquinté. Duway va inaugurer le traîneau. Il y en aura sûrement d'autres après lui. Le tout, c'est qu'ils ne soient pas tous malades à la fois. Il y a deux ans, on en a eu trois en même temps en fin de randonnée; un vrai traîneau-ambulance! Il était vraiment temps qu'on arrive, ils étaient dans un tel état d'épuisement... Je reconnais que nous étions un peu justes sur la nourriture. A la fin, il a fallu les rationner, d'où leur piètre forme. Je me suis promis de ne jamais recommencer dans les mêmes conditions. Mais cela ne nous arrivera pas cette fois-ci avec les dépôts de nourriture ; d'ailleurs, je le vois bien, les petits bobos et la fatigue passagère des uns et des autres ne doivent pas nous égarer : ils sont en meilleures formes physique et morale, l'une n'allant pas sans l'autre.

Duway refusait obstinément de rester à la place que nous lui avions aménagée sur le traîneau. Paniqué, il sautait presque aussitôt pour rejoindre ses petits camarades d'attelage. Quel moral ! Nous avions tout essayé : rester à ses côtés sur le traîneau, le cajoler pour le rassurer. Il ne voulut rien entendre. Nous en prîmes notre parti. Il était plus têtu que nous.

– Tant pis pour lui, laissons-le faire à sa guise.

– L'attache-t-on au traîneau pour qu'il ne nous fausse pas compagnie ?

– Non, ce n'est pas la peine. Il ne s'en ira pas. Les chiens esquimaux sont des animaux parfaitement grégaires et très dépendants de l'homme. Si nous prenons la peine de les attacher, c'est bien moins par crainte de les voir s'enfuir que de les voir se chamailler. A chaque fois que l'un d'eux s'est détaché pendant la nuit, ne l'a-t-on pas retrouvé le lendemain assis pratiquement à la même place, mais dans quel état ! Autrement, on aurait pu les laisser en liberté autour du camp, mais, pour cela, il aurait fallu tout de même trouver une solution pour la nourriture. Les malins profitant de leur liberté pour s'attaquer aux provisions. L'autre jour, c'était au tour de Coyote de leur faire un sort.

– Mieux vaut ça que de les voir s'en prendre à la babiche des traîneaux et des raquettes.

– Je ne te le fais pas dire. C'est pour cette raison qu'on les détache dans la journée. Pas tous, trois ou quatre au maximum, pour pouvoir les surveiller. Surtout les plus jeunes et, aussi, les chiens de tête, avec lesquels doivent s'établir des rapports de confiance. Pas de problème en ce qui concerne Mahingan, elle vit en liberté chez Jacques. Ce n'est pas le cas de Bodash. Peut-être faut-il chercher là une des explications à son caractère timoré.

De fait, quand nous le pouvions, principalement les jours de repos, nous détachions P'tit-Ours, Simba, Minca et Moulouk, en mal d'affection, sans oublier Mahingan et Bodash, lequel, fort curieusement, restait frileusement près de sa chaîne, tandis que ses camarades, ivres de joie, respiraient à pleins poumons ces instants de liberté – comme quoi le goût de la liberté n'allait pas de soi.

Duway n'avait qu'une idée en tête : reprendre sa place dans l'attelage, au risque de provoquer une bagarre générale. Michel, se ravisant alors, l'attacha à une corde derrière le traîneau. Il suivit sagement derrière.

Une semaine à errer sur l'immense plateau du Labrador, pays de rocs et de glace, paysage d'une beauté sévère, grandiose de solitude et d'immensité. Ici, la vie est chichement comptée. Elle se résume à quelques épinettes rebougries égarées dans un monde hostile, rassemblées comme pour se soutenir. Les fameux « spots » de bois qui faisaient le bonheur de nos bivouacs. La chance voulut d'en trouver un le premier soir. Certes, un bien maigre, mais suffisant pour faire l'affaire, à condition de se montrer économe. Mais, dès le lendemain, à perte d'horizon, plus le moindre spot, le moindre arbrisseau, le plus petit déchet végétal, un désert glacé d'une blancheur intégrale. Ce n'était pas sans un petit pincement au cœur que nous entrions dans ce monde inconnu. Un monde nouveau pour Michel et Jacques également, hommes de la taïga. Pour beaucoup, toundra et taïga, c'est du pareil au même. Un pays glacé, une même terre nordique, peu aguichante. D'aucuns, même, s'étonnent que l'on puisse risquer sa vie dans ces contrées, où il n'y a rien à glaner et tout à perdre. De là à nous taxer de masochistes, il n'y avait pas loin, comme si on jouait à avoir froid et à se faire peur. Mais, derrière cette vision caricaturale du Grand Nord, combien de sensations fortes : le souvenir d'un lever de soleil empourprant la neige, la beauté froide d'un jour de blizzard balayant la toundra, mais aussi, pourquoi le nier, des sensations sur la peau, la brûlure des froids secs, le frottement brutal du vent sur le visage sans pour autant être masochistes... Ces images, ces sensations gravées dans le tréfonds de ma mémoire, je sais que je ne les retrouverai nulle part ailleurs. C'est pourquoi elles me sont chères. Le Nord, c'est également une terre de contrastes, et tant pis si le mot est par trop galvaudé. En réalité, il n'existe pas un Nord, mais plusieurs « Nord ». Tout oppose, en effet, la taïga à la toundra. L'une est terre de vie animale mais surtout végétale. Présence de bois, donc possibilité de feu : le symbole de la vie même. Le naufragé y puise réconfort et force. Combien d'entre eux doivent-ils leur survie à ces petites parcelles de chaleur. Est-ce un hasard si le feu tient une aussi grande place dans la littérature nordique?

L'autre est revêche, refuse de s'apprivoiser et ne tolère ni erreur ni approximation. Le vrai Grand Nord pur et dur. La faiblesse n'y a pas cours. Pas d'arbres, donc pas de feu possible. Pas d'arbres, donc des difficultés d'orientation, comme nous allions nous-mêmes en faire l'espérience. Un avantage, néanmoins : la surface est dure, compacte; les traîneaux y glissent sans effort, et les chiens courent de bon cœur. Sur la toundra, la neige offre peu de traîtrises. Le sol est uniforme, sans crevasses. La neige s'y entasse sans failles, à la différence des grandes rivières de la taïga, où hommes et attelages peuvent être engloutis. La course serait rapide en ligne droite, heureuse, si on n'avait sans cesse le besoin de s'arrêter pour faire le point.

Donc, rien de commun entre ces deux terres nordiques, ce qui n'était pas sans nous poser quelques petits problèmes d'adaptation. Notre belle organisation à revoir. Peu de temps pour nous rendre à l'évidence : le bivouac n'était plus cet espace de repos où nous trouvions plaisir à nous abandonner en toute quiétude. Quel contraste étonnant! Habitués à être confortablement installés, en tenue légère autour du poêle, nous devions maintenant nous couvrir. Engoncés dans nos doudounes, le bonnet enfoncé jusqu'aux yeux et cependant grelottant encore de froid, nous n'arrivions plus à nous détendre vraiment, à chasser de notre esprit ce froid mordant. Une vraie obsession; et chacun de s'enfermer sur soi, de se replier sur ses petites misères, d'être moins réceptif aux autres, ce qui n'avait rien de surprenant : la dureté des temps n'endurcit-elle pas les cœurs? Des conversations réduites au minimum, à l'utilitaire. Pas de place pour les épanchements. La source était tarie, figée par le froid. Le repas terminé, nous ne faisions pas de vieux os et disparaissions dans nos sacs de couchage, le seul endroit où nous trouvions quelque chaleur. Un cocon agréable. Le froid ne se faisait pas pour autant toujours oublier. Nous le sentions, parfois, se coller au bout des pieds. Animal répugnant. Sangsue.

Ce n'était pas notre petit réchaud à essence qui aurait pu nous faire oublier notre poêle à bois, loin de là. Il était réservé aux besoins exclusifs de la cuisine, et nullement pour nous réchauffer.

Économie... Économie... Toujours le même leitmotiv, on

n'en sortait pas. Il est vrai que notre précieux carburant avait été calculé au plus juste. Avec sept litres et demi d'essence, il n'y avait pas de quoi faire des folies. Dieu sait même s'ils suffiraient... Mais l'eussent-ils été, que cela n'eût pas changé grand-chose, tant la chaleur rayonnante de ce petit réchaud était faible. A peine ressentions-nous un léger mieux en nous collant contre la flamme. Maigre consolation. Rien de tel qu'un bon poêle à bois chauffé à blanc, à la bonne senteur d'épinette. D'ailleurs, les relents nauséabonds d'essence de notre réchaud d'appoint ne faisaient qu'aviver la nostalgie des bivouacs passés. Ah! on était si bien! Mais il faudrait bien s'y faire, à « cette vie à la dure ». Et nous n'avions encore rien vu! Et l'épreuve du blizzard...

L'absence d'un bon feu le soir nous engageait à plus de vigilance, notamment à se garder de mouiller ses vêtements dans la neige ou par transpiration. Mouillés, ils le resteraient tant que nous ne trouverions pas un peu de bois. D'expérience, nous savions ce que cela signifiait d'enfiler, le lendemain matin, des vêtements humides, ou gelés, ce qui revenait au même.

Le matin, nous bondissions de nos sacs au dernier moment, bref en-cas, démontage rapide de la tente et déjà fin prêts pour une autre journée... En marchant, nous ne mettions guère de temps à nous réchauffer, mais bientôt nous nous heurtions à de réels problèmes d'orientation dans cet univers minéral, monocorde, se répétant à l'infini. Plus la moindre vallée encaissée, le plus petit spot de bois. Parfois, le léger moutonnement de la piste nous remettait sur le droit chemin. Après combien de temps et d'arrêts plus longs les uns que les autres, après combien de vérifications tatillonnes qui ne nous ont cependant pas empêchés de nous égarer après nous être insensiblement écartés de la piste! Nous voilà bien marris d'avoir voulu trop bien faire, suivre de trop près chaque méandre du ruisseau, traverser chaque petit lac glaciaire. Dans ce labyrinthe, mieux eût valu s'orienter tout droit, à l'azimut : meilleur moyen de ne pas manquer le canyon de la rivière Fraser, qui devait nous conduire tout droit à la banquise du Labrador. Mais cela, c'est l'expérience qui devait nous l'apprendre; en attendant, nous étions complètement perdus dans un océan de blancheur. Nous avions beau courir d'une butte à une autre, d'un point à un autre, et de plus en plus fébrilement, carte et boussole en main, nous n'étions guère plus avancés : rien ne ressemblant plus à une butte qu'une autre butte, à un lac glacière qu'un autre... Que de discussions entre nous, de tergiversations, de solutions entrevues qui ne tenaient pas plus la route les unes que les autres. Incapables de nous situer, et le doute de naître. Retrouverions-nous le chemin ?

Vint le moment où Nicolas décida de prendre les choses en main. Resté à l'écart, il nous avait jusque-là laissé mariner « dans notre jus », nous enferrer. Je dois dire que c'est avec soulagement que nous avions accueilli son initiative. Depuis belle lurette, nous avions appris à apprécier son sens aigu de l'observation. Oubliées, les inquiétudes qui résultaient de son jeune âge. Elles n'étaient plus de mise maintenant. Force est de reconnaître que pas l'un de nous trois ne lui arrivait à la cheville en ce domaine ! Y avait-il un lagopède à quelques centaines de mètres à la ronde, qu'il décelait sa présence. Quelquefois, même, il nous les pointait du doigt, et nous d'écarquiller les yeux, ne voyant toujours rien. Bonne leçon d'humilité ! Et lui de nous donner une autre démonstration... Nous le vîmes fureter un peu comme nous l'avions fait, à droite, à gauche, allant, revenant, vérifiant mille fois les mêmes indices dans un silence dont il ne s'était pas départi. Tel un ordinateur, il engrangeait les données, les traitait, conservait celles qui avaient un sens et rejetait impitoyablement les autres. Puis le verdict tomba :

– On est ici.

Et lui de nous démontrer le bien-fondé de son analyse :

– Voyez-vous cette petite butte là-bas ? fit-il en la pointant de l'index.

– Non !

– Si, juste un peu à droite.

– Oui... Oui, je crois voir ce que tu me montres.

– Eh bien, elle correspond à cette indication de notre carte. Celle-là... A cette autre...

– Oui.

– Et cette petite dénivellation, à une petite berge de ce petit lac.

– Il faut vraiment le voir...

Effectivement, tout semblait correspondre. Nous lui devions une fière chandelle : il nous avait remis sur le droit chemin. Qui sait si nous y serions parvenus autrement. Certes, nous aurions pu atteindre le canyon à la boussole, à l'estime, mais il était plus satisfaisant de déterminer un cap précis. Plus rien ne devait nous en écarter. Buttes ou basses terres, rocs ou pas, nous allions tout droit, au plus court, de peur de perdre notre azimut et, ce faisant, les attelages de franchir allégrement les dénivelés successifs, cherchant la difficulté là où il aurait été si facile de la contourner. Notre manière de faire aurait sûrement amusé les Naskapis et les Inuit, mais il n'y avait aucun témoin, et nous n'étions pas prêts d'en voir. Cela valait mieux. Donc, nos traîneaux passaient plus ou moins bien, plutôt moins que plus. Dans les basses terres, pas de problème, mais alors que d'angoisses, que de sueurs froides en traversant les moindres collines au sommet soufflé et dénudé. Nous nous frayions un chemin difficile sur ces terres de rocaille. En dépit de nos efforts, nous ne pouvions toujours empêcher que les traîneaux, ou plutôt les lisses, ne vinssent se frotter, s'abîmer, s'user sur un tapis de pierres, et encore s'agissait-il du moindre mal. Et ces coups répétés portés à la structure des traîneaux ne menaçaient-ils pas à la longue leur solidité même? Sans vouloir jouer l'oiseau de mauvais augure, je me demandais si, à force de jouer avec le feu, nous ne finirions pas par avoir un sérieux pépin. En l'absence de bois (et pour cause), je ne voyais pas comment nous pourrions réparer les traîneaux.

– Ils en verront d'autres, t'en fais pas... Ils plient, mais ils ne briseront pas...

Ces mots me rassurèrent à peine. Certes, je ne mettais pas en doute leur souplesse et leur solidité. Combien de fois en avais-je eu la démonstration sur la piste! Mais il s'agissait alors de neige profonde, souple. Ici, sur les rochers, c'était différent. Leur structure était si fine que je ne voyais pas comment ils ne se briseraient pas lors d'un choc frontal sur un rocher. Mais allez savoir si la belle assurance affichée par Michel n'était pas de commande... Quoi qu'il en fût, j'étais dans mes petits souliers, tout comme Nicolas au demeurant, qui suggéra d'éviter ces zones d'embûches.

– Non, il faut garder notre azimut. Réplique sans appel qui laissa Nicolas coi.

Les nerfs à vif, nous n'avions plus qu'à nous confier à notre bonne étoile, à souffrir à chaque crissement, d'être mille fois prudents en attendant de sortir au plus vite de ce passage difficile. Ce qui advint, ouf! Brève inspection, vérification des lisses :

– Ce n'est rien, elles sont juste un peu usées. Je les varloperai à Naïn, et elles tiendront jusqu'à la fin, fit Michel, qui avait retrouvé le sourire.

On s'en tirait à bon compte. Après une longue période de temps beau et sec, le ciel s'était peu à peu bouché. Le thermomètre était remonté d'une dizaine de degrés. Il marquait – 25 °C, mais, paradoxe, nous avions beaucoup plus froid : le vent s'était levé. Il balayait la neige de la toundra, réduisant la visibilité à quelques dizaines de mètres, parfois moins. Je ne saurais être plus précis. Elle variait du simple au triple en l'espace de quelques secondes. C'était comme si l'horizon était en mouvement constant.

– Il est possible qu'on « frappe » un blizzard cette nuit ou demain ; avançons pendant qu'il est encore temps, mais marchons à vue, et tenons-nous-en là, fit Jacques, faisant clairement allusion à notre première expérience malheureuse du blizzard.

Michel et Nicolas ouvraient la marche à bonne allure, ne s'écartant pas de leur azimut. Jacques et moi les suivions de peu, encapuchonnés, battant des mains, debout sur les lisses, mais le dos au vent, pour nous protéger de sa gifle glaciale. Nos chiens tournaient également la tête, battaient des cils et se secouaient l'échine tout en avançant, pour se débarrasser des particules de neige. Inquiets, la queue basse, reniflant un péril imminent. Enfin, 18 heures, l'heure du bivouac. A la mi-mars, les journées étaient déjà nettement plus longues. Point de corvée de bois. Michel et moi, nous nous occupâmes chacun d'un attelage, et nos deux compagnons, de la tente. Faute d'arbres, nous utilisâmes les piolets comme piquets de fixation, un à chaque extrémité de chaîne, soit quatre en tout. Après nous être assurés de leur solidité, mais sans doute insuffisamment, comme nous n'allions pas tarder à nous en apercevoir, les inévitables et fastidieux va-et-vient entre les deux chaînes d'attache et les traîneaux pouvaient commencer. L'expérience aidant, j'avais appris à connaître les inimitiés au sein de chaque attelage. Aussi évitais-je d'attacher côte à côte Bilbo et Tröll, Dona et Kaali, et Michel de faire de même avec Duway et Patouk, Coyote et Kimo. Cela terminé, nous vînmes donner un coup de main à Nicolas et Jacques, pour fixer la tente. Les autres piolets, les raquettes et même les deux traîneaux, placés de part et d'autre du mât central, firent office de points d'attache. Ainsi fixée, la tente ne risquait pas de s'envoler. Nous n'en avions pas terminé pour autant. Restait le travail de finition, de calfeutrage pour assurer son étanchéité parfaite. Gare au moindre jour, aux moindres interstices, au moindre défaut de la cuirasse par où le blizzard pourrait s'engouffrer. Donc, avec un luxe inouï de précautions, nous voilà calfeutrant les bords intérieurs avec tout ce qui nous passait sous la main : sacs à dos, mallettes de reportage, batterie de cuisine (une casserole suffisait pour le repas du soir), mais également les bords extérieurs, avec de beaux blocs de neige. Enfin parés pour le blizzard, ou du moins l'espérions-nous. Mais sait-on jamais, avec lui on ne peut être sûr de rien... Là, sur le plateau dénudé, rien ne viendrait entraver sa toute-puissance.

Mais cette soirée reste pour nous marquée du sceau de la tristesse en raison de l'accident survenu à Kaali, la brave petite sœur de lait de Bilbo, toujours volontaire et discrète. Voici les circonstances tragiques, dont nous sommes en partie responsables : le camp monté, l'heure était venue de nourrir les chiens. Avant même d'avoir entamé la distribution habituelle, ceux-ci, flairant nos intentions, jappaient, sautaient, s'agitaient comme de beaux diables au bout de leurs chaînes. Cela n'avait rien pour nous surprendre : cette scène se reproduisait tous les soirs. Malheureusement, jour funeste, un des piolets que nous étrennions – sans doute moins bien ajusté que nous le pensions – céda sous la traction des dix chiens, et ce fut le drame. Libérés d'un côté, et par l'odeur alléchés, les dix chiens d'entamer un beau mouvement d'ensemble en notre direction, et, ce faisant, de venir se mêler à leurs frères d'armes. Aussitôt, ce fut la mêlée générale, l'horreur même. Les dix-neuf chiens s'entre-égorgeant avec une férocité inouïe, sans doute décuplée par l'affolement. Les premiers hurlements de douleur. Tout s'était passé si vite, certains se trouvant pris, bien malgré eux, dans la tourmente. J'en veux pour preuve l'attitude de Kayak, adoptant d'emblée la seule attitude qui seyait à sa taille : allongé sur le dos, pattes en l'air en signe de soumission ; pourtant ne le vit-on pas s'enhardir subitement, et rendre, œil pour œil, dent pour dent, les coups reçus, mais qui plus est, prendre les devants, foncer dans le tas et mordre à qui mieux mieux autour de lui, babines retroussées. Attitude courageuse, s'il en fut !

Supportant tout le poids du drame qui se jouait devant nous, et pétrifiés d'horreur, nous en restâmes cloués sur place,

164

dépassés par les événements, hésitant sur la conduite à tenir. Avec deux combattants, nous avions déjà bien du mal à nous interposer, alors, pensez donc avec dix-neuf... Pris au dépourvu, nous nous contentâmes, dans un premier temps, de les injurier copieusement, de les menacer, rendus prudents par les exhortations de Michel : « Attention aux crocs! Attention aux crocs! Attention à vos mains! » Mais ils restaient sourds à nos incantations. La bataille faisait rage. Que faire? Si nous n'y mettions pas un terme au plus vite, ce n'était pas un, mais quatre ou cinq chiens qui risquaient de rester sur le carreau. De cela nous étions pleinement conscients. Nous n'avions que trop tergiversé, il était grand temps de prendre le contrôle de la situation, quel qu'en fût le prix, et pour cela, une seule solution : l'intervention musclée. Nous nous jetâmes alors, le cœur serré, tous les quatre dans la mêlée, distribuant force coups autour de nous, pour faire lâcher prise à nos dix-neuf bagarreurs. Mais ce ne fut pas chose facile : ils se trouvaient dans un tel état de surexcitation, de folie furieuse, que rien ne semblait devoir les arrêter, l'occasion étant trop belle pour régler de vieilles querelles; et, bien sûr, on trouvait aux premiers rangs Bilbo, Tröll, Patouk et quelques autres. Finalement, notre obstination l'emporta, nous montrant suffisamment persuasifs pour faire céder tout d'abord Kayak, Moulouk, P'tit-Ours, puis Simba, ce qui nous permit, mais non sans mal, de reprendre en main leurs congénères, à l'exception de nos deux terribles Bilbo et Tröll, qui ne voulaient rien entendre. Un lourd contentieux les opposait, qui n'avait fait que s'amplifier au fil des jours. Ils en étaient à leur énième round d'un combat arrêté toujours avant la limite. Mais, ce jour-là, il était d'une telle violence que nous eûmes à nous quatre bien du mal à les renvoyer dans leur coin. Nouveau match nul. L'un et l'autre en sortirent la gueule tuméfiée. Au reste, faute d'inattention de notre part, il s'en fallut de peu qu'ils ne reprissent leurs querelles après nous avoir échappé des mains. Michel et moi retenions chacun le nôtre par le collier, tandis que Jacques et Nicolas rajustèrent le piolet qui avait cédé. Et je vous laisse à penser avec quel soin... Une expérience malheureuse suffisait, car la pauvre Kaali resta au tapis. Un miracle qu'il n'y en eût pas d'autres...

Après avoir calmé, libéré et rattaché les autres chiens (ce qui, dit en passant, prit beaucoup de temps, saucissonnés comme ils l'étaient par leurs chaînes ou leurs harnais), nous pûmes enfin nous préoccuper du sort de Kaali, restée pattes en l'air, incapable de se relever. Elle gémissait faiblement, sans doute gravement atteinte. Mieux eût valu une bonne blessure bien franche, rapidement cicatrisable, que cette paralysie des membres qui nous faisait craindre le pire en dépit des paroles rassurantes de Michel :

– Elle a été choquée, d'ici à demain, elle sera debout.

Nous ne partagions pas son optimisme, sans doute forcé. Jacques, resté agenouillé, silencieux auprès de sa petite chienne, tentait de la réconforter de sa voix suave :

– C'est bien, Kaali... C'est bien, Kaali...

Il demeura longtemps ainsi, l'abandonnant seulement pour lui apporter une double ration de moulée, qu'elle refusa. Oui, Jacques était très préoccupé par l'état de sa petite chienne, beaucoup plus grave que Michel avait bien voulu le dire. Les quelques mots qu'il accepta enfin de susurrer entre ses dents étaient lourds de sous-entendus :

– Je ne pense pas qu'elle ait été blessée par un chien, mais plutôt par sa chaîne...

Sans pour autant qu'il pousse plus loin son analyse, par superstition peut-être, ou pour conjurer ce mal que nous avions tous à l'esprit : la paralysie. Nous trompions-nous? La moelle épinière n'était peut-être pas atteinte, quoi qu'il en fût, nous savions que son sort se jouerait dans les toutes prochaines heures : elle était rapidement remise sur pied et s'en sortait bien; sinon il faudrait bien se faire une raison, condamnée, elle le serait à court terme. La nuit venue, Jacques la prit dans ses bras, la déposa sur une toile, près de notre tente, mais la vie continuait, et nous n'avions toujours pas nourri nos dix-huit « terribles ». Nous devions nous y mettre à quatre pour y parvenir : deux surveillant de près les piolets et deux autres se chargeant de la distribution de la moulée. Incorrigibles, ils se remettaient à tirer sur leurs chaînes comme si rien ne s'était passé.

Laissant Kaali à son destin, nous regagnâmes ensuite notre tente, tout attristés par ce coup du sort. Cet accident s'expliquait également par notre négligence : nous aurions dû mieux vérifier la solidité des piolets. Malheureusement, comme nous le redoutions, non seulement Kaali n'avait pas repris du poil de la bête, mais son état s'était même aggravé au cours de la nuit. Le regard brillant de fièvre, le corps agité de spasmes, comme si elle grelottait, elle faisait vraiment peine à voir. La

166

neige s'étant incrustée à son poil, c'était une véritable cára-pace de glace qu'elle revêtait; de surcroît, elle n'avait pas touché à sa nourriture. Tout cela était de bien triste augure, mais nous ne voulions pas encore nous résoudre à l'inévita-ble.

– On va la mettre sur le traîneau.

Une petite place fut aménagée pour elle à l'avant d'un des traîneaux. En bonne chienne consciencieuse, elle fit des efforts démesurés pour se remettre debout et reprendre sa place dans l'attelage : En vain. Ses muscles tétanisés ne répondaient plus. Le désespoir dans le regard, elle se laissa alors transporter non sans, de temps à autre, remuer la tête, tenter de reprendre le dessus par un tressaillement de son corps, mais je voyais bien (moi qui étais au traîneau) qu'elle n'était plus que l'ombre d'elle-même, une boule de poils pantelante.

En cours de journée, elle glissa même du traîneau dans une pente. La vie la quittait tout doucement. Le soir, nous étions moroses, conscients qu'il ne servait à rien de prolonger plus longtemps ses souffrances. Nous avions fait le maximum pour la sauver, mais, loin de reprendre le dessus, elle se mourait. Elle était condamnée. Nous en avions maintenant la certitude. A Michel revint le courage d'aborder la question de front, dût-il lui en coûter :

– C'est la fin pour Kaali... Elle ne se remettra jamais. A quoi bon prolonger ses souffrances?

Puis, après une hésitation compréhensible, la voix encore plus sourde, trahissant une émotion mal contenue :

– Je crois qu'il faut l'abattre. Qu'en pensez-vous?

– Elle agonise, on n'a pas le choix, fit Jacques.

Nicolas acquiesça. J'étais du même avis. La décision collec-tive prise, il restait à l'appliquer. Qui s'en chargerait? Michel se tourna alors vers Nicolas, sans doute le plus qualifié d'entre nous. N'était-il pas chasseur?

– Veux-tu t'en charger?

– Non, pas sur un chien.

Un silence pesant s'ensuivit. Prendre une telle décision était une chose, l'appliquer en était une autre. Les raisons, fussent-elles humanitaires, il n'était pas si facile de pointer son arme sur une de ses chiennes d'équipée. L'émotion était à son comble lorsque Jacques, blanc comme neige, intervint, la voix grave :

– C'est ma chienne, je vais m'en charger, fit-il avec la fausse assurance du devoir.

Cette décision lui était particulièrement pénible à double titre : non seulement il n'avait aucun penchant pour les armes, n'était pas chasseur pour un sou, mais, surtout, il était très attaché à sa petite chienne (d'ailleurs à elle comme aux autres) en dépit de tout ce qu'il avait pu nous dire de ses rapports avec ses chiens. Me revinrent alors certaines de ses phrases : « Nos chiens sont des bêtes de trait et doivent le rester... Je refuse de m'y atttacher, un jour ou l'autre, on est condamné à s'en séparer... »

Plus facile de proclamer ces principes que de les assumer dans les faits. Comme quoi, le cœur a ses raisons, et c'est tant mieux... Sous sa carapace de dureté, se cachait un être sensible, touché par les malheurs de sa petite chienne, mais preuve nous était donnée qu'il savait également sublimer cette sensibilité qui ne demandait qu'à resurgir. Oui, autant qu'il pût lui en coûter, Jacques s'apprêtait à loger une balle dans le crâne de Kaali, parce que c'était son devoir de le faire et il l'aurait fait... si Michel, comprenant son désarroi et dans un beau geste d'amitié, ne lui avait saisi le fusil des mains, malgré sa légère résistance :

– Non, non... je vais le faire.

Alors, Nicolas, interpellé à son tour et comprenant où était son devoir, se proposa. Après tout n'était-ce pas ses armes? N'était-il pas le plus à même de se charger de cette sale besogne? Bref, après avoir une dernière fois câliné Kaali, l'un de nous la prit dans ses bras et la déposa derrière un rocher, pour la soustraire du regard de ses congénères, et lui vida son chargeur. Deux détonations sèches, renvoyées par l'écho une dizaine de fois plus faiblement. Puis le silence à couper au couteau. Triste fin dans l'indifférence générale de nos chiens. A peine daignèrent-ils dresser les oreilles, avant de se replonger égoïstement dans leurs petites occupations du soir : toilette, aménagement de leur trou pour la nuit... Ces déflagrations en avaient rendu nerveux qu'un seul, Coyote, qui s'agitait au bout de sa chaîne, non pas par compassion pour le malheur de Kaali, il était tout simplement, Dieu sait pourquoi, allergique aux coups de fusil.

– Depuis que je l'ai, il panique au moindre coup de feu. Il a dû être traumatisé dans sa jeunesse, j'ai tout essayé, mais il n'y a rien à faire. C'est son principal défaut, car il fout à chaque fois la panique dans l'attelage.

Donc, aucune commisération de la part de nos chiens. Mais peut-être s'agissait-il d'une sensiblerie d'hommes. Oui, amers, nous le resterions plusieurs jours...

La traversée du Labrador, c'était le temps du doute, des épreuves, des difficultés. En quelques jours, tout sembla se liguer contre nous. Cela avait commencé par l'accident survenu à notre petite chienne, ensuite ce fut l'épreuve du blizzard, le vrai, l'intégral, balayant tout sur son passage. Puis vint le temps du doute : trouverait-on le passage pour descendre au fond du canyon? Ne s'était-on pas fourvoyé en accordant une place trop importante à nos cartes, faute de renseignements fiables de première main sur ces terres hostiles et inhabitées? La réalisation de notre projet dépendait en grande partie de la réponse apportée à ces différentes interrogations.

Mais, d'abord, le blizzard que nous sentions venir et qui se déchaîna brutalement, la nuit même de l'accident de Kaali. Certains vents sont pétris de convenance, arrivent sur la pointe des pieds, progressivement et, finalement, se prennent au jeu et occupent tout l'espace. Au moins vous laissent-ils le temps de vous retourner et de vous inquiéter de la solidité de votre abri. Mais le blizzard ne s'embarrasse pas de nuances, il frappe au plus fort où il veut, quand il veut, c'est ce qui arriva ce soir-là. Soudain, la toile claqua :

– Il y a quelqu'un... mais entrez donc! fit Jacques, comme si quelqu'un venait de s'agripper à la toile, et la neige soufflée par le vent s'infiltrait par les moindres interstices.

On eut beau s'ingénier à calfeutrer l'orifice du tuyau de poêle, les ouvertures d'aération, il n'y avait rien à faire. Un léger grésil pénétrait insidieusement et se déposait en légère couche à l'intérieur de la tente. Et nous de disparaître dans nos sacs de couchage, nous faisant tout petits. Il était trop tard pour s'inquiéter de la solidité du mât, des tendeurs, qui pliaient sous les bourrasques. Subir et attendre... Trouver le sommeil : une gageure en plein blizzard! Comment oublier sa présence menaçante, les battements sinistres de la toile, les grincements du mât, oui, surtout ce mât qui, depuis plusieurs jours, nous donnait des inquiétudes. Ne s'était-il pas déjà plié plusieurs fois? Certes, nous avions pu le redresser, mais, affaibli, ne risquait-il pas de casser? Et si cela se produisait? Si la tente nous tombait sur la tête?

169

– Si ça arrive, il faudra surtout ne pas bouger et rester coincés sous la toile jusqu'au lendemain matin, avait conseillé Jacques.

Comment faire fi de ces menaces? Notre tente n'était, après tout, qu'un simple fétu à l'échelle de la toundra.

Avec quel mal nous émergeâmes de nos sacs de couchage au réveil, les paupières lourdes de sommeil! Tout était blanc de neige autour de nous ou, plus exactement, jaune de neige, du fait de la réverbération du soleil sur la toile de tente. Michel, le premier, mit le nez dehors. Je ne sais quelles étaient dans ce geste les parts d'habitude, de réflexe et de curiosité car, de toute évidence, ce matin-là, nous ne pouvions nous remettre en route. La tempête ne se déchaînait-elle pas au-dehors? Les coups de boutoir ne s'amplifiaient-ils pas d'heure en heure? Mais le spectacle offert à nos yeux plissés, presque clos, ne manquait pas de grandeur. Quelle luminosité sous ce soleil rasant, jaune pâle! Le ciel, complètement lavé, passait du bleu nuit au-dessus de nos têtes à un bleu plus pâle, se fondant dans un blanc jaunâtre à trois ou quatre mètres du sol, les rafales de vent faisant voleter la neige dans un brouillard épais. La visibilité était quasi nulle. Par vagues successives, la bourrasque balayait la toundra comme une mer ondoyante ou comme une tempête de sable en plein désert, modifiant continuellement un paysage de dunes éphémères. Y a-t-il terme plus juste que celui de « white out », inventé par les anglophones? Le « white out », c'est le contraire du « black out ». Tout est blanc, trop blanc, trop lumineux pour y voir goutte. Lumière, couleurs, bourrasques, brouillard de neige, tumulte constituaient un ensemble impressionnant, un phénomène à l'échelle cosmique, une grande et merveilleuse manifestation de puissances physiques, et cela depuis des milliards d'années. Vision fantomatique, avec sa charge onirique qui lui donnait un aspect tout à la fois serein et hostile par les dangers qu'elle sous-tendait. Conjonction des extrêmes. La beauté peut se payer très cher. Que l'homme tout à ses émotions, ses extases se garde bien de perdre contact avec la réalité. Le blizzard se chargerait de l'y ramener de la manière la plus impitoyable qui soit, car ces images d'une beauté stupéfiante ne peuvent exister que par un vent terrible, un froid inhumain. Phénomène bien connu sous l'appellation « wind child factor ». Je l'ai déjà dit, bien habillé, le froid le plus intense est presque toujours supportable; la différence provient du vent. Ce

170

matin-là, le thermomètre marquait – 30 °C, mais nous avions bigrement plus froid que sur la rivière George, où nous avions connu des températures beaucoup plus basses – mais sans vent. Au reste, bien couverts et en nous remuant un peu, n'avions-nous pas presque trop chaud? Pas le cas ici, sur le plateau du Labrador. La vitesse du vent? Je ne saurais la dire, mais certainement entre quarante et quatre-vingts kilomètres à l'heure. Compte tenu de la déperdition de chaleur due au vent, la température réelle subie par nos corps était donc comprise entre – 52 °C et – 70 °C. C'est froid. C'est très froid. Nous n'allions pas tarder à le constater. Deux ou trois minutes, le temps de vérifier les attaches des chiens, et, en ce qui me concerne, de graver quelques belles images de blizzard, et nous dûmes regagner notre tente au plus vite. Oui, nos mains et nos pieds étaient déjà saisis. Brûlures tout d'abord, puis début d'engourdissement, signes précurseurs du terrible mal qui guette tout voyageur de l'Arctique : la congélation. Un froid tenace, inexpugnable, qui nous rongea le corps jusqu'au soir, et cela même après avoir regagné nos sacs de couchage. Nous ne savions plus quoi inventer pour le faire lâcher prise : battre des mains, des pieds, nous recroqueviller au fond de nos duvets... Peine perdue, il s'était confortablement installé en nous. Que faire, sinon prendre son mal en patience et essayer de penser à autre chose. Vous étonnerais-je en disant que cette journée nous parut une éternité! Tout était bon pour échapper à la dureté des temps présents : la sieste, si tant est que nous pûmes trouver le sommeil, l'évasion de la lecture, surtout. N'ayant emporté en tout et pour tout que deux livres, il nous parut équitable de les partager en deux. La première moitié d'un San Antonio pour Nicolas, la seconde pour Jacques. Lecture pour laquelle les deux compères se délectèrent du même plaisir partagé : ils ne résistaient pas à l'envie de nous lire, à haute voix, les passages les plus croustillants et autres morceaux de bravoure. A recommander absolument en expédition : « C'est bon pour le moral... » Pour reprendre un air bien connu! Quant à moi, j'avoue que j'eus beaucoup plus de mal à trouver le même intérêt au chef-d'œuvre de Conrad : *Lord Jim*, des aventures exotiques de bateau en perdition, qui me laissèrent complètement froid (sans jeu de mots aucun), les circonstances, peut-être... Un avantage, cependant, à cette lecture; elle me fit du profit et m'occupa bien des soirées, au coin du feu retrouvé. Pour l'heure, les soirées étaient courtes.

Dès la tombée de la nuit, nous nous enfermions dans nos duvets. Ainsi, tuant le temps, nous arrivions au soir, bercés par les claquements ininterrompus de la tempête, le ventre vide... car il a fallu, en plus, que notre poêle à essence fît des siennes au plus mauvais moment. La faim s'ajoutait donc au froid. Tout avait été minutieusement vérifié avant le départ, sauf ce petit poêle à essence, tout bêtement par oubli, et, maintenant, nous nous en mordions les doigts.

– Je ne comprends pas, il est tout neuf; je ne m'en suis servi que deux ou trois fois.

Peut-être le froid. Toujours est-il que ce maudit poêle mit notre patience à rude épreuve. Après quelques belles flammes jaunes, il devenait asthmatique et mourait tout doucement, à bout de forces. La scène se répéta dix, vingt fois, et Michel, avec un entêtement méritoire, d'amorcer une énième fois son poêle. Feu de paille : après quelques secondes, il s'essoufflait, rien à faire...

– Il manque de pression, la pompe d'alimentation ne fonctionne pas!

Allez-vous plonger dans des réparations par une température de – 30 °C!

Donc, pas de feu pour se réchauffer, ni pour les repas. Dur, dur. A peine profitions-nous de ces quelques flammes éphémères pour faire fondre l'équivalent d'un verre d'eau! Un verre d'eau à quatre! De quoi prendre le temps de siroter... A l'idée de devoir manger pâtes et autres céréales déshydratées crues, nous en avions l'appétit coupé.

Beaucoup plus préoccupante était l'impossibilité dans laquelle nous étions de nous désaltérer suffisamment, tant il est vrai que l'être humain peut très bien se passer de nourriture plusieurs jours durant, mais pas de liquide, sinon, gare à la déshydratation!

Sans eau, on ne peut résister longtemps. Avec cette réverbération et le froid piquant, la déshydratation est rapide. J'en savais quelque chose, moi qui avais besoin de mes deux litres d'eau tous les soirs. De fait, le soir, nous avions déjà la langue sèche, le palais en feu, comme des naufragés du désert! Oui, ce parallèle nous poursuivait, quel paradoxe, souffrir de soif avec toute cette neige environnante! Et cette neige, me direz-vous, pourquoi ne l'absorbiez-vous pas? Il en faudrait des quantités... En mangerais-je toute la journée, que cela ne m'empêcherait pas de me déshydrater,

172

sans parler des dangers d'irritation des bronches... Que faire? Quitter au plus vite cette terre stérile, rejoindre le fond du canyon de la rivière Fraser, véritable oasis de végétation et, donc, de vie.

Plus que jamais, nous nous sentions « coureurs de bois », mais au sens littéral du mot : chercheurs de bois... Oui, ce froid faisait réfléchir, et Jacques se laissa aller à quelques confidences, évoquant un projet qui trottait dans la tête de Michel :

– C'est pas moi qui t'accompagnerais en Antarctique... La toundra, c'est vraiment pas mon truc. Pas humain, ce pays. Pas de vie, pas de végétation et pas de bois de chauffage, et un vent...

Michel ne releva pas, gardant ses réflexions pour lui... Mais nous ne l'entendîmes plus jamais parler de son projet d'expédition en Antarctique.

La nuit vint et le blizzard soufflait toujours avec autant de constance. Préoccupés à l'idée de devoir peut-être rester une journée de plus sous notre tente, nous nous couchâmes moroses. Au réveil, le vent s'était, semble-t-il, assagi. La visibilité était meilleure mais encore réduite. Frigorifiés, nous ne tenions plus en place, ce qui nous poussa vraisemblablement à nous remettre en piste au plus vite, après un léger bol froid de céréales. Les équipes étaient constituées : Michel et moi devant, nos compagnons aux traîneaux.

– Bon, on marche à vue.

– D'accord.

Quelques mètres à peine pour franchir une butte, et nous voilà engagés sur un petit lac. Tout en cheminant, nous nous retournions de temps à autre. Toujours rien... Mais que foutent-ils? Ils s'apprêtaient à se mettre en route. A l'autre extrémité du lac, une vague inquiétude nous étreint : n'auraient-ils pas déjà dû quitter le camp. Pourtant, on ne les voyait toujours pas, dix minutes après. Se seraient-ils égarés? Et alors là, pour se retrouver sur la toundra! De plus en plus inquiets, nous avions fini par faire demi-tour lorsque nous vîmes les deux traîneaux déboucher là où. l'on ne les attendait pas.

– Que s'est-il passé?

– On a perdu vos traces aussitôt après avoir quitté le camp. J'ai grimpé sur une butte, c'est alors que je vous ai aperçus. Il était grand temps car, quelques secondes après, nous vous aurions perdus de vue.

– Calice! C'est la seconde fois que cela se produit, on va bien finir par se perdre!

Rien qu'en y pensant, nous en avions la chair de poule! Que nos traces s'étaient vite effacées...

9.

Le canyon de la rivière Fraser

Notre convoi se remit en route. Le vent peignait le poil de nos chiens. Lunettes de blizzard collées sur les yeux, nous avancions comme des ombres, au milieu d'un brouillard de minuscules grains de neige en suspension.

Atmosphère informelle, irréelle, propre au théâtre de Shakespeare ou au théâtre antique. Atmosphère si particulière, mélange de tourments et d'ivresse, augmenté encore d'un cran lorsque, brusquement, le voile se déchira devant le canyon de la Fraser. Il n'est guère de spectacle qui puisse porter au plus haut point l'ivresse et la contemplation. Cette cassure profonde du plateau avait quelque chose de dantesque. Un gouffre de plusieurs centaines de mètres qui surplombait de sa masse rocailleuse une étroite vallée, cela avait de quoi vous fouetter le sang ; cette impression de pureté originelle accentuée par l'intensité de la lumière rosée de fin de journée, ce relief énergique se dégageant de la platitude nous laissèrent bouche bée d'admiration.

Joie immense d'avoir enfin atteint le rebord du canyon, mêlée de crainte. De toute évidence, nous ne nous attendions pas à un à-pic aussi vertigineux, et la machine mentale lancée à toute vitesse ne manqua pas de nous dégriser, nous ramenant aux réalités, aux affres de l'incertitude. Une interrogation conditionnait l'avenir de notre expédition. Pourrions-nous descendre au fond du canyon ? Oui, d'après nos cartes, mais où donc, puisque ce n'était manifestement pas possible ici. Et, inévitablement, la gamberge de naître. Tantôt, je m'exagérais les difficultés, me laissant aller à des réflexions désespérées ; tantôt, je caressais des rêves où tout ce que nous avions prévu se réalisait enfin : nous trouvions le passage et atteignions sans problème le fond du canyon. Ensuite, ce serait un jeu d'enfant de rejoindre la côte du Labrador et le petit village de Naïn. Mais rien n'était tout aussi noir ou tout aussi rose... Les cartes de Jacques étaient formelles : un passage existait, il suffisait de le trouver.

Nous voilà étranges zombies à errer sur les bords du canyon, rendus prudents par la purée de pois retrouvée. Michel et Jacques, en éclaireurs, cartes et boussole en main.

La journée était déjà bien avancée, il fallait songer au bivouac et, pour ce faire, trouver un site approprié, bien protégé des vents. Tout concourait à nous rendre moroses ce soir : les incertitudes de l'avenir et, surtout, la triste fin de Kaali. Nous ne desserrions pas les dents pendant longtemps jusqu'au moment où Michel, beaucoup plus pragmatique et positif, nous sortit de notre état d'abandon quelque peu stérile. A quoi bon se morfondre, se repaître de souvenirs douloureux, comme si on y prenait plaisir. N'était-il pas plus important de focaliser notre attention sur les difficultés qui nous guettaient, sur notre propre avenir. N'avions-nous pas tout tenté pour sauver notre petite chienne?

Sacré Michel! Il retrouva son masque comme chaque fois qu'il avait quelque chose d'important à nous dire. Traits émaciés et tendus, regard d'aigle, yeux enfoncés au fond des orbites, débit de voix haché, mal assuré.

– Comme vous, je ne m'attendais pas à un à-pic aussi imposant. Le problème est simple : demain, on trouve l'entrée du canyon, et tout ira bien, sinon j'ai bien peur que l'on doive modifier notre itinéraire...

Comprenant où il voulait en venir, je lui coupai aussitôt la parole :

– Je te trouve bien pressé, attendons de savoir. Remettons, si tu le veux bien, cette discussion à plus tard...

– Non, il faut en parler maintenant. Ce n'est pas sur la piste qu'on pourra le faire.

– Je suis de l'avis d'Alain. Rien ne presse. Il nous reste suffisamment de nourriture, et, le cas échéant, on peut également compter sur les lagopèdes, fit Nicolas.

– Oui, mais que fais-tu des chiens? Ce n'est pas avec les quelques lagopèdes que tu pourras rapporter qu'on pourra les nourrir tous. Combien de temps peut-on encore tenir avec la moulée, Jacques?

176

– Environ une dizaine de jours, quinze en les rationnant.

– C'est bien ce que je pensais. C'est à peine assez pour retourner sur la rivière George.

– Michel, fis-je, je m'étonne que tu envisages aussi facilement l'abandon de notre projet initial pour retourner à Schefferville.

– Qui a parlé de Schefferville? Il y a une autre solution : rejoindre Kangiqsualujjuaq au plus court, par la rivière George. La priorité des priorités, c'est la sécurité car, vois-tu, sans poêle, on ne peut pas tenir longtemps sur ce plateau désertique. Il nous faut rejoindre au plus vite les vallées boisées.

– Crois-moi, je suis tout aussi sensible que toi à cette question. D'ailleurs, tu le sais bien. Je n'ai nulle envie de revivre les moments que j'ai connus avec la disparition de Marc (deux ans plus tôt). Mais, actuellement, rien ne permet de conclure à l'impossibilité d'atteindre le fond du canyon de la Fraser. Prenons le temps qu'il faut pour ça. Et si, effectivement, cela se révèle impossible, pourquoi ne rejoindrait-on pas Naïn par le plateau?

– Non, je te le répète, on ne peut pas passer huit jours de plus sur la toundra à cause de notre poêle. Tu vois comme on a de la misère tantôt. On est en train de se déshydrater. En rejoignant directement Kangiqsualujjuaq, on pourra tout aussi bien se rendre après dans les monts Torngat. Bien sûr, on ne verra pas la banquise...

– Et cela ne te ferait rien?

– Non, « pantoute », il faut savoir accepter les impondérables du voyage.

– Encore faut-il qu'ils soient bien réels. Je te trouve bien pressé. Rien ne nous pousse actuellement à modifier notre itinéraire. Tout va bien... Et si nous devions renoncer au bord du canyon, je serais vraiment déçu.

– Moi aussi. Mais je suis persuadé qu'on finira par trouver le passage. Renoncer ici, ce serait vraiment trop con, renchérit Nicolas.

A Jacques d'intervenir :

– Je suis d'accord avec Michel. Descendre la Fraser ou la George, je ne vois pas ce que cela change. On continuera notre voyage.

Il me semble que cette divergence d'analyse entre nos amis québécois et nous-mêmes relevait plus du domaine culturel (au sens large) que d'une simple question d'individus. Combien de fois, à l'instar d'un bon nombre de leurs compatriotes, ne les avions-nous pas entendus se gausser des donneurs de leçons à la science infuse qui savent tout, ont tout vu... J'en passe, et des meilleures. Dût-il en coûter à notre fierté nationale, ce reproche est souvent fait aux Français, aux « maudits Français »... A les entendre, nous aurions une propension à nous pavaner comme de jeunes coqs (dur pour notre emblème), à nous croire le nombril du monde. La part du vrai et du préjugé dans tout cela? Nous n'avions qu'à bien nous tenir pour faire démentir ces assertions peu flatteuses. Nous nous y employions de notre mieux, bannissant tout ton péremptoire. Se sentir constamment épiés, être sans cesse contraints de surveiller notre langage, afin de ne pas donner prise aux interprétations les plus erronées, est usant à la longue. Je le dis en toute amitié, car le langage direct a du bon. Une parole, une attitude chiffonnaient-elles nos amis québécois ou nous-mêmes (il a bien fallu nous mettre au diapason), que l'abcès était immédiatement crevé – et c'était tant mieux. En réglant le problème sur-le-champ, bien des frustrations étaient évitées. Nous, « maudits Français »? J'ai la faiblesse de croire que nos amis avaient appris à nous connaître (peut-être à nous apprécier). Non, cela n'était pas dans notre style. L'eût-ce été, que l'équipe eût éclaté depuis belle lurette. Or, après un mois d'expédition, nous nous entendions toujours. Il n'y avait pas le moindre nuage entre nous. Néanmoins, il serait vain de nier notre différence d'approche de la situation et, puisque la parole est à la défense, revenons sur ce en quoi nous différions de nos amis québécois. Non, nous n'étions pas disposés à renoncer devant une vague menace qui, selon nous, ouvrait la porte à tous les renoncements. Aller jusqu'au bout de notre projet, moins par respect des engagements pris, de la parole donnée, que pour être fidèles à nous-mêmes, et nous montrer à la hauteur de nos ambitions. Est-il blâmable de viser haut et de s'y tenir? Existe-t-il sensation plus agréable que de constater que ses aspirations prennent corps dans la réalité. Certes, il est parfois sage de renoncer, encore faut-il que ce soit à bon escient, contraint par un enchaînement de circonstances imprévisibles et imparables. Mais peut-on accepter de gaieté de cœur ce qui resterait un échec, un rêve inachevé. En cela, nous nous distinguions des Michel et Jacques qui se seraient, ma foi, fort bien accommodés d'un projet remanié; ils s'y seraient consacrés avec le même enthousiasme. Quant à nous, aucun doute à cela. C'est la mort dans l'âme que nous aurions été contraints de renoncer sur le rebord du canyon. Je doute même que l'on eût pu se remobiliser corps et âme dans un nouveau projet, moins ambitieux par nécessité. Du moins, c'est ainsi que je vois les choses. Deux contre deux, et, faute de consensus, la discussion s'arrêta là, les grandes décisions étant renvoyées à plus tard.

Cette nuit-là, angoissé à l'idée que notre expédition se jouerait le lendemain, je me retournai sans cesse dans mon sac de couchage.

Au petit matin, le temps était clair et moins venteux. L'idéal pour entreprendre nos investigations. La vue grandiose du canyon qui brillait sous le soleil fut à l'origine de tant de pensées diverses, de solutions entrevues que nous en éprouvions un certain vertige. État fébrile où alternaient l'espoir et l'angoisse de la désillusion. Parviendrait-on à trouver le passage? Toute la question était là. Tandis que Michel et Jacques commençaient à ranger le bivouac, Nicolas et moi en profitions pour filmer quelques plans du canyon. Nous approchâmes du précipice non sans nous être assurés de nos appuis. Une chute, ici, avait toutes les chances d'être mortelle. Subjugués, nous le fûmes par le spectacle qui nous était offert. Une merveille propre à vous exciter l'imagination, vous gonfler les veines et augmenter votre rythme cardiaque. Immobiles, nous entrevoyions à quelque quatre cents mètres plus bas le fond du canyon. Au-dessus, la neige, puis le roc déchiqueté, strié, rugueux, entaillé de longues failles lisses coupées d'immenses cascades de glace pétrifiée. Plus intense encore, j'éprouvais la griserie sensorielle, une sorte de nirvāna vigilant. Les joies contemplatives réclament le silence. Il ne fit pas défaut. Nos regards s'accrochaient longuement à chaque strie, chaque dentelure, sans pouvoir embrasser la totalité du spectacle. Sans les efforts consentis pour arriver jusqu'ici, ce frémissement intérieur eût-il été aussi intense? Probablement pas. Nous en savourions maintenant le prix. A cela s'ajoutait l'orgueil de se croire maîtres du monde. Nous sentions revivre en nous l'âme des explorateurs, des coureurs de bois. Nous éprouvions les mêmes extases, le même sentiment de liberté et de puissance, ravalant du même coup les petites misères endurées jusqu'alors. Combien exaltant était-il de se retrouver devant le rebord du canyon! Depuis combien de temps quelqu'un était-il venu jusqu'ici en attelage à chiens? Au moins une trentaine d'années, depuis que les Inuit ont troqué leurs équipages contre des Skidoo. Bien rares aujourd'hui ceux qui se risquent aussi loin de leur base de départ, avec leurs machines pétaradantes, ne serait-ce qu'en raison du coût de l'essence. Autrefois, ils passaient probablement par là, le canyon étant le point de passage obligé pour se rendre de la côte au plateau du Labrador et inversement. Mais par où donc? La réponse nous fut donnée bien plus tard à Naïn. Heureusement, car celle-ci eût été de nature à nous décourager totalement! En effet, loin de s'engager où nous le fîmes en définitive, avec les péripéties et les difficultés que l'on va voir, les Inuit grimpaient sur le plateau par une voie bien moins pentue, à proximité de la côte. Jamais par le fond du canyon, où notre itinéraire devait nous conduire, là où nous nous sommes finalement engagés. D'après les échos qui nous sont parvenus, les Inuit se seraient montrés étonnés par tant de témérité... Avait-on le choix? Mais là j'anticipe.

Enthousiaste, Nicolas retourna seul sur le rebord du canyon, mais, cette fois, muni de son appareil photo. Pendant ce temps, sans nous douter de ce qui se tramait à quelques pas, nous mettions la dernière main à nos préparatifs de départ. Blême et tremblotant, nous le vîmes revenir, visiblement mal ren.is d'émotions qui avait dû être fortes.

– T'en fais une tête! Qu'y a-t-il?

– Un peu plus, j'y restais. J'ai eu une chance pas croyable de m'en sortir. Soudain, j'ai glissé; je me suis vu partir dans le précipice sans pouvoir réagir. Je ne vous dis pas l'angoisse... Par chance, alors que je ne me trouvais plus qu'à quelques mètres de la paroi, j'ai réussi à m'agripper à une roche... Je n'en menais pas large dans cette position fâcheuse. Après avoir récupéré quelques minutes, j'ai pu m'éloigner pas à pas des bords du canyon. Mes jambes en tremblent encore.

Le dernier coup d'éclat de Nicolas, mais cette fois, il en avait réchappé de justesse. Le genre d'accident stupide, imparable.

– Fais gaffe, Nicolas! fis-je simplement.

Cela évoquait en moi de bien mauvais souvenirs. Ça n'allait pas recommencer... Deux ans plus tôt, l'accident de Marc, et, ici, il s'en était fallu de très peu pour que Nicolas connût le même sort. Les battements d'exaltation avaient laissé place aux battements d'angoisse avec le même paroxysme. De vie à trépas, il n'y avait qu'un pas; la moindre inattention pouvait être fatale...

En cheminant le long du rebord, tant de pensées noires m'assaillaient. La vie était-elle un éternel recommencement? Fallait-il y voir un signe du destin? Les replis de mon imagination m'inventaient un univers effrayant, parsemé d'embûches, un monde irrationnel. Pour comble de malchance, recherchant une de mes paires de gants, j'eus la malencontreuse idée de soulever la bâche du traîneau. Kaali tout en sang était posée délicatement sur les bagages. Michel et Jacques ayant profité de notre absence du camp pour installer, sans mot dire, la petite chienne sur le traîneau dont j'avais la charge ce matin-là. Malaise, tristesse, compassion, dégoût, je ne sais ce qui dominait en moi. Mais une certitude : cette image de la mort que j'aurais voulu éviter me fit froid au dos. Bien évidemment, nous ne transportions pas Kaali pour lui trouver une sépulture. Non, mais pour des raisons beaucoup plus utilitaires :

– Elle est morte, maintenant. C'est de la viande pour les autres chiens. Dans le Nord, on ne doit rien gaspiller, une fois gelée, les chiens la mangeront.

– Pourquoi?

– Elle perd son goût, et les chiens l'acceptent alors.

Une telle affirmation doit cependant être nuancée. Certes, Bilbo et Tröll smblaient se régaler des morceaux de Kaali taillés à la hache. Je n'en dirais pas autant des autres. Certains, comme Duway et Patouk, ont fini par s'y faire, mais simplement parce qu'ils avaient faim, d'autres, comme Mahingan et Moulouk, plus délicats, ont refusé d'y toucher. Tous les goûts sont dans la nature! J'avoue que ma sensibilité eut quelque mal à admettre cette nécessité bien qu'au fond de moi-même je n'y voyais rien à redire. Kaali morte, il ne s'agissait bien sûr plus que de viande. Pourquoi la gaspiller? Pourquoi priver les autres chiens de cet apport de vitamines? Il ne faudrait pas y voir la preuve de la dureté de cœurs de nos compagnons de route. Ils avaient le sens pratique des coureurs de bois et refusaient toute prise en compte de préjugés moraux ou de « sensiblerie de civilisé ». Au Nord, au contact des réalités de la vie, on aborde les problèmes sous un autre angle. Au reste, ce qui était arrivé à Kaali aurait très bien pu nous arriver. Jacques n'avait-il pas exigé qu'on le laisse sur place en cas d'accident mortel en cours d'expédition.

– Si je meurs, je serais heureux que mon corps puisse nourrir les animaux du Grand Nord.

Y a-t-il meilleure illustration de ce « réalisme », de cette forme d'intégration au milieu qui lui faisait envisager sereinement les extrémités les plus tragiques. Chapeau! Ce n'était pas donné à tout le monde de pouvoir le faire sur ce ton badin.

A l'intention des âmes sensibles, je répondrai que nous sommes partis avec dix-neuf chiens et avons terminé trois mois plus tard avec tous nos chiens à l'exception, bien sûr, de Kaali. Cela est notre fierté, mais nos trois ravitaillements aériens nous le permettaient. Ainsi, nous avions évité de sacrifier un certain nombre de nos chiens en cours de piste. Il existe, en effet, un théorème polaire qui pourrait s'énoncer de la façon suivante : « Un chien de traîneau tire à peu près son propre poids et, à chaque fois qu'un traîneau s'allège de ce poids, un chien devient inutile. » En l'absence de soutien logistique aérien (et pour cause), tous les grands explorateurs des pôles ont suivi cette loi terrible. C'était le prix à payer pour leur propre survie, celle de leurs hommes et le succès de leur entreprise.

En 1911, Amundsen, parti à la conquête du pôle Sud avec cinquante-deux chiens, revint quatre-vingt-dix-neuf jours après avec un peu moins de la moitié de son attelage. Au fur et à mesure que la nourriture diminuait, la nécessité de quelques chiens également, et certains furent sacrifiés. Ils furent dépecés, et on en fit des tas, balisés dans la neige, pour les récupérer au retour et nourrir ainsi ceux qui auraient la chance de survivre, les chiens servant à la fois de bêtes de somme et de viande sur pattes...

Paul-Émile Victor dut encore recourir à cette terrible loi de l'Arctique, lors de sa traversée du Groenland en 1936, comme il le raconte dans un livre de souvenirs [1] :

« Nous étions partis avec trente-trois chiens et des traîneaux surchargés. Chaque jour qui passait voyait le poids total diminuer du poids de vivres pour les hommes et pour les chiens : quatre kilos pour les uns, seize kilos pour les autres. Au total, vingt kilos inutiles. Tous les deux ou trois jours, un chien devenait inutile. Si nous ne le supprimions pas, nous devions transporter sa nourriture, poids devenu inutile lui

---

1. Paul-Émile Victor, *Chiens de traîneaux, compagnons du risque*, Flammarion.

aussi. Nous étions partis avec trente-trois chiens, théoriquement, nous devions arriver de l'autre côté du désert de glace sept semaines plus tard et six cent cinquante kilomètres plus loin... avec cinq chiens! Nous devions donc en abattre vingt-huit... »

En se serrant la ceinture, ils purent réduire leur nombre à douze. Pas l'un d'entre nous n'aurait voulu se trouver dans la situation de ces explorateurs. On imagine facilement combien dure devait être la décision d'abattre un chien, et encore plus de passer à son exécution. Nous en savions quelque chose! Aujourd'hui, heureusement, les relais de nourriture permettent, la plupart du temps, de ne plus recourir à des décisions aussi douloureuses. Mais la situation l'eût-elle exigé (manque de nourriture consécutif à un retard), nous n'aurions pas hésité à y recourir. Dure loi de l'Arctique...

Les sentiments d'affreuse incertitude étaient aussi puissants que ceux d'euphorie pouvaient l'être en d'autres circonstances. Sans cesse, je me voyais naviguer entre ces deux extrêmes comme pris par un mouvement perpétuel de pendule. Cela se vérifia une fois de plus à la suite de la découverte du fameux passage, ou, plus exactement, ce que nous pensions être le fameux passage, car il fallut auparavant nous en assurer. A trois, nous partîmes en éclaireurs, Michel, Jacques et moi, le tirage au sort ayant désigné Nicolas comme gardien des traîneaux. A lui également le privilège de se geler...!

Nous nous accordions une heure pour partir à la découverte du canyon. A 9 h 45, munis d'un piolet, nous entamions la descente d'un pas décidé, conscients que notre projet allait se jouer sur l'issue de cette reconnaissance, et cela nous donnait la fièvre avant même de savoir ce qui nous attendait vraiment, l'intuition nous poussait à l'optimisme. Douce euphorie qui se lisait dans les regards, la précipitation avec laquelle nous nous engageâmes dans le canyon. Ivresse heureuse, exaltante et légère. L'air même qu'on respirait ici pénétrait loin dans la poitrine, fouettait le sang comme une caresse allègre, continue, que l'on percevait à chaque respiration; pureté de l'air, pureté des neiges scintillant sous le soleil. Les parois nous surplombaient de leur masse rocailleuse, étageaient leurs abrupts, leurs cascades de glace. Toutes émergeaient dans la lumière, une toison à la fois ocre et blanche se découpait dans le bleu du ciel. Quelle merveille! Le cœur léger, nous trottinions quand nous ne nous laissions pas tout bonnement glisser sur les fesses! En quelques minutes, nous étions descendus de quelques centaines de mètres : cinq cents mètres de dénivellation en trois kilomètres! Cela promettait une belle dégringolade. La pente était, par endroits, plus accentuée mais la piste était toujours libre devant nous. Rassurant, car nous n'avions qu'une crainte : nous retrouver nez à nez avec un verrou glaciaire ou un morceau de rocher qui nous bloquerait au fond du canyon. Dans ce couloir encaissé, bien protégé des vents, nous pouvions même nous découvrir. Le moment était venu de faire le point.

– Qu'en penses-tu, Jacques?

– Je serais pour essayer...

– O.K., mais je propose qu'on continue encore un peu pour nous assurer que la voie est libre.

Et elle était libre, du moins apparemment, car il était hors de question de pousser plus loin la reconnaissance du canyon : un quart d'heure pour descendre, mais combien de temps pour remonter? Sans doute trois fois plus.

L'euphorie, il n'y a pas d'autres mots. Rien n'excitait plus l'imagination que les images du succès. Ma liberté me paraissait soudain immense, et le champ de vie illimité. Nous étions impatients de nous élancer dans cette pente, bref, de vivre pleinement.

Mentalement, je mesurais les risques de cette descente, les possibilités de casse du traîneau, les embûches dressées devant nous. Mais, au fond de moi-même, je ne doutais plus de l'avenir. Mes certitudes étaient à présent en béton. Tout se passerait bien. Cela dépendait de nous.

Nous avions rejoint les bords du canyon d'un pas alerte. Grisés, l'effort ne semblait avoir aucune prise sur nous. Comme quoi le mental sait quelquefois galvaniser les énergies!

– Alors! nous apostropha de loin Nicolas, qui se gelait, immobile près des traîneaux.

– C'est bon! Ça passe!

Toute l'équipe avait retrouvé une même motivation, une folle envie d'en découdre avec ce canyon. Mais il ne fallait pas se voiler la face pour autant : la pente était forte, et la descente serait risquée. On aborda alors la question de la tactique à employer :

– Bon, on va faire passer les traîneaux l'un après l'autre. Il faudra bien les retenir, pour qu'ils ne s'emballent pas dans la pente. A quatre, on ne sera pas de trop.

Et, déjà, j'enrageai intérieurement lorsque je compris que l'on comptait sur moi pour mettre la main à la pâte. Ne pas filmer ce moment de choix m'était tout à fait insupportable. N'étions-nous pas convenus que je serais autorisé à m'extraire du groupe pour filmer les moments difficiles, tout au moins quand la sécurité de l'équipe le permettait. Mais suffit-il d'avoir posé le principe pour avoir réglé la question? Non. Tout est affaire d'appréciation personnelle. Là où pour les uns la sécurité de l'équipe est en jeu, elle ne l'est pas forcément pour les autres. Donc, à notre habitude, il y eut « caucus », selon le terme employé par Michel. A lui revint le privilège d'exposer en premier son point de vue :

– Moi, je suis d'avis de laisser la caméra sur le traîneau. A quatre, on ne sera pas de trop avec la pente qu'il y a. Ce n'est vraiment pas le moment de prendre des risques.

– Tout à fait d'accord avec toi pour ne pas prendre de risques, mais je le suis également avec Alain : il serait dommage qu'il ne ramène pas d'images de cette descente. Je crois qu'on pourra se débrouiller à trois. Si la situation l'exige, il sera toujours temps qu'il nous rejoigne, pour nous donner un coup de main.

– Je suis d'accord avec Jacques, on peut essayer comme ça ; trois contre un. La cause est entendue.

Soulagé, je préparai mes caméras. Je les précédais alors de quelques minutes dans le canyon pour choisir au mieux le cadrage de mes plans. Pendant ce temps, Michel fulminait dans sa barbe, tendu comme toujours à l'approche des phases délicates. Avant de nous élancer, une longue mise au point se révéla nécessaire. Tout d'abord, remplacer les freins arrière du traîneau, qui avaient tous deux rendu l'âme sur la toundra, par des freins de fortune, en l'occurrence nos piolets fixés par des cordages à l'armature en bois; ensuite, vérifier les traits des chiens, leurs harnais, la mise de chacun, entraver les traîneaux par des cordages autour des patins et, ce faisant, réduire leur glisse... Vérifier, également enfin, l'arrimage du chargement, la tension des élastiques de la bâche...

Vint l'heure de nous élancer dans notre longue dégringolade vers le fond du canyon, le trac au ventre. Comment les chiens réagiraient-ils? Et les traîneaux? Et si cela se passait moins bien que prévu? La gamberge disparut heureusement une fois

185

pris dans le feu de l'action. Ne fallait-il pas être mille fois présents? Michel, Jacques et Nicolas, tous les trois derrière le même traîneau, criaient sans cesse pour modérer l'ardeur de leurs chiens : « Doucement! Doucement! » Mais ceux-ci ne les écoutaient pas, entraînés bien malgré eux dans une longue cavalcade afin d'éviter que le traîneau lancé à toute vitesse sur leurs traces ne vînt leur frotter la croupe. Les trois compères avaient beau s'échiner au traîneau, jouer tant qu'ils pouvaient du piolet, voire s'arc-bouter dans la neige tout en s'agrippant aux montants arrière, à peine réussissaient-ils à le freiner dans sa course folle; leurs efforts consistant bien plus à empêcher toute casse qu'à vraiment diriger le traîneau. Dès qu'un obstacle se profilait dans sa trajectoire, à corps perdu, ils tentaient d'en infléchir la course, parfois, ils l'évitaient de justesse... Descente épuisante s'il en fut. Au premier replat, l'attelage était stoppé, les traits bloqués dans la neige par un piolet. Ils pouvaient ainsi se porter, l'esprit tranquille, vers le second traîneau pour recommencer la même manœuvre. Jacques et Nicolas, s'estimant suffisamment aguerris, décidèrent de se débrouiller eux deux avec le premier attelage, Michel les suivant avec le second. Gain de temps précieux résultant de cette nouvelle répartition du travail. Cette cavalcade héroïque fut entrecoupée d'une succession de folles glissades, de chutes sans gravité, sauf une, qui aurait pu se terminer tragiquement : celle de Michel qui, avec beaucoup de chance, évita de se planter la tête sur le piolet. Tirant la conclusion de cet incident, il s'empressa aussitôt après de démonter son frein de fortune!

– Avec le piolet, c'est trop dangereux. Mieux vaut s'en passer.

Je ne résistai pas à la tentation de lui décocher une petite allusion au sujet des balises, en souvenir de nos discussions d'avant le départ :

– Vois-tu les balises, elles sont faites pour ça. Elles peuvent sauver la vie...

Il ne sourcilla pas, mais, depuis quelques jours déjà, j'avais, non sans déplaisir, constaté une certaine évolution chez lui. Me trompais-je en affirmant qu'il n'en contestait plus l'utilité (comme dernier recours, il va sans dire).

La pente s'accentua encore. Véritable plongée dans le gouffre, et, malheureusement, alors que je m'apprêtais à filmer sans doute les meilleurs plans de l'expédition, on fit appel à moi. Je me pliai à cette décision, non sans amertume, mais c'était la règle du jeu, d'autant qu'il aurait été malvenu de ma part d'en contester le bien-fondé : la pente était abrupte, et le danger réellement grand. Le traîneau viendrait-il à nous échapper des mains, il y aurait les meilleures chances qu'on le retrouvât désagrégé, éclaté sur un rocher après avoir sans doute labouré la croupe et blessé un certain nombre de nos chiens au passage. Tu parles d'une réussite de perdre chiens et traîneaux à la fois!

– On va détacher les chiens. Jacques, veux-tu te charger de les accompagner jusqu'en bas. Nous trois, on se chargera des traîneaux, et on les couchera sur le flanc pour mieux les retenir.

– Il faudrait trouver un moyen d'attacher les chiens à l'arrière pour freiner le traîneau, fit Nicolas du ton de la plaisanterie.

– Tu ne crois pas si bien dire. Paul-Émile Victor utilisait cette méthode. Malheureusement, je ne l'ai personnellement jamais testée, et c'est pas ici que je commencerai.

Jacques attacha les deux meutes ensemble avec un mousqueton, puis, lorsqu'il les eut bien en main, il les lança dans la pente :

– Allez! Allez!

Les chiens levèrent le nez, dressèrent les oreilles, tout étonnés de ne pas sentir le poids du traîneau, puis, revenus de leur surprise, ils partirent au triple galop. Jacques, après avoir vainement essayé de les suivre au pas de course, se laissa tomber sur les fesses et termina ainsi toute la descente dans une galopade effrénée au milieu d'un nuage de neige. Tout émoustillé de sensations nouvelles et se piquant au jeu, on le vit même encourager ses chiens à la manière d'un conducteur de char romain, joignant l'utile à l'agréable!

Un véritable gosse, ce Jacques, quelquefois!

Quant à notre départ, il fut moins impérial, plus laborieux. Quelle drôle de manière de faire glisser les traîneaux sur le flanc! Certes, nous les tenions ainsi mieux en main, ce qui ne les empêchait pas, toutefois, de s'emballer brusquement et de façon inexplicable. Plus d'une fois, ils capotèrent ou roulèrent sur eux-mêmes, mais sans casse, tout étant parfaitement fixé à bord. Un devant, deux derrière, quel convoi!

Quelques kilomètres ainsi, à progresser vaille que vaille, et nous voici finalement quatre cents mètres plus bas, au fond du canyon, pas peu fiers de nous en être tirés à si bon compte. A peine si un montant avait cédé :

– C'est rien, à Naïn, on le réparera, avait déclaré Michel, qui avait retrouvé le sourire et, de nouveau, l'euphorie – entièrement légitime cette fois.

Du bas, c'était encore nettement plus impressionnant. Nous n'en revenions pas de cette plongée vertigineuse. Vraiment, nous n'avions douté de rien! Enfin, tout s'était déroulé comme nous l'avions espéré.

Nous avions également la satisfaction de trouver ce dont nous avions été privés sur le plateau : de la végétation. Certes, pas d'arbres, simplement des graminées, mais en nombre suffisant pour ressortir notre vieux poêle à bois. Également de l'eau sous la pellicule de glace brisée par quelques coups de hache bien placés. Bref, la terre promise! Bédouins du désert, nous nous délectâmes de cette eau claire, vivifiante, qui nous changeait de nos morceaux de glace de la toundra (dans le meilleur des cas). Quel bonheur de retrouver la douce caresse du feu, tous les petits plaisirs d'un home confortable, d'humer les parfums de la réussite mêlés à ceux, non moins odorants, des graminées en combustion. Foin de nos incertitudes! Nous étions dans notre rêve, sur un nuage, plus que jamais confiants en notre bonne étoile. Et ces cathédrales de rocs, de neige et de glace au-dessus de nous! Comblés!

– Première hivernale de la Fraser! glissa Jacques, en guise de conclusion, avant l'extinction des feux.

Il avait probablement raison. Une fois de plus, j'eus du mal à trouver le sommeil, mais pas pour les mêmes raisons que la veille. J'étais rempli de joie devant l'heureux dénouement de la journée... Allait alors commencer, et cinq jours durant, la longue descente dans le canyon jusqu'à son débouché sur la mer du Labrador. Une descente progressive, douce, sans obstacles, à peine par endroits quelques rétrécissements encore imposants. Peu à peu, la vie resurgit. D'abord, quelques épinettes rachitiques, prenant progressivement de la vigueur, et, finalement, ces magnifiques sapins baumiers, ces bouleaux, eh oui! sous pareille latitude, plutôt rare! La première fois que nous en voyions depuis Schefferville, et cela en raison du microclimat de cette vallée encaissée, comprimée entre deux immenses parois rocheuses. Les premiers chants d'oiseaux également. Il faisait presque bon au soleil de midi. Le renouveau... Le printemps en quelque sorte, avec sa contrepartie : la neige molle nécessitant le réemploi de nos raquettes, et nous contraignant à reprendre nos relais. Dans l'après-midi, Nicolas et moi, nous nous trouvions aux traîneaux, lorsque les chiens donnèrent du collier sans raison. Nous n'en demandions pas tant, mais, ravis de leurs dispositions, nous les laissâmes faire. Et les voilà accélérant encore un peu plus pour se mettre au triple galop. En forme, nos chiens, tant mieux! Mais ils ne savaient sans doute pas ce qui les attendait. Nous ne tardâmes pas à connaître l'explication de leur conduite bien étrange, lorsque nous aperçûmes une masse inerte en travers de la piste. Qu'était-ce? Méfiants, nous avions stoppé nos attelages à bonne distance pour nous en approcher. Un porc-épic! Bien nous en prit de retenir nos chiens, eux qui ne demandaient qu'à en faire une bouchée! Une bouchée particulièrement indigeste et douloureuse, car ils se seraient sans doute jetés comme des benêts sur les piquants. Nous avions échappé de justesse à un long travail : les retirer un à un de leur pelage...

En cours de route, Michel avait donc abattu un porc-épic sur un arbre. Il l'avait abandonné à notre intention. Nos chiens l'avaient flairé de loin. Un véritable cadeau du ciel que nous comptions bien nous réserver. Pour quatre, c'était parfait. Bien mariné, c'était, paraît-il, excellent. Nos chiens avaient Kaali à se mettre sous la dent; elle-même convoitée par d'autres hôtes de la forêt. Ce soir-là, nous nous trouvions mollement installés autour du poêle, lorsque nos chiens s'agitèrent de façon inexplicable, jappant, grognant, comme si un animal rôdait dans les parages.

– Sûrement un renard!

N'écoutant que son instinct de chasseur, Nicolas s'était précipité à l'extérieur pour en avoir le cœur net; il revint presque aussitôt, excité :

– Ils sont deux. Deux renards qui s'acharnent sur Kaali! Nourrir nos bêtes, oui, mais pas tous les animaux du Grand Nord. Passant une main au travers de l'ouverture, Nicolas attrapa son arme, posée canon en l'air contre la tente. Il la chargea :

– Merde alors, une balle s'est coincée dans le chargeur, chuchota-t-il, furieux du contretemps.

Les renards n'avaient pas bougé et se délectaient le plus tranquillement du monde. Ainsi, Nicolas eut le temps de s'approcher des « indésirables », arme en main, en tenue de nuit, sous-vêtements, chaussettes aux pieds, par – 25 °C. Quelle touche!

Lentement, sans bruit, lampe frontale vissée, il disparut. Puis un coup de feu, suivi de deux autres...

– J'en ai eu un!

Rentrant précipitamment, il nous exhiba, la mine réjouie, le corps de l'animal encore tout pantelant.

– Il faisait vraiment nuit noire, je me suis dirigé au jugé, n'y voyant goutte. C'est alors que j'ai vu une ombre fuir vers le lac où elle s'est finalement immobilisée. Il était bien loin. J'ai enclenché ma lampe, épaulé! Deux yeux rouges perçaient l'obscurité, mais je n'arrivais pas à distinguer sa position. J'ai tiré, et, voilà, foudroyé en plein cœur! L'autre en a profité pour s'échapper...

Les renards sont vraiment d'une curiosité maladive. Un soir, sur la George, nous étions installés dans une pourvoirie. Nicolas était assis face à la fenêtre, quand il se retrouva nez à nez avec une autre de ces créatures. Quelques secondes à se fixer. Devinez lequel des deux fut le plus surpris? Toujours est-il que Nicolas sortit brusquement, comme un dératé, se saisissant au passage de son arme. Mais, trop tard, le renard en avait profité pour prendre la tangente, et, cette fois, ils poussaient l'inconscience à venir provoquer nos chiens, en s'attaquant à leur nourriture et à venir se jeter dans la gueule du loup.

– Je profiterai de notre journée de congé pour préparer la peau. De beaux collets de fourrure en perspective pour nos parkas!

Brusque dégradation du temps avec le radoucissement nocturne de la température. Au réveil, une grosse neige humide écrasait le paysage de blancheur. Un temps idéal pour faire relâche, et chacun de retrouver ses activités : Nicolas à la préparation de son renard, Michel et Jacques à leurs travaux de couture (Kimo avait encore fait un sort à deux harnais tout neufs), et moi, je consacrai une bonne partie de mon temps à charger ou décharger mes magasins de cinéma, à nettoyer les caméras... Le porc-épic marina longtemps et, malgré notre scepticisme, le résultat fut des plus probants. Au goût, cela ressemblait au bœuf bourguignon, pas mauvais du tout!

Michel, ne laissant rien au hasard, ramena une brassée de branches d'épinettes pour une décoction de son cru :

– Je vais préparer une tisane d'épinette. Là-dedans, il y a

autant de vitamines que dans une orange ou un citron. On commence à en avoir besoin. Les coureurs de bois se prémunissaient contre le scorbut. Vous verrez, c'est un peu amer au goût, mais en ajoutant un peu de sucre et avec l'habitude, cela passe bien.

Effectivement, ça se laissait boire. « C'était pas pire ! » pour reprendre une expression chère aux Québécois.

– Tu n'aurais pas du whisky déshydraté à nous offrir, Jacques ? fit Nicolas.

– Je n'ai pas poussé mes recherches jusque-là, mais il ne faut pas désespérer, un jour, peut-être...

Tout doucement, on arriva ainsi au soir. Déjà repartir, par un temps de chien ; quatre jours durant à marcher dans une neige à la consistance de farine mouillée qui collait aux raquettes et aux semelles des mocassins. Cela éveillait en nous de bien mauvais souvenirs. Mais ici, en plus, avec la désagréable sensation d'humidité aux pieds en raison de la température exceptionnellement douce : il faisait – 5 °C le matin, et la neige fondait au contact du corps. Tout était gris, lugubre. Le rebord du canyon disparaissait sous une chape de brume. C'était comme si les falaises avaient été sciées en deux. Cent vingt kilomètres nous séparaient encore de Naïn et, avec cette mélasse, pas question de parcourir plus de trente kilomètres par jour. Quatre jours qui nous parurent une éternité. Pressés d'en finir, et constatant que les attelages étaient constamment freinés par les raquetteurs, nous inaugurâmes une nouvelle tactique : un homme suffisait pour ouvrir la piste. Pourquoi ne pas le faire se défoncer pendant une heure, le relayer ensuite par un autre équipier, et ainsi de suite. Une heure de marche à allure soutenue pour trois heures de repos sur le traîneau. Marché équitable, s'il en fut. Ainsi, notre petit convoi avançait-il à sept ou huit kilomètres à l'heure. Les kilomètres défilaient...

10.

Nain

A l'approche de Nain, nous ne quittions plus des yeux la ligne d'horizon, nous attendant à voir surgir d'un moment à l'autre notre premier Skidoo depuis un mois ou, à tout le moins, croiser une de leurs pistes que nous n'aurions plus qu'à suivre jusqu'au village inuit, ce qui nous faciliterait grandement le travail et nous ferait faire l'économie de l'homme de tête. Mais nous avions beau fouiller la banquise, nous abîmer les yeux à rechercher la moindre ombre sur la blancheur infinie. Rien, toujours rien. Toutes les traces avaient été effacées par la tempête. Non, il serait dit que, jusqu'au bout, rien ne nous serait épargné. Les derniers kilomètres furent les plus longs. Déception à la mesure de notre attente, de la joie que nous nous faisions de ces dernières heures de marche. N'avions-nous pas péché par vanité, en espérant secrètement qu'une escorte viendrait peut-être à notre rencontre? Toujours rien en vue du village.

– Nain, là-bas! Vous voyez le fanion qui flotte au vent?
– Où ça?
– Là, suis mon doigt.
– Je ne vois rien, un mirage, Nicolas...
– Je t'assure, c'est Nain. Comme toujours, vous êtes aveugles. A mon avis, il sert de balise aux avions.

Nicolas avait vu juste. Nous ne voyions toujours rien, mais nous percevions enfin les rumeurs lointaines de la ville : aboiements de chiens, bruits étouffés de moteurs. On y était enfin! Fourmillement. Bourdonnement de plaisir. Satisfaction béate d'avoir réalisé la moitié de notre rêve. Frénésie de songes, de partances. Nous rêvions debout non sans entrevoir

l'inanité de cette euphorie. Quel exploit? N'avions-nous pas fait que rééditer un trajet cent fois parcouru avant nous, il y a très longtemps certes, mais parcouru néanmoins. Ce sursaut d'humilité ne vint pourtant en rien gâcher les instants délicieux que nous vivions. Nous espérions un accueil chaleureux et remarqué. Que notre entrée passât inaperçue était bien le pire qui pût nous arriver. Nous la voulions empreinte de dignité, aussi nous nous employâmes à soigner notre mise, celle de nos chiens et de nos traîneaux. Désignés par le hasard des relais comme têtes de cortège, Michel et Nicolas étaient aux anges : ils seraient les premiers à faire leur entrée dans Nain. Les dernières centaines de mètres furent parcourues à un rythme d'enfer. Ils avaient retrouvé leurs ailes, et les attelages leur vitalité. Jacques, immédiatement derrière, et moi, en serre-file, avec Simba comme chien de tête, Mahingan se voyant dispensée de tout travail depuis quelques jours en raison de l'état avancé de sa grossesse. L'heureux événement était pour bientôt. A hauteur des fanions de balisage, nous vîmes soudain une multitude de points noirs fondre sur nous en un véritable essaim d'abeilles. Enfin aperçus! Commença alors un étonnant ballet de machines pétaradantes, éclairées de leurs faisceaux lumineux qui grossissaient à vue d'œil. Un raffut de tous les diables, qui indisposa les oreilles délicates de nos chiens. Un retour au monde qui manquait singulièrement de discrétion. A nous faire regretter notre tranquillité. Un mois déjà que nous étions entre nous. Dans le brouhaha des moteurs, on dut élever la voix pour se faire entendre, et comme pour mieux mesurer notre éloignement du Québec, on nous accueillit dans la langue de Shakespeare :
– *Where are you coming from?*
– Schefferville.
– *Very far.*
En débarquant d'une autre planète, l'effet de surprise n'aurait pas été plus grand. Et, déjà, le bouche à oreille avait fonctionné. En un rien de temps, le village savait tout de notre itinéraire, de la traversée du plateau, de la descente vers le canyon, ce qui en étonna plus d'un, jusqu'à notre destination finale « Kangiqsualujjuaq » (ou, si vous préférez, Port-Nouveau-Québec) loin au nord, sur la baie d'Ungava.
Il y avait bien longtemps que plus personne n'était venu d'aussi loin, même en Skidoo; l'essence coûte trop cher pour les longues randonnées sur le plateau et le traîneau n'est plus

qu'un vestige du passé. Nain ne comptait plus que deux attelages à chiens. Une tradition maintenue bien moins par nostalgie d'un passé glorieux que pour des considérations d'ordre matériel, l'achat et l'entretien du Skidoo coûtent cher, beaucoup trop pour les bourses de John Terriak et Charlie, les derniers tenants bien malgré eux de la tradition. Cela manque peut-être de poésie, mais ainsi sont les choses.

Pour une entrée remarquée, c'en était une : nous étions comblés! Des grappes d'enfants indisciplinés, comme tous les enfants du monde, prirent nos traîneaux d'assaut, touchant à tout, tirant sur la babiche, sur les traits. Un véritable terrain de jeux. L'engouement que nous suscitions n'était pas le moindre des paradoxes. A croire que c'était la première fois qu'ils voyaient des traîneaux! Certes, les nôtres avec leur fin bâti en bois, sa forme de « panier » (qui lui vaut l'appellation de « basket sledge »), plus connu chez nous sous l'appellation de « traîneau Alaska », étaient bien différents des traîneaux au fond plat, dépourvus de montants arrière, utilisés en pays inuit.

Ils se distinguaient également par leur système d'attelage : les Inuit utilisent, rappelons-le, la technique de l'éventail (chaque chien étant directement relié au traîneau par son trait), et nous celle dite « du tandem double » (les chiens étant attachés deux par deux, de part et d'autre d'un trait unique). Toujours est-il que nos jeunes admirateurs s'illustrèrent de facéties diverses, nous singeant, reprenant en chœur, avec plus ou moins de bonheur, il faut bien le dire, les commandements donnés à nos chiens. D'une curiosité insatiable, ils nous tarabustèrent de questions sur le nom de nos chiens, leurs caractères :

– *Which is the name of this dog?*
– Bodash.
– *And this one?*
– Moulouk.
– *And this one?*
– Kimo...

Nous nous prêtâmes de bonne grâce au déluge de questions, avec une patience que je ne nous connaissais pas. D'autres encore rejoignirent leurs petits camarades. Nous les laissions faire, décidés à fermer les yeux, même si nous commencions à nous faire du mauvais sang pour nos traîneaux qui croulaient chacun sous le poids d'une bonne dizaine d'enfants. Mais cette

194

extraordinaire mansuétude n'était sans doute pas étrangère à certaines arrière-pensées conscientes ou inconscientes. Adoptés par les enfants, ne pourrions-nous pas plus facilement entrer dans les bonnes grâces de leurs parents?

La nouvelle de notre arrivée s'étant répandue comme une traînée de poudre, nous fîmes notre entrée au milieu d'une double haie d'honneur, plus exactement de curiosité. Le village ignorait tout de notre venue. Le secret avait été bien gardé par le caporal Peddle, responsable du poste de Nain, de la gendarmerie royale du Canada, avec lequel nous avions de longue date organisé le troisième ravitaillement de notre expédition. L'accueil de la population n'en fut que plus spontané et chaleureux. Ce qui nous frappa immédiatement dans cette foule, c'était son aspect bigarré. Des Inuit, en majorité. Des « qalunaat », littéralement « les gens aux gros sourcils », autrement dit les Blancs, mais ce terme est réservé aux étrangers de passage dans le village, constitué, en majeure partie, de coopérants, professeurs, infirmières, techniciens. A côté de ces « qalunaat », il y a les « liveyeres », de l'anglais « *live here* », ceux qui vivent ici, les Labradoriens blancs de vieille souche, installés ici depuis quatre ou cinq générations, fiers de leur spécificité mais pétris d'une histoire commune avec les Inuit depuis plus de deux siècles. Cela crée des liens, des communautés d'intérêts, force au respect. Les deux groupes ne se sont-ils pas mutuellement porté secours au cours des famines endémiques que le Labrador a connues au début du siècle? Ne partagent-ils pas les mêmes croyances religieuses? N'appartiennent-ils pas tous les deux à la même église morave venue faire œuvre d'évangélisation dans le milieu du XVIIIe siècle? Les Labradoriens se distinguent en cela des qalunaat, anglicans pour la plupart. Enfin, les liens de sang, les mariages mixtes n'ont pu que cimenter les deux communautés. Il ne faudrait pas pour autant conclure au rejet des qalunaat, mais ils restent des étrangers avant tout, qui, un jour, rentreront chez eux. Nous eûmes la chance d'être hébergés, au cours de notre séjour à Nain, par deux de ces vieilles familles labradoriennes : Michel et Jacques chez Bob et Clara Voisey; Nicolas et moi, dans la famille Denniston.

Les Voisey, une des plus vieilles familles de Nain, dont Clara nous conta l'histoire étonnante :

« Amos Voisey, notre ancêtre, était marin. Il se trouva si malade, au cours de sa première traversée de l'Atlantique, qu'il refusa de réembarquer vers l'Angleterre et décida de rester ici. Il se maria une première fois à une autochtone d'Hopedale (communauté inuit au sud de Nain). Après son décès, il se remaria à une Inuit de Nain. C'était mon arrière-grand-mère. Notre famille a décidé alors de s'installer au nord de Nain, sur les bords d'une baie qui porte aujourd'hui encore notre nom. Puis, au cours des ans, les Voisey se sont alliés à d'autres Blancs, installés comme nous ici. On peut considérer que les Labradoriens de Nain sont tous plus ou moins cousins. Les mariages mixtes (avec des Inuit) furent moins fréquents, mais cela arrivait de temps à autre. Donc, nous avons tous du sang inuit, mais nous sommes fiers de nos origines... »

Au reste, comment en douter au vu des nombreuses photos de la famille royale d'Angleterre, de la reine Elisabeth, du prince Charles, de la princesse Diana et du charmant bambin... en bonne place dans le salon des Voisey; un attachement à la couronne britannique qui avait quelque chose d'étonnant, de surréaliste dans ces terres isolées, mais dont l'explication est historique. Faut-il rappeler que Terre-Neuve, dont dépend administrativement le Labrador, fut la dernière province à rejoindre le giron de la Confédération canadienne en 1949. Auparavant, elle était directement rattachée à l'Angleterre. Trente-cinq ans après, les mentalités avaient peu évolué. Les vieux Labradoriens vouaient encore un attachement indéfectible à la couronne britannique.

L'âme du Labrador s'est façonnée au cours des âges par de multiples courants d'influence qui s'expliquent par sa position. Ses côtes ont été fréquentées par les Vikings venus du Groenland, bien avant les voyages de Colomb, de Cabot et de Cartier. Ce qu'était le Labrador pendant les temps précolombiens, nul ne le sait. Un jour vinrent les Esquimaux. D'où venaient-ils? Sans doute d'Asie, par le détroit de Béring, mais Dieu seul le sait vraiment. En hiver, ils chassaient les animaux à fourrure, au printemps et l'été, les phoques, morses, baleines et caribous. Les Esquimaux du Labrador vivaient en petites bandes, se déplaçant de la baie d'Ungava jusqu'à la côte Nord du Saint-Laurent. Ils vivaient dans des maisons de glace ou de tourbe, ou sous des tentes de peau. Longtemps tenu pour probable, il est maintenant acquis (depuis que les archéologues ont mis au jour des vestiges de leur présence) que la découverte du Labrador, et donc de l'Amérique, doit être attribuée aux Vikings, autour de l'an mille. Établis pendant trois siècles au Groenland, et chassant la baleine, le phoque et le morse, poussant plus loin et toujours plus loin leurs expéditions, ils finirent un beau jour par aborder le continent américain, au « Helluland », au « Markland » et enfin au « Vinland ». L'un de ces noms désigne sans doute le Labrador. Comment penser que ceux-ci, qui régulièrement (d'après les sagas) faisaient les traversées du Groenland à la Norvège, soit plus de dix-sept cents kilomètres, n'aient pas eux-mêmes débarqué au Labrador, distant de mille kilomètre à peine de la pointe sud du Groenland? La saga d'Éric le Rouge fut la première à mentionner la présence d'Esquimaux (de Skraelings, disait-elle). Les canots en peau qui étaient décrits ressemblaient étrangement aux kayaks.

Beaucoup plus tard, il y eut les farouches baleiniers basques de Bayonne, de Biarritz et de Saint-Jean-de-Luz, suivis dans la même aventure par les Bretons de Paimpol, de Bréhat et les Normands de Honfleur ou de Dieppe. Longtemps après leur départ, on trouvait encore des piles d'os de baleine, là où ils s'étaient établis. D'après Pierre Martyr, lorsque Cabot a visité Terre-Neuve en 1497 et 1498, pour le compte du roi d'Angleterre, les indigènes lui dirent qu'elle se nommait « Baccalaos », du nom d'un poisson que l'on trouve en abondance dans les eaux qui la baignent. Or, ce nom est celui de la morue en basque, peut-être emprunté au vocabulaire des Indiens de Terre-Neuve. Légende ou pas, cette anecdote est bien touchante.

Puis vinrent les premiers explorateurs, à la recherche du passage du nord-ouest et d'une route directe vers les Indes, regorgeant de richesses. Frobisher, en 1576, ouvrit la voie aux explorations polaires. Apercevant l'Islande, il continua sa navigation à l'ouest, et arriva à un détroit auquel il donna son propre nom. On n'est jamais mieux servi que par soi-même. L'exemple fut suivi par une flopée d'autres explorateurs, dont Davis, qui donna également son nom au détroit séparant le Groenland du Canada. Hudson l'imita. Mais tous ces navigateurs longèrent les côtes du Labrador sans vraiment prendre la peine de s'y intéresser, s'enfonçant dans l'Arctique canadien et, de là, écrivant la passionnante et tragique histoire de la découverte du passage du nord-ouest qui occupa l'amirauté britannique pendant plus de deux siècles. Quel tribut payé! Combien d'expéditions disparues dans les glaces, combien de drames s'y déroulèrent... Mais revenons à la découverte du Labrador proprement dite.

En 1704, le sieur de Courtemanche obtint le privilège de pêcher la morue et d'ouvrir un commerce dans le détroit de Belle-Isle. Non sans quelque infortune, se heurtant à l'hostilité des Esquimaux. Lui et son gendre construisirent dans la baie Phélypeaux un fort qui devint un centre d'échange pour les habitants du Labrador Sud. Malgré le désaccord des Esquimaux, ils envoyèrent en France des os de baleine et de l'huile de phoque. A leur mort, le poste fut abandonné. L'année 1763 vit la fin de l'influence française avec la signature du traité de Paris qui mettait fin à la guerre de Sept Ans. Toutes les possessions françaises d'Amérique, excepté Saint-Pierre-et-Miquelon, revinrent à la couronne britannique victorieuse. Une horde d'aventuriers sans foi ni loi, venus d'Angleterre, d'Irlande, des colonies américaines, prirent la relève, semant bien souvent la terreur parmi les communautés esquimaudes, à tel point que Sir Hugh Palliser, gouverneur de Terre-Neuve, se plaignit des exactions « de hordes hétérogènes qui se ruent maintenant vers les nouvelles rives du Nord, autour du détroit de Belle-Isle, composées de toute la racaille des diverses colonies »... Avec l'aide d'un certain Cartwright, il s'employa à pacifier les Esquimaux, créant toute une série de postes de traite pour commercer avec eux. Dès la fin du XVIIIᵉ siècle, toute la côte sud du Labrador était envahie d'Européens et d'Américains. Ils se répartissaient en « liveyeres », « floaters » et « stationers » : les liveyeres chassaient le phoque et les animaux à fourrure, pêchaient la morue et le saumon; ils avaient aussi de petits jardins. Les « stationers » venaient de Terre-Neuve pour la saison de la pêche, l'été, et les « floaters », qui n'étaient pas du tout installés, pêchaient la morue à longueur de journée. En 1925, on ne dénombra pas moins de soixante-dix bateaux venus de Saint-Jean-de-Terre-Neuve, deux cents du Saint-Laurent, employant près de cinq mille hommes. Encore quelques chiffres : en 1863, six bateaux vinrent pêcher à Hopedale, en 1868, leur nombre était passé à cent huit, et en 1870, plus de cinq cents navires se rendirent au nord d'Hopedale; une véritable invasion! Mais le territoire était grand et pouvait supporter cette masse de migrants. Les villages restaient isolés les uns des autres. Bien souvent, le courrier n'arrivait qu'une fois l'an. Cela ne fut pas sans conséquences pour les populations autochtones, décimées par les maladies inconnues, introduites par les Blancs : grippe, typhoïde, diphtérie. Le bon docteur Grenfell cite le cas d'Okkak, décimée par la grippe espagnole en 1919. Trois cents des trois cent soixante-cinq Esquimaux de la mission morave y périrent. A Hébron, on ne compta plus qu'un chien! Okkak fut fermée, et les rescapés vinrent s'installer à Nain. Cet aperçu historique serait incomplet si on ne mentionnait l'influence considérable que les frères moraves ont eue, et qui persiste aujourd'hui encore, comme on le verra. Déjà établis au Groenland, ce groupe de missionnaires protestants originaires d'Allemagne (d'où leur nom) obtinrent l'autorisation du gouvernement anglais de s'établir au Labrador avec pour mission de pacifier les Esquimaux, en rébellion ouverte contre les Blancs, auteurs de nombreuses cruautés à leur égard. La première tentative faite en 1757 par le missionnaire Erhardt, trois autres prêtres et six marins tourna court, s'achevant par le massacre de tous les membres de l'expédition. En 1762, Jens Haven eut plus de chance. Il fonda la première mission morave à Nain en 1771, après avoir négocié en inuktut (la langue esquimaude), qu'il maîtrisait parfaitement. D'autres missions suivirent : Okkak en 1776, Hopedale en 1782, Hebron en 1830, Zoar en 1865. La première école fut fondée à Nain en 1781.

Le gouvernement vit d'un bon œil les Moraves prendre l'entière responsabilité de l'avenir des Esquimaux : éducation, commerce et religion. Ils tentèrent d'instaurer un système original en partie traditionnel, en partie européen, bâti autour de leur poste de commerce communautaire. Dans chaque mission, les Moraves ouvrirent un comptoir de commerce dont le but était moins de faire de gros profits que d'assurer l'entretien de la mission et de subvenir à l'aide directe qu'ils fournissaient aux Esquimaux en période de disette. Seules les marchandises utiles étaient vendues : corde à filet, matériel de pêche... Se faisant une haute idée de leur mission, ils cherchèrent à préserver les Esquimaux d'un contact trop brutal avec le monde des Blancs. En particulier, ils les dissuadèrent de se rendre dans les postes plus au sud, où l'on vendait de l'alcool et des objets inutiles à un prix fort, et où plus d'un y perdit son âme... Leur philosophie, c'était d'accompagner le changement, d'apprendre aux Esquimaux à vivre de façon autonome dans un monde où l'influence européenne allait grandissant. On les vit introduire la prise des phoques au filet, encourager la sculpture sur ivoire, organiser des pêches au saumon, à l'omble arctique et à la morue, et tenter d'inculquer, sans guère de succès, convenons-en, des rudiments d'agriculture.

Il est probable, que sans la présence des frères moraves, les Inuit du Labrador auraient connu en une ou deux générations un sort identique à leurs voisins, les Indiens beothuks de Terre-Neuve, exterminés par les Blancs. Leur influence était telle qu'en 1860 la plupart des Inuit du Labrador appartenaient à l'Église morave. Malgré leurs bonnes intentions, force est de constater qu'ils échouèrent, finalement, dépassés par les changements intervenus.

Autrefois libres et éparpillés en petits groupes tout le long de la côte, les Esquimaux devinrent dépendants, agglutinés autour des missions moraves. Les colons européens vinrent de plus en plus nombreux vivre près d'eux ou parmi eux, piégeant, pêchant et chassant, accélérant le changement et le déséquilibre. L'histoire de la côte du Labrador ressemble étrangement à celle de la traite des fourrures chez les Indiens, à celle de l'époque des baleiniers. Fourrure, poisson, huile et ivoire étant tirés des terres et des mers pour faire la fortune des marchands lointains. En retour, les gens du Nord virent leur monde tourné sens dessus dessous... Les manières du Sud, où des allochtones ont inondé la vie des autochtones. Tout comme les Indiens, les Inuit se sentent perdus et démunis à des degrés divers. Les résultats sont là, avec les problèmes chroniques d'alcoolisme, de femmes battues et d'enfants sans orientation. Le sens de l'Histoire est cruel. Tout peuple au contact des Blancs est-il condamné à plus ou moins brève échéance à perdre son identité?

Quand on pense qu'aujourd'hui les habitants du Labrador dépendent pour leur survie des avions de ravitaillement venus du Sud! Qu'il suffit que l'avion soit cloué au sol quelques jours à cause du mauvais temps pour qu'ils soient confrontés aux problèmes d'approvisionnement. Ainsi, à notre arrivée à Nain, cela faisait quinze jours que l'avion n'avait pu atterrir. La coopérative était dévalisée, et tous les sujets de conversation portaient sur les conditions météorologiques. A quand l'amélioration? La population accueillit avec soulagement au seizième jour le ronronnement des moteurs. Enfin, on aurait des œufs, des légumes, des conserves, des sucreries...

« Autrefois, nous étions forts et beaux, courions vite, vivions uniquement de lagopèdes, de caribous, de poissons, de phoques et d'autres gibiers. Nous sentions les caribous longtemps avant de les voir. Aujourd'hui, nous sommes faibles, assistés, et les jeunes ne nous donnent même pas des raisons d'espérer : ils ne valent pas mieux. »

Confidence désabusée en forme d'épitaphe d'un vieil Inuk. Le changement de fier chasseur autonome à « apprenti homme blanc » a été profond et amer. L'influence morave reste très forte sur les mentalités. On la retrouve également dans le langage. Voici une conversation que l'on pourrait entendre aujourd'hui :

– Mon père s'appelait Johannes Freitag, comme *Mittwoch, Donnerstag, Freitag...*

– Mais c'est allemand.

– Non, c'est de l'inuktut, c'est comme ça qu'on dit.

– Comment comptez-vous?

– *One, two, three...*

– Et comment comptez-vous en inuktut?

– *Ein, zwei, drei, vier, funf, sechs, sieben, acht, neun, zehn...*

Étonnant, n'est-ce pas? Je pourrais multiplier les exemples. Comment dit-on « pomme de terre » en inuktut? *Kartupalak* (déformation du mot allemand *Kartoffeln*). La plupart des Inuit parlent aujourd'hui l'anglais, la langue des vieux Labradoriens (qui connaissent également l'inuktut) et des Qalunaat. Mais leur langue vernaculaire s'est enrichie de mots directement tirés de l'allemand ou déformés de l'allemand.

– Les Frères moraves qui ont fondé la mission de Nain au XVIIIe siècle venaient de la petite ville allemande de Hernhut. Ils ont traduit leurs cantiques dans notre langue, conservant cependant quelques mots germaniques. La Bible a été traduite de l'allemand en inuktut, c'est pourquoi nous prononçons tous les noms bibliques à l'allemande. Nous disons *Jesaya* et non *Isaiah, Johannes* et non *John,* nous confia Renatus Hunter, le premier Inuk à être ordonné pasteur par l'évêque morave d'Irlande.

Nain avait son musée dédié à la culture inuit. Un symbole. Non! Il serait plus exact de parler de bric-à-brac, certaines pièces étant manifestement là pour combler les vides. Mais certains beaux objets méritent d'y figurer, en particulier cette collection de harpons aux lignes élégantes, aux pointes en ivoire luisant dans la pénombre, également un antique kayak en peau. Un qui a servi, et non pas une pâle imitation. Des parkas, des pantalons, un couchage en peau de caribou, l'ancêtre de nos sacs de couchage, et des mocassins en peau de

201

phoque ; également un traîneau Alaska, échoué ici par je ne sais quel hasard ; peut-être appartenait-il à un missionnaire ou à un médecin de passage. Toujours est-il qu'on s'était empressé de le remiser au musée comme une pièce de collection, sans voir ce qu'il y avait d'incongru à cela. Je suis sorti de ce temple inuit avec un certain vague à l'âme. Momifier cette culture, n'est-ce pas précipiter les choses ; pourtant, la culture inuit, on la sent bien vivante tout autour de soi. Aussi préférions-nous ne pas nous éterniser en ce lieu pour traîner nos guêtres au hasard du village, au hasard des rencontres. Nain, avec ses neuf cents âmes, était la vie même. Partout, des kyrielles d'enfants jouant et se taquinant sur les barques de pêche, emprisonnées par la banquise. Qu'ils conservent longtemps leur insouciance ! C'est tout le mal que je leur souhaite.

Le village est coquet, bien arrangé, avec ses maisons en bois, ses allées bien tracées, son petit bois sauvegardé de l'armée de bûcherons. Ici, on se chauffe toujours au bois, et il faut aller très loin en Skidoo pour en trouver. Nain et ses environs ayant été passés au peigne fin depuis tant d'années, plus le moindre arbrisseau à des kilomètres à la ronde. Et cette église d'un blanc immaculé avec, pour toute touche de couleur, son toit vert, portant fièrement dans ses murs sa date d'édification : 1771, mais dont la fraîcheur démentait tout aussitôt de pareilles allégations :

– Elle est récente, cette église !

– Oui, elle a été rebâtie à la suite d'un incendie.

– Ah bon ! la rencontre de ses habitants, les anciens surtout, qui pouvaient ouvrir la piste de leur mémoire. Les Voisey, les Denniston, et les vieux Inuit de l'autre génération.

– Dans ce temps-là, la chasse... C'était quelque chose, la chasse ! On partait tous ensemble chasser, le phoque, surtout, au printemps, sur la banquise. C'était plus facile. Mais il fallait approcher sans être aperçu, et donc se cacher derrière une pièce de toile. On était patient autrefois. Souvent, on faisait deux ou trois heures d'approche avant d'abattre le phoque en pleine tête. Sinon, blessé, il disparaissait dans son trou. Les armes n'étaient pas aussi bonnes que maintenant. Il fallait être adroit !

Nicolas écoutait, sans mot dire, les conseils, les techniques d'approche, impatient d'en connaître plus.

– Y a-t-il encore beaucoup de phoques ?

– Beaucoup, beaucoup... On en voit par dizaines sur la banquise.

– Les Inuit chassent-ils toujours autant?

– Plus comme autrefois. On partait alors par familles entières. Tout jeune déjà, j'accompagnais mon père très loin avec ses chiens. On était bien obligé pour se nourrir, et on vendait la peau à bon prix à la mission... Maintenant, elle ne vaut presque plus rien; à peine dix dollars (canadiens) depuis que les gens n'en veulent plus (à la suite du boycott orchestré par les pays européens pour les raisons que l'on verra); et puis, maintenant, on n'a plus besoin de ça pour se nourrir, il y a les avions, et en Skidoo l'essence coûte cher. Autrefois, au nord, il y avait beaucoup d'Inuit, plein de missions : Okkak, Nutak, Hebron... Maintenant, elles sont toutes fermées. Puisque vous allez par là-bas, à Hebron, vous verrez, il y a encore des bâtiments debout.

– En bon état?

– Oui.

– Il n'y a plus personne au nord de Nain?

– Non, plus personne, c'est fini. Quelquefois, des chasseurs en Skidoo, mais ce n'est plus comme avant. Seul, en Skidoo, c'est trop dangereux, alors, on part à plusieurs. Au printemps particulièrement, à l'époque de la chasse au phoque sur la banquise. Le temps change vite : l'année dernière, un groupe de Skidoo s'est laissé surprendre par la débâcle. L'eau les cernait de toutes parts. Avec des chiens, cela ne leur serait pas arrivé, mais avec des Skidoo, ils ne pouvaient rien faire. Dès qu'il y a de l'eau, c'est fini. Heureusement, ici, à Nain, on s'est inquiété de leur retard et on a envoyé le « rescue » (armée canadienne) qui est allé les chercher avec des hélicoptères.

– On ne risque rien avec les chiens?

– Si, cela arrive, mais moins fréquemment. Je vais vous raconter une anecdote survenue il y a longtemps à des Inuit partis chasser le phoque sur la banquise. Ils chassaient tranquillement, lorsque l'un d'eux s'aperçut, mais trop tard, que la banquise s'étant brisée ils étaient entraînés au large avec leur « gamutik » (traîneau) et leurs chiens. Le vent soufflait du sud, si bien qu'il leur était impossible de revenir. Pour ne pas se geler, ils tournèrent en rond pendant des jours sur leur morceau de glace, observant de loin, impuissants, la banquise. Certains jours, il faisait chaud, d'autres froid. Ils commencèrent à avoir soif (il est impossible de manger de la neige, cela vous donne encore plus soif). L'un d'eux, Annanak, eut la chance d'abattre un morse sur un morceau de glace. Il l'ouvrit, le nettoya, avant de le remplir de neige. Le corps était encore chaud. Ils obtinrent ainsi beaucoup d'eau et purent étancher leur soif. Ensuite, ils chargèrent quelques morceaux de viande sur leur gamutik et y installèrent la peau pour y passer la nuit dessus; ils avaient également récupéré quelques morceaux de glace dans l'océan et construit un abri. Ils purent même, par la suite, construire un igloo, ayant trouvé suffisamment de neige. Plusieurs jours passèrent ainsi et, finalement, le vent changea. Ils s'approchèrent d'une petite île où ils purent accoster. Il était temps, car à peine eurent-ils mis le pied sur la terre ferme que la glace sur laquelle ils avaient trouvé refuge se brisa... Seuls et captifs sur leur île, leur seul espoir ne pouvait venir que de la mer. Un jour, un homme passa si près de l'île avec son kayak qu'ils purent le voir fumer. Annanak fit aboyer ses chiens, mais personne ne les entendit. Annanak fabriqua un drapeau en fixant sa parka sur son harpon, mais personne ne le vit. Cela faisait deux semaines qu'ils se trouvaient sur leur île et ne possédaient presque plus de nourriture, lorsqu'un vent violent venu du nord vint souder la banquise à l'île. Ils étaient sauvés. Ils avaient eu de la chance; ils rentrèrent chez eux, après être restés bloqués un mois... On les croyait morts. Oui, la banquise est dangereuse, elle se brise quelquefois. Attention aux montagnes Kaumajet et Kiglapeit, la falaise tombe à pic dans la mer. Il faut toujours passer là où il y a des îles au large, elles fixent la banquise.

Mais, c'était notre veine, nos interlocuteurs inuit n'entendaient rien aux cartes, s'en remettant entièrement à leur propre sens de l'orientation. Bon, on éviterait les chaînes montagneuses, ayant fort heureusement, de-ci, de-là, obtenu quelques renseignements se recoupant. Rassurant, non!

— Vos mocassins indiens ne sont pas bons pour la banquise. C'est bon pour le bois, l'hiver.

— Ah bon! Et pourquoi?

— Au printemps, la banquise est mouillée; il vous faut des kamiks (mocassins en phoque imperméable). C'est ce que nous portons.

— Et où peut-on s'en procurer?

— Je ne sais pas.

— A la coopérative?

— Non, on ne vend que des peaux de phoque, là-bas. Il faut

trouver quelqu'un qui accepterait d'en fabriquer. Il faut deux ou trois jours; c'est du travail !

Nous devions encore rester quatre jours à Nain. C'était juste le temps qu'il fallait pour en fabriquer deux paires : l'une pour Nicolas, l'autre pour moi. Une vieille Inuk accepta de s'en charger. Tandis qu'à la demande des professeurs de l'école Jens-Haven, Michel et Jacques faisaient la tournée des classes – enseigner la technique de l'attelage aux petits Inuit, cela ne manquait pas de piquant! Nicolas et moi nous rendions plusieurs fois par jour, et sous différents prétextes, chez nos nouveaux amis, fascinés que nous étions par les histoires qu'ils nous racontaient... Nous en demandions toujours plus, et ils étaient intarissables, d'autant qu'ils avaient trouvé en Nicolas un interlocuteur à leur mesure. Ils partageaient la même passion pour la chasse et les armes. Nicolas fit un tabac avec son vieux fusil à double canon, tirant tout aussi bien plombs que balles. La rumeur se répandit comme une traînée de poudre, et, bientôt, une flopée de curieux vint rôder autour de la maison des Denniston. Devant la pression générale, Nicolas ne put faire autrement que d'ouvrir discrètement la porte du sous-sol pour exhiber, avec des airs de comploteur, l'arme, objet de tant de convoitises. Les prunelles scintillaient dans la pénombre.

– Combien de dollars?
– Beaucoup...
– Je te l'achète!
– Pas possible.

Le voilà entraîné en Skidoo à l'extérieur de la ville par le maître de maisonnée et quelques-uns de ses amis pour une partie de cartons. L'adresse de Nicolas en impressionna plus d'un! Longtemps après on en parlait encore...

Oui, le passé est encore présent dans tous les esprits. Les anciens, qu'ils soient inuit ou liveyeres, sont les archives du Labrador. Ils aiment évoquer l'histoire de leur communauté, pour eux-mêmes, bien sûr, par nostalgie de leur jeunesse, mais pour les jeunes, surtout, pour qu'ils ne l'oublient pas et la transmettent ensuite à leurs enfants. Mais comment être sûr que ce passé représente encore quelque chose pour eux, pas seulement des souvenirs jaunis qui disparaîtront avec la vieille génération si vénérable? Les jeunes sauront-ils se souvenir? Et pourtant, chez nous, ces témoignages du passé nous firent forte impression. Nous en sentions toute la grandeur. Et cette photo, sortie de l'album du vieux Denniston, les parents de nos hôtes. Que montrait-elle? Une cinquantaine de chiens tirant une maison en bois. Cela demandait des explications :

– Oui, autrefois, on déplaçait ainsi les maisons. J'étais jeune en ce temps-là. On venait d'Hopedale à cent miles (cent soixante kilomètres), au sud de Nain. Cela nous a pris des jours et des jours, car il a fallu franchir des montagnes, passer des cols. Mais on avait de bons chiens, bien dressés. Ils travaillaient dur. Notre maison, c'était un bien précieux. Le bois est rare par ici. C'est pas comme maintenant; elles viennent du sud, en pièces détachées, par bateau. Oui, il fallait travailler dur autrefois...

Nous en restions interdits. Qu'ajouter à cela?

Et, déjà, la dernière journée à Nain, consacrée aux préparatifs et aux réparations. En premier, redonner un air de jeunesse, en faisant subir un petit « lifting » à nos traîneaux qui en avaient bien besoin après la descente de la Fraser. Rafistoler les montants cassés, avec du fil de pêche trouvé sur place. Rajuster les vis de fixation des lisses et les varloper. Installer de nouveaux freins avec du métal de récupération. Jacques apportant, lui, les énièmes aménagements à sa tente. C'était sans fin... Et nous, à notre matériel de reportage. Tout me laisse penser que nous n'avions pas laissé un trop mauvais souvenir de notre passage car tout le village fêta notre départ. Nos familles d'accueil poussant la délicatesse à nous combler de cadeaux : de la nourriture, cela va sans dire : des beignets au sucre, des biscuits, du pain, de l'omble arctique... Les professeurs et les élèves, eux, se préparant à nous escorter en ski de fond (sport bien implanté parmi les jeunes) quelques heures, ou la journée entière pour les plus courageux.

– La première nuit, on la passera avec vous.

Sympathique. Charlie et John Terriak avaient également promis d'être de la partie à la tête de leurs deux attelages. Nous avions même cru comprendre qu'ils comptaient passer la première nuit avec nous et construire un igloo... Cela pouvait-il être vrai?

Le soir, séance de décrottage pour laisser place nette derrière les chiens. Ils avaient été bien nourris pendant ces cinq jours! Cela faisait plaisir à voir...

11.

Par moins quarante,
naissance des chiots

Samedi 31 mars. Ciel gris de plomb. Visibilité réduite. Mais il fallait bien repartir un jour! Tous répondaient présents : notre escorte de Skidoo et skieurs. Seuls, Charlie et John manquaient à l'appel. Viendraient-ils?

– Ils se préparent, nous confirma-t-on.

Après le chargement du ravitaillement, les adieux, les promesses de s'écrire. Avec un effort méritoire, ceux qui restaient nous couvraient de : « Ô rovoir! Pons foyages! » Les derniers remerciements, les ultimes poignées de mains : « Bye... Bye... »

– Les chiens, allez!

Décollage impeccable malgré le poids des traîneaux. Les chiens avaient plaisir à tirer. Ce séjour à Nain leur avait fait du bien. Après quelques centaines de mètres en notre compagnie, les Skidoo nous abandonnèrent l'un après l'autre. Économie d'essence oblige! Restaient les skieurs qui nous avaient précédés, rapidement rejoints et distancés. Il était convenu que nous nous attendrions pour le lunch. Tout à coup, Michel désigna derrière lui deux points noirs qui grossissaient rapidement :

– Les voilà! Ils sont peu chargés, ils vont vite nous rattraper.

Effectivement, John Terriak et Charlie, accompagnés de leur famille, arrivèrent bientôt à notre hauteur pour nous laisser sur place avec leurs molosses : de gros malamutes jaune et noir. Quelle forme!

– Ils ne sortent pas souvent, ils en profitent, devait nous confier plus tard Charlie.

Les deux Inuit, courant aux côtés de leurs chiens pour les diriger, étaient à la peine. Tout juste prenaient-ils le temps de se reposer quelques secondes avant de reprendre leur course folle. Pourquoi n'avaient-ils pas de fouet? En ignoraient-ils la technique? Leurs chiens avançaient en éventail modifié, c'est-à-dire avec des longueurs de traits différentes. Les plus forts étant placés en tête, au bout des traits les plus longs. A l'arrêt, quelle pagaille! Ils étaient costauds, mais mal dressés. Ils n'en faisaient qu'à leur tête. Pour les tenir, leurs propriétaires n'avaient rien trouvé de mieux que d'entraver par une corde une de leurs pattes avant. Moyen radical, mais d'une souplesse discutable, c'est le moins que l'on puisse dire!

Ah, ça! pour être impressionnés, ils l'étaient, par le dressage de nos chiens, d'autant que, ce matin-là, ceux-ci se pliaient sans rechigner à tous nos désirs, histoire de nous démontrer, sans doute, qu'ils n'étaient pas, tout compte fait, de si mauvais bougres.

Après un léger lunch pris au fond d'une baie autour d'un feu, le gros de la troupe s'en retourna à Naïn, nous laissant en compagnie de quatre professeurs qalunaat et d'un Inuk. Le soir approchant, ce fut au tour de John et Charlie de tirer leur révérence. Pour la « leçon d'igloo », c'était raté, nos cinq courageux se contentant, pour la nuit, d'un abri dans la neige, au pied d'un arbre.

Le lendemain, à l'aube, nos cinq skieurs nous quittèrent également pour une balade de retour longue d'une quarantaine de kilomètres. Seuls, à nouveau? Pas tout à fait, des traces de Skidoo nous reliaient encore au monde, mais pour combien de temps? Nous l'ignorions, mais souhaitions le plus longtemps possible. Nos desiderata n'avaient aucune espèce d'importance. C'était de tout repos : nos chiens avalaient la piste toute tracée, ce qui évitait de nous égosiller. Bientôt, le brouillard qui écrasait le paysage se dissipa, d'un coup de baguette! Le Labrador étincelant de ses mille feux s'offrait à mes yeux émerveillés. Je n'étais pas déçu. La magie du mot avait trouvé sa traduction dans le réel. Ce n'est pas si fréquent pour le souligner. Souvent, confronté à la réalité, le rêve s'effrite, n'est qu'une pure illusion. Ici, rien de cela. Les images enfouies dans mon subconscient, le Labrador de mes sens, de mon imagination, ressemblait étrangement à celui-là. J'étais bercé de sensations subtiles, d'une pureté de cristal. Je rêvais éveillé. J'avais sous les yeux un magnifique mirage d'îles enchâssées dans la banquise, brillantes comme des joyaux, enclos au loin par un cercle de montagnes : les Kiglapeit, « la grande montagne » des Inuit. Elle porte bien son nom. Près de mille mètres d'à-pic sur la banquise. Mais peut-on réduire cette merveille à un chiffre? Non. La beauté de cette montagne tenait à la pureté de l'air, pureté des neiges scintillant dans un ciel bleu ardent qui l'exaltait. C'est cette pureté qui prêtait au paysage son chant intérieur, notre indicible joie. Peu importait de savoir ce paysage soulevé il y a huit cents millions d'années par d'inexorables forces souterraines, de savoir que la variété de ces paysages et leur beauté tenaient à l'implacable glaciation qui avait raboté, creusé, laminé, torturé le pays. Ils existaient, et c'était bien là l'essentiel. Vallées en « U » ou cirques glaciaires, fractures béantes, canyons élargis par l'usure interminable des eaux et des glaces, fjords déchiquetés aux parois verticales. Rien de tel pour gâcher votre plaisir qu'une explication trop savante des phénomènes géologiques, du genre : « Quand on est habitué aux collines arrondies du bouclier canadien, et qu'on a pris conscience de sa monotonie, on est grandement surpris de rencontrer des montagnes âpres et escarpées. Là, des pics déchiquetés, constitués par des gneiss et des micaschistes se dressent à courte distance de la côte. Des lambeaux de grès, qui peuvent être cambriens, sont restés horizontaux; ils reposent sur la tranche des gneiss. Ce sont sans doute pour ces derniers des vestiges précambriens de la chaîne huronienne... »

De beaucoup, je préférais me laisser prendre par l'ensorcellement de cette montagne, me laisser guider au gré de mes sensations, m'en remettant à cette espèce de réalité poétique. Je me disais : « Je suis ici entre mer et montagnes, et je suis heureux. » Mais le plus exaltant, c'était l'ivresse d'aller toujours plus loin devant soi, de se perdre dans cette terre du Labrador à la réputation injustement ternie par les premiers explorateurs avec, à leur tête, Jacques Cartier lui-même, qui n'y vit qu'une « terre que Dieu donna à Caïn, effrayante et laide de pierres et de rocs »; jugement sans appel qu'il crut pouvoir proférer après quelques pas rapides à terre. De retour sur sa caravelle, le voilà déblatérant partout sur les océans et dans la vieille Europe contre cette côte; à l'en croire, sans intérêt. C'est ainsi qu'est née la triste réputation du Labrador qui lui a collé à la peau des décennies durant. A quelque chose malheur est bon : cela devait préserver ses côtes pendant plusieurs siècles des hordes d'aventuriers sans foi ni loi. Comme nous l'avons vu, ce n'est qu'au XIXᵉ siècle qu'ils débarquèrent en bataillons serrés. Hormis une poignée d'Européens qui s'y sédentarisèrent, la plupart remirent les voiles vers l'est ou le sud sans avoir trouvé ce qu'ils étaient venus chercher. Le Labrador retrouva sa tranquillité, sa vraie perspective, suis-je tenté de dire. Le Labrador est aujourd'hui beaucoup plus désert qu'aux temps précolombiens ou même, sans remonter aussi loin, qu'aux débuts de la colonisation. Le nord de Naïn, en effet, est maintenant totalement vide d'habitants. Plus la moindre communauté permanente, le plus petit village habité. Parfois, mais rarement, des hommes en Skidoo s'y aventurent rapidement dans un nuage de neige. Ils ne font que passer... et à nouveau le royaume du silence. Oui, ici, on avait la chance d'échapper à toute rencontre, sauf à celle des phoques, des renards, des loups et aussi des ours blancs, les seigneurs de l'Arctique.

– Dans le nord, du côté de Saglek, beaucoup d'ours blancs, très dangereux...

Nous savions quel crédit accorder à ces mises en garde : les hommes aiment s'inventer des dangers, se faire peur, d'autant que, force est de le reconnaître, ces conseils sont rarement dispensés par les personnes les plus qualifiées pour en donner. Nous n'étions plus à une exagération près, et puis nous avions de quoi ramener tout agresseur à la raison...

Les chiens tiraient sans fléchir sur la piste tracée à perte de vue. Juchés sur les traîneaux, nous pouvions nous laisser aller, une fois n'était pas coutume, à des brins de causette à deux. Les attelages n'avançaient-ils pas tout seuls?

– Ça y va! On fait au moins du dix kilomètres à l'heure, fit Nicolas, la mine réjouie.

Oui, ça y allait. La première fois que nous allions couvrir une aussi longue distance dans la journée : une bonne quarantaine de kilomètres en quatre ou cinq heures de course! Et, en plus, c'était de tout repos.

– Tu me crois, maintenant... quand je te disais que ce serait différent sur la banquise. Mais profites-en bien, cela ne durera pas longtemps. On va bientôt attaquer les Kiglapeit.

Impressionnante, cette montagne! Plus nous nous en approchions, plus elle nous écrasait de sa masse. Et dire que nous devions la traverser de part en part!

– La piste de Skidoo s'engage peut-être dans la montagne?

– J'en doute. Je me demande bien ce que les Inuit pourraient y faire.

– Pour chasser, pardi!

– Tu parles! Ils vont pas venir ici avec leurs Skidoo, alors qu'ils peuvent se rendre sur le plateau tout près de Naïn. D'ailleurs, il n'est pas dit qu'avec leurs Skidoo ils puissent traverser ces montagnes. C'est vraiment très pentu. A mon avis, la piste continue sur la banquise jusqu'au bout du cap, là-bas. La falaise tombe à pic sur l'eau ouverte, et ils y chassent le phoque.

– Et ceux qui montent plus au nord? Ceux qui se rendent à Hebron, ou à Saglek, par où passent-ils donc?

– Par la montagne, bien sûr, mais il y en a peu qui s'aventurent aussi loin. Ça coûte cher en essence et, en cas de pépin avec leurs Skidoo, ils sont vraiment au bout du monde. D'ailleurs, les gens de Naïn nous ont bien dit qu'il n'y avait personne pour l'instant là-haut. Alors, tu penses si le blizzard a eu le temps d'effacer les traces, et celles que nous suivons sont fraîches...

Pour une fois, nous nous laissions tirer par nos chiens. La piste passait au mieux, coupant parfois des collines côtières pour éviter de longs détours par la banquise.

Les Kiglapeit, avec leurs pics déchiquetés, nous dominaient. Finie, la balade tranquille! Il a fallu refaire le point, pour déterminer l'endroit où on les attaquerait. Comparé à la toundra, c'était un jeu d'enfants, avec ce relief accidenté. Enfin, le moment était venu de quitter la piste pour obliquer vers la montagne, non sans regrets.

– Gôch, Bodash! Gôch, Bodash!

Pas la plus petite réaction de l'attelage. Les chiens faisaient la sourde oreille, poursuivant leur petit bonhomme de chemin.

– Gôch, Bodash! Gôch, Bodash! réitéra Michel, d'un ton comminatoire, prouvant qu'il n'était pas décidé à supporter la moindre incartade. A bon entendeur, salut! Et ses chiens ramenés aussitôt à de meilleurs sentiments. Oreilles dressées, battant des cils, tête pivotée en arrière, le regard d'une douceur exquise (on leur aurait donné le bon Dieu sans confession), pris d'une affection subite pour leur maître, par trop démonstrative pour être honnête. Que cachait-elle? Espéraient-ils obtenir par la roublardise ce qu'ils n'avaient pas eu le courage d'obtenir en ruant dans les brancards? En jouant la carte du charme, pensaient-ils l'amadouer et ainsi infléchir le cours des événements? C'était bien mal connaître Michel et lui faire injure que de penser qu'il aurait pu être dupe d'une telle flagornerie. Et, d'ailleurs, celui-ci ne tarda pas à s'impatienter, tandis que nos compères, tiraillés entre les vertiges de l'indépendance et les délices de la soumission, n'arrivaient pas à se décider. Fallait-il braver leur maître en allant là où leur raison et leur instinct leur commandaient d'aller, ou choisir le profil bas, et avaler, une fois de plus, des couleuvres? Ils se trouvaient au pied du mur, et, finalement, à trop tergiverser, la réaction ne se fit pas attendre, Michel étouffant dans l'œuf ce soupçon de fronde. Chacun en eut pour son grade. Particulièrement Bodash, le chien de tête, considéré comme le meneur, lui, le pusillanime, le velléitaire. Traînant le boulet, il accepta avec fatalité la punition. Il commençait à comprendre dans quelle galère il se trouvait. Eh oui, le métier de chien de tête avait ses servitudes. Non content de subir la pression continuelle du maître, de supporter ses humeurs à longueur de journée, il était tout bonnement devenu la tête de Turc de la meute, un bouc émissaire, commode. A la moindre désobéissance de l'attelage, c'était lui qui écopait. Cela n'eût tenu qu'à lui, il aurait aussitôt rendu son tablier pour regagner frileusement sa place anonyme au sein de l'attelage, d'autres auraient été honorés de la confiance que leurs maîtres leur manifestaient ainsi. Ne choisissait-on pas les chiens de tête parmi les meilleurs éléments? Lui s'en contrefichait totalement. Lui qui n'avait rien demandé à personne se retrouvait ainsi sous le feu des projecteurs, chien de tête attitré; tout cela à cause de cette garce de Mahingan qui se la coulait douce, sous prétexte de maternité. La voilà récompensée de ses turpitudes, autorisée maintenant à suivre détachée des traîneaux et ayant, de surcroît, droit à tous les égards, à toutes les caresses... N'encourageait-on pas ainsi le vice? Voilà ce dont eût été en droit de se plaindre Bodash. Mais il était bien trop brave pour en vouloir à Mahingan. Oui, Mahingan savait y faire. Nous étions aux petits soins pour elle depuis que sa grossesse se précisait. Son ventre ballonné commençait à handicaper sur la piste, et, à la fin, c'est avec peine qu'elle suivait le train. Jacques avait bien essayé de la mettre sur le traîneau, mais, trop fière, elle avait aussitôt sauté à terre.

– Ce n'est pas dangereux pour les petits qu'elle fasse autant d'efforts?

– Non, il faut la laisser faire. Ça ne devrait plus tarder.

Elle devrait mettre bas dans ces montagnes.

Et Bodash n'en finissait plus de supporter le poids du monde sur ses épaules. Peu à peu, il s'améliorait. Certes, il était encore loin de valoir Mahingan, mais on constatait un léger mieux chez lui, quand il était bien luné. Peut-être avait-on désespéré trop tôt. Curieux, ce chien, comme il était inégal! Tantôt, il obéissait au doigt et à l'œil, il était relativement vif (n'exagérons rien...), tantôt, on se heurtait à un mur. On ne pouvait plus rien en tirer, comme si, trop sollicitée, la machine s'enrayait, s'essoufflait. Crier sur lui n'eût servi à rien. Nous y aurions laissé la voix. Il ne voulait rien entendre. Un véritable âne bâté! Il fallait en prendre son parti et se remettre alors à tracer la piste. Au moins, il nous suivrait alors.

Parvenus au pied de la montagne en début d'après-midi, bien en avance sur notre plan de marche, nous décidâmes, une fois n'était pas coutume, de monter aussitôt le bivouac. Mieux valait se reposer et reposer nos chiens avant d'attaquer la pente, d'autant qu'une reconnaissance du début de notre itinéraire s'imposait de toute évidence. Passerait-on? Oui, d'après les cartes, encore fallait-il s'en assurer avant de s'engager avec les attelages.

Jacques se proposa immédiatement, et chaussa ses raquettes pour partir pendant que nous installions le camp. Rapidement, il disparut derrière les premières pentes. Une heure après, il était de retour et de bonne humeur. Il tenta de nous communiquer son enthousiasme :

– Vous verrez, comme c'est beau là-haut... On voit toute la chaîne des Kiglapeit, toutes les îles au large, on devine même l'eau ouverte au loin.

– Alors, ça passe? fit-on sèchement, impatients de le voir aborder l'objet de nos préoccupations.

– Ça doit, il y a une première pente qui n'est pas facile du tout. Après elle s'adoucit. Si on franchit cette première difficulté, on ne devrait plus avoir de problèmes après. Mais ça va être dur pour les chiens, avec nos traîneaux chargés!

– On les aidera. Penses-tu qu'il soit nécessaire d'alléger les traîneaux et de transporter une partie du matériel à pied?

– Je ne sais pas... On peut toujours essayer les traîneaux chargés; on verra bien si ça passe...

– Je suis d'accord, cela ne coûte rien d'essayer, et si on peut passer comme ça, on gagnera un temps précieux.

C'est alors que Michel s'adressa à moi :

– Je pense que tu aimerais filmer la montée?

– Oui, bien sûr, marmonnai-je, un peu interloqué, sans savoir si c'était du lard ou du cochon, pour aussitôt m'empresser d'ajouter, prudemment :

– Oui, si vous pensez pouvoir vous passer de moi.

– On verra bien, qui ne tente rien n'a rien. Et vous, Nicolas et Jacques, qu'en pensez-vous?

– Nous sommes d'accord.

C'était le monde à l'envers de voir Michel prendre l'initiative de me proposer quelques plans de cinéma, nous qui connaissions tous son stress à la simple vue d'une caméra. Il ne faisait rien d'ailleurs pour s'en cacher. Peut-être en avait-il assez de passer pour le « râleur de service », l'empêcheur de filmer en rond... Toujours est-il que c'était méritoire venu de lui. Cette résolution me mit de bonne humeur pour la soirée tout entière.

Le temps s'était également mis de la partie. Il était sec, le ciel d'une pureté d'éther. Le thermomètre marquait – 35 °C le soir même.

– Un bon coup de gel pendant la nuit, et demain ce sera l'idéal pour attaquer la montée! s'écria Michel, le visage épanoui.

En effet, on ne pouvait pas trouver de meilleures conditions météorologiques. Avec le froid sec, la neige redeviendrait bien dure, bien sèche, crissante sous les pas. Elle ne collerait pas plus aux patins que sous les pattes des chiens. De surcroît, de par l'excellente visibilité, nous pourrions nous engager en toute sécurité dans ces montagnes.

4 heures. Le petit jour, déjà! Nous étions début avril. Excités par l'enjeu de la journée, l'impatience de nous coltiner à ces fameuses montagnes Kiglapeit, nous sortîmes sans regret de nos couchages. Une petite heure, et nous étions fin prêts. Je m'assurai encore une dernière fois (deux précautions valent mieux qu'une) que Michel, Jacques et Nicolas étaient toujours disposés à se débrouiller à eux trois avec les attelages. J'installai mon matériel de cinéma sur la petite traîne en plastique et me mis à grimper les premières pentes, tirant mon léger fardeau. De temps à autre, je m'arrêtais et me retournais autant pour contempler le magnifique panorama que pour choisir mes angles de prises de vues. Le premier attelage, chaperonné par mes trois amis, s'ébranla quelques minutes

après dans le concert de jappements habituels de leurs frères d'armes, immobilisés par un piolet. Craignaient-ils qu'on les abandonnât à leur triste sort? Tout de même, depuis le temps qu'on procédait ainsi, ils auraient dû comprendre qu'on reviendrait les chercher après avoir terminé avec le premier attelage...

Accroupi à mi-pente, je suivais au travers de mon téléobjectif tous les faits et gestes de mes camarades. L'écho me renvoyait les rumeurs des ordres. Après s'être brièvement concertés sur la tactique à suivre, je les vis s'atteler avec l'équipage ou pousser les traîneaux. Jacques devant, une corde passée sur son épaule, fixée au trait de Bodash, tête baissée, tirant comme un forçat. Michel et Nicolas, arc-boutés aux montants arrière, piétinant sur place et encourageant les chiens :

– Allez, allez! Allez, Bodash! Coyote! Kimo!...

La routine, quoi! Non, ici la piste était réellement pentue; à peine hommes et bêtes eurent-ils avancé d'une dizaine de pas que le lourd traîneau s'immobilisa. Je crus même le voir reculer. Les bras tendus, ahanant, Michel se décida alors à écraser le frein du pied droit. Quelques secondes pour souffler et puiser leur souffle dans le tréfonds de leurs poumons avant de recommencer pour quelques mètres de plus. Nouvel arrêt, et, déjà, le doute. Y arriveraient-ils? Ce n'était pas le moment de baisser les bras, surtout devant les chiens. Au contraire, ils devaient les galvaniser. Je les entendais hurler des ordres, et la progression reprenait cahotante, pour quelques mètres encore. A chaque arrêt, et ils étaient nombreux, les chiens, les uns après les autres, lâchaient une chiasse noire. Têtes basses, ils fixaient désespérément la piste, de peur d'attirer les foudres sur eux. A mesure que le temps passait, les énergies s'émoussaient. P'tit-Loup et Kimo traînaient la patte, vidés de tout ressort, d'autres, après avoir tiré tant qu'ils pouvaient, se laissaient tomber sur le sol, épuisés, ou ne maintenaient plus leurs traits tendus, ce qui revenait à peu près au même, le gros du travail incombant aux plus costauds : Patouk, Duway et même Moulouk, qui tirait toujours avec autant d'application. La brave petite chienne! Accepter cet état de fait, c'était prendre le risque de brûler nos piliers d'attelage. Combien de temps pourraient-ils tenir à ce rythme? Non, nous avions encore besoin d'eux, la piste était encore longue. Chacun devait y mettre du sien. Et nous voilà soufflant le chaud et le froid, encourageant ceux qui avaient besoin d'être encouragés : « C'est bien ! C'est bien ! » Mais menaçant les fortes têtes. Pour certains, le langage musclé avait plus de chances d'être entendu. Il faut croire que cette méthode fut la bonne, puisque chacun se remit au travail, même Coyote qui, après s'être désuni et avoir tiré n'importe comment et à contretemps, avait retrouvé le bon rythme. Il ne faudrait pas pour autant oublier les hommes, tout aussi épuisés que leurs bêtes. A bout de souffle, le cœur battant au fond de la gorge, les bras tendus accrochés aux montants, la tête pendante, s'appuyant sur la neige des pieds aux genoux...

Enfin, à force de persévérance, la difficulté fut franchie, ce qui laissait bien préjuger de la suite. Hommes et chiens avaient su se faire mal, quand et là où il le fallait.

Au second attelage (et les trois mêmes hommes), mené par Simba, de s'attaquer à la pente. Mais, cette fois, sans doute stimulés par l'exemple de leurs frères d'armes, ils en vinrent beaucoup plus aisément à bout.

Notre petite procession s'engagea ensuite sur une succession de plateaux et de dénivelées de moindre importance. Le plus dur était fait. Dans l'après-midi, Mahingan perdit ses eaux, conséquence sans doute des efforts de la journée. Mais elle refusa, une fois de plus, avec la même abnégation, de se laisser confortablement transporter par un des traîneaux. Tout devait se précipiter.

Ce soir-là, Mahingan aménagea avec un soin tout particulier un abri, une sorte de nid, pour la nuit, avec un morceau de toile et quelques sacs vides de nourriture à chiens. Pour la première fois en six semaines, elle refusa de s'alimenter.

– Je ne serais pas étonné que ce soit pour cette nuit, nous confia Jacques, avant de se coucher.

– Crois-tu qu'elle va mettre bas avec ce froid ?

Il faisait déjà – 35 °C dans la soirée.

– Ce n'est pas ce qui peut l'en empêcher.

– On pourrait peut-être exceptionnellement lui faire une place sous la tente.

– Non, ne t'en fais pas pour elle, elle arrivera bien à se débrouiller. Elle a besoin de tranquillité, il faudra bien que les petits s'habituent au froid. S'ils ne peuvent survivre, c'est qu'ils ne sont pas assez costauds. Il faut laisser faire la nature.

– Tiens, ça couine, fit remarquer Jacques au réveil. Nous

216

nous précipitâmes dehors : deux chiots étaient nés au cours de la nuit. On installa confortablement la mère avec les petits à l'avant du traîneau, sur nos matelas de mousse isolante, les recouvrant par une toile et une doudoune. Ce devait être les premiers d'une portée de neuf; les autres naquirent sur le traîneau dans la journée et au bivouac la nuit suivante. Après la disparition tragique de Kaali, nous étions heureux de cet événement, et bien des conversations portèrent dès lors sur nos chiots et leur devenir.

– Une portée de neuf, c'est beaucoup. Mahingan ne pourra pas les nourrir tous...

– T'en fais pas, laisse faire la sélection naturelle.

Le premier jour, deux moururent, sans doute tout autant de froid que de faim, l'extraordinaire instinct maternel faisait que, dès qu'elle sentait un de ses chiots s'affaiblir, Mahingan le délaissait pour reporter toute son attention sur les plus forts. Ainsi retrouva-t-on deux ou trois chiots à moitié gelés, « hors du nid ». Finalement, trois seulement passèrent le cap des trois jours : deux femelles et un mâle. Chaque soir, nous construisions à Mahingan et à ses chiots un nouvel abri dans la neige, un petit igloo. Mais, malgré nos soins attentifs et le régime que nous avions aménagé à la mère, au quatrième jour, les chiots étaient toujours humides.

Quelle faculté de résistance! Pourtant, c'était l'état de Mahingan qui nous inquiétait le plus. Saisie d'un mal mystérieux, elle poussait régulièrement des petits jappements de douleur.

– Peut-être une infection interne. Je vais lui administrer des antibiotiques, fit Jacques.

Inquiets, nous l'étions sur son sort. Viendrait-elle à disparaître, ses chiots seraient du même coup condamnés. Au cinquième bivouac, alors que nous croyions nos chiots tirés d'affaire, une des deux petites chiennes mourut au cours de la nuit. Il ne nous en restait plus que deux, et Mahingan était encore incertaine.

– Ces deux-là s'ils survivent seront sans doute de sacrés chiens de traîneau... Ils tiendront de Bilbo, en plus endurci, sans doute.

Au fait, comment le père ressentait-il l'événement? Je vous le donne en mille. Profitant d'un de nos moments d'inattention, il se jeta sur un des chiots gelés pour n'en faire qu'une bouchée; bien curieux instinct paternel...

Un beau matin, en pleine montagne, sans doute jaloux de l'attention exclusive que nous portions à Mahingan et à ses petits, nos chiens décidèrent d'une grève sur le tas. Alors que les préparatifs du départ étaient déjà bien avancés, les traîneaux chargés et Mahingan confortablement installée, chacun faisait le mort, ne réagissant pas à nos appels : « Debout! Debout! » Tous restaient impassibles, couchés dans leur trou, le museau sous la queue, nous surveillant du coin des yeux. « Allez, debout! » Il fallut les tirer un à un, que dis-je, les traîner jusqu'à leur place respective dans l'attelage, où ils se laissèrent tomber comme des poids morts. Ils faisaient mine de ne rien comprendre à nos injonctions. Attitude sans aucun doute la plus intelligente, car ils savaient bien ce qu'il en coûtait de désobéir à leurs maîtres : nous restions désarmés devant leur résistance passive, n'ayant guère le cœur à user de notre autorité. Que réclamaient-ils? Juste un peu de tendresse, quelques caresses... Il fallait les voir se rouler sur le dos, débordants d'affection.

De fins tacticiens. Mais à se rouler ainsi, ils risquaient de s'emmêler à leurs traits, de mettre la pagaille dans l'attelage, et on dut finalement élever la voix pour se faire comprendre... Il y avait un temps pour tout, un temps pour les caresses et un temps pour le travail... Mais la leçon avait été entendue, nous promettant de ne plus oublier nos chiens le soir lors de la distribution des caresses.

Après la grimpette, la redescente sur la banquise en suivant une succession de lacs glaciaires et, pour finir, la rivière Avakutak (nom de baptême que Jacques donna finalement à un des deux chiots, l'autre s'appelant Amarouk, le « loup » en inuktut, en raison de sa belle fourrure).

Facile au début, lorsque la pente était encore faible, le tracé de la rivière s'accidentait au fur et à mesure de notre progression, les eaux finissant par entailler les roches dans un profond canyon où nous hésitions à nous engager. Dans un premier temps, il nous sembla plus prudent de suivre le rebord, mais le dévers devint vite problématique. Les traîneaux chassaient de plus en plus, et nous n'arrivions à maintenir notre trace à peu près droite qu'au prix d'efforts croissants. Que faire?

– Je crains que, si l'on ne rejoint pas le fond du canyon maintenant, on ne puisse plus le faire après, d'autant que, si on continue à longer le bord du canyon, il n'est pas du tout dit qu'on passe. Il n'est pas impossible qu'on trouve une falaise devant nous!

– Oui, il vaudrait mieux descendre dans le canyon, mais il serait bon de pousser auparavant une petite reconnaissance pour nous assurer que ça passe.

Michel et Nicolas partirent alors en éclaireurs, cartes et piolets en main. En voyant la tête de Michel à son retour, j'avais immédiatement compris que cela n'irait pas tout seul.

– Quelques dizaines de mètres plus bas, il y a un passage d'eau ouverte... Après ça, il ne devrait plus y avoir de problèmes. La vallée est ensuite moins encaissée.

– Penses-tu que le trou d'eau soit franchissable en traîneau?

– Ça devrait aller en serrant au plus près de la paroi à condition de consolider la piste. Il y a du bois partout, ici, ça ne devrait pas poser de difficultés.

– Après le canyon de la Fraser, c'est de la rigolade, dit Nicolas, pour détendre l'atmosphère.

– Ça devrait, opina Jacques.

– On essaie!

Accord général. Sans attendre, Michel sortit une des haches de son fourreau et se dirigea vers les quelques arbres qui bordaient le canyon. Après avoir sorti une des caméras de sa mallette, je m'apprêtais à l'aider à transporter un des deux troncs d'arbres abattus, lorsqu'il explosa, vidant son sac :

– Toi, tout ce que tu recherches, c'est le scoop. Ah! si seulement il pouvait y avoir un accident, tu aurais des images saisissantes!

Et tout du même tonneau... Je restai interloqué par la brutalité de son agression verbale, ne sachant plus que dire, abasourdi par le mur d'incompréhension subitement dressé entre lui et moi... Pourtant, j'avais cru que tout était clair entre nous. Combien de discussions avions-nous eues à ce sujet! Mais beaucoup plus que l'explication elle-même qui pouvait être salutaire, je me sentis agressé, offensé par l'accusation qu'il avait portée contre moi. Quoi, moi, je chercherais le sensationnel! Je penserais beaucoup plus aux images qu'à la sécurité de l'équipe! Paroles d'autant plus blessantes dans mon cas (mais était-ce vraiment voulu?) quand on connaît le déroulement de ma dernière expédition : bien évidemment, je pensai alors à Marc, mon camarade d'expédition disparu tragiquement... Piqué au vif, une vive explication s'ensuivit, où Jacques et Nicolas vinrent se mêler pour tenter d'arrondir les angles. Tous deux prirent, en réalité, fait et cause pour moi.

– Tu sais, Michel, fit Nicolas, moi j'ai l'exemple des photos. C'est pas toujours facile de photographier dans le froid. On se gèle les doigts, et c'est encore plus dur avec des caméras.

– J'ai vu fonctionner Alain, surenchérit Jacques. Il se consacre au reportage avec sérieux. Il est là quand il le faut, et pas seulement pour le spectaculaire. Il a filmé aussi dans le blizzard, je n'aurais pas aimé être à sa place, et, tous les soirs, il passe une bonne heure à changer ses films, nettoyer ses caméras, quand nous pensons déjà à nous coucher. On ne peut pas lui faire ce genre de reproches. Et, d'ailleurs, on savait qu'il ferait un film. Il ne peut pas se contenter de filmer les moments faciles, ce serait vite fastidieux et ne refléterait guère la réalité... Il ne l'a jamais fait au détriment de la sécurité. Là où l'on a eu besoin de lui, il s'est toujours plié à la décision sans regimber... Non, on peut rien lui reprocher à ce sujet.

L'intervention de Nicolas et Jacques me mit un peu de baume au cœur, néanmoins, j'étais monté contre Michel, contre ses accusations blessantes, et j'eus, durant plusieurs jours, une dent contre lui. Puis, avec le temps, tout s'estompa. Michel était entier, excessif entre tous. Sans doute les mots avaient-ils dépassé sa pensée. Preuve en est, il se confondit bientôt en excuses, regrettant de m'avoir blessé. Ce devait être la seule vive explication de notre périple. Michel devait se rattraper par la suite, me proposant même des plans dont je n'avais aucunement eu l'idée... Néanmoins, je sentais percer en lui un léger « stress » dès que je touchais une caméra. Son visage se refermait, ses yeux se durcissaient. Mais peut-on se refaire? A chacun sa personnalité. A-t-on déjà vu expédition sans éclats?

– La prochaine fois, tu verras, je serai beaucoup moins stressé par la caméra.

La prochaine fois? Chiche! Mais revenons à cet incident. Du coup, je rangeai rageusement mon matériel, et c'est Nicolas qui prit le relais pour filmer les préparatifs de construction du pont de fortune. Deux troncs placés dans le sens de la rivière, nos raquettes posées à plat par-dessus, le tout consolidé de neige tassée. Un vrai travail de génie! Test concluant de solidité. Puis, l'estomac noué, nous guidâmes les attelages l'un après l'autre le long du couloir ainsi tracé. Reniflant le danger, les chiens serrèrent d'eux-mêmes la paroi pour éviter de courir le moindre risque; les traîneaux, parvenus à hauteur du trou d'eau, furent littéralement happés des deux mains, soulevés et repoussés au-delà de la zone dangereuse. Michel retrouva aussitôt son sourire, cherchant à se faire pardonner. Mais, insensible à ses appels du pied, je m'étais claquemuré à double tour. Profondément meurtri, je refusais de manger de ce pain-là. Pour violents et excessifs qu'ils fussent, ses accès de colère ne duraient jamais très longtemps et retombaient comme un soufflé. Tout était vite oublié. Un bon bougre, tout de même! Et autant que je puisse me juger, les coups d'éclat, ce n'était vraiment pas mon genre. Il fallait vraiment que j'en eusse gros sur la patate; une sorte de ras-le-bol; la petite goutte qui faisait déborder le vase, ensuite, j'avais la rancœur tenace. Deux caractères opposés qui se mariaient finalement assez bien.

Plusieurs jours durant, nous allions faire connaissance avec la banquise du Labrador, à peine entr'aperçue avant les montagnes Kiglapeit. La banquise, un monde à part, balayé quasi constamment par les vents du large. Bien protégés par le relief, nous humions un air sec et cristallin, et, sans transition, nous voilà exposés, au sortir de la rivière, aux bourrasques de vent hurlantes, qui abaissaient considérablement la température, sans doute de quelques dizaines de degrés (en vertu du facteur de refroidissement maintenant bien connu). Paradoxe : le thermomètre remontait (au contact de l'air marin), alors que nous étions bien plus saisis par le froid. Les contours de l'horizon était déjà nettement moins dessinés, habillés par une chape de brume qui filtrait les rayons du soleil et lui donnait ses tons pastel, d'une douceur inouïe. Harmonie de roses, de blancs, velouté des bleus... Plus le froid augmentait, plus la lumière s'intensifiait.

Prudemment, les chiens s'engagèrent dans le « pack », barrière de blocs de glace salis, concassés, soulevés par le jeu des marées. Enfance de l'art de les traverser. Aucun lien de ressemblance avec certains packs décrits dans des ouvrages sur l'Arctique. Ne parle-t-on pas, parfois, de « cathédrales de glace »? Exagération? Description complaisante pour se faire mousser, ou réalité? Je ne saurais le dire. Toujours est-il que le pack du Labrador est comparativement bien décevant. Il est vrai que les marées sont ici modestes. Au-delà, la glace lisse, dure, facile à parcourir, s'il n'y avait constamment ce vent qui soufflait de face, vous brûlait la peau et peignait la fourrure des chiens : parfois, au hasard de la piste, des vents contraires se rencontraient et tout n'était plus qu'illusions, bourrasques de vent tournoyant en tous sens, soulevant la neige en un rideau opaque. Nos chiens battaient des cils; se secouaient l'échine, pris d'une angoisse soudaine. Nous marchions alors à l'estime, frottant continuellement nos larges lunettes de blizzard, pour voir un peu. Mais, parfois, notre horizon se bornait à la croupe de nos chiens. Progressant en ordre serré, à peine devinions-nous l'autre attelage dans l'obscurité blanche. Anxieux, nous poussions nos chiens pour sortir au plus vite de ce « white out » passager, retrouvant quelque visibilité avec la protection de la côte, ou une des innombrables îles qui tapissent la banquise à perte de vue. Instruits par notre expérience malheureuse de la toundra, le problème du bois nous tourmentait en fait beaucoup plus que la progression sur la banquise, aussi hasardeuse et pénible fût-elle. Pessimistes, nous l'étions, après avoir jeté un coup d'œil sur nos cartes. A peine mentionnaient-elles certains spots de bois égarés au fond de quelque fjord ou de quelque baie éloignée dans le Nord. Plongés dans des rêveries confuses, où, aux impressions du moment, venaient se mêler des relents du passé, nous n'avions guère de motifs de nous laisser bercer par l'euphorie. Quoi qu'il en fût, il faudrait bien faire avec. Il ne nous restait plus que l'espoir que notre nouveau poêle à bois (échangé à Naïn) ne nous ferait pas tourner en bourrique comme l'ancien.

Étalant le jeu de cartes devant nous, nous échafaudions toutes sortes d'hypothèses pour, sinon échapper au bivouac sans feu, les réduire; additionnant les chiffres, rallongeant certaines étapes, en raccourcissant d'autres, les valeureux aventuriers tombaient dans les comptes d'épicier!

— Il y a un spot de bois avant Nutak (mission abandonnée); on pourrait y bivouaquer. Quarante-cinq kilomètres, ça devrait pouvoir se faire dans la journée. Après, ça se complique; le prochain spot est à une centaine de kilomètres, à condition, encore, de faire un détour.

— Ça vaut peut-être la peine, on n'est pas pressés, fit Nicolas, d'un air angélique.

— C'est une solution, si on a le temps. N'oublie pas qu'on a prévu de prendre une journée pour escalader les montagnes Kaumajet.

– Tu sais, moi, une fois que je les aurai vues du bas, ça me suffira; si on a du temps devant nous, je préférerais en profiter là où il y a du bois.

– Dis-le, que tu meurs d'envie de chasser! fit Michel. Remarque, moi je n'ai rien contre. Je suis également pour les bivouacs confortables; on verra bien selon notre humeur le moment venu... Mais personne n'était dupe de ses circonlocutions et précautions de langage. Nous avions tout simplement, chemin faisant, changé le fusil d'épaule. Ces montagnes de mille mètres, que nous étions, il y avait encore peu, si impatients d'explorer, avaient perdu de leur attrait. Qu'irions-nous nous geler une nuit de plus, au pied des Kaumajet, alors que nous avions la possibilité d'établir un bivouac confortable au milieu des épinettes?

– Ensuite, on pourrait faire halte à Nutak; certes, nous n'aurions que dix petits kilomètres à faire, une histoire de deux heures; mais, au moins, ce serait l'assurance de trouver un abri pour la nuit. Bien qu'abandonné depuis des lustres, l'endroit est peut-être encore agréable. Ensuite, en deux jours, on peut espérer atteindre le spot de « Pistolet Bay », à condition de ne pas lambiner en route... Cent kilomètres en deux jours, une sacrée trotte! Mais c'est faisable; le jeu en vaut la chandelle. Ainsi nous ne nous passerions de poêle qu'une seule nuit. Pour la suite, nous avons le temps de voir venir...

Nutak... La déception. On se demandait bien ce que les missionnaires étaient venus faire ici! Comme site, on aurait trouvé mieux. L'endroit était austère, à l'image du seul bâtiment qui témoignait d'un passé prospère : une grosse bâtisse en bois, sans style, ça, une mission! un peu juste pour abriter le missionnaire et ses ouailles! Le site avait, à n'en point douter, un autre aspect autrefois. Bien d'autres bâtiments venaient certainement s'y greffer... Vous pensez, cela fait une éternité qu'il est à l'abandon. En 1919, consécutivement à une épidémie de grippe espagnole (que j'ai déjà signalée), la population avait fui la mission pour se réfugier au sud, à Naïn ou Hopedale. Il fallait une bonne dose d'imagination pour ne serait-ce qu'entrevoir la vie qui y régna pendant un siècle et demi. Fondée dès 1776, trois cent cinquante personnes y vivaient de façon permanente, sans compter les hôtes de passage, missionnaires et Esquimaux en route vers Hebron, établissement encore plus septentrional (fondé en 1830). Le bateau de la compagnie représentait le seul lien avec l'extérieur. Tout était importé d'Angleterre ou d'Allemagne, selon le cas, nourriture, vêtements, munitions, armes, matériaux de construction. En cherchant bien, on peut encore voir des inscriptions sur les poutres des charpentes en magnifiques lettres gothiques comme on savait le faire... Tout le bois de construction était amené d'Europe. Bien sûr, les missions n'auraient pu être bâties avec le bois local d'épinettes. Bien avant l'heure, les missionnaires avaient adopté les techniques du préfabriqué, mais en dur, ce qui tombe sous le sens. La première fois que l'on pénètre dans le bâtiment principal d'une mission, on en a le souffle coupé. Imaginez que le bois est travaillé, sculpté, comme dans n'importe quel lieu de culte de la vieille Europe. Des escaliers monumentaux en pays esquimau, en plein isolement! Et quel isolement!

Une fois par an seulement, l'été, le bateau de la compagnie, l'*Harmony* (tout un programme), pouvait accéder aux dangereux rivages du Labrador, bloqués dix mois sur douze par la banquise quand ce n'était pas plus. Certaines années particulièrement rigoureuses, il est arrivé que l'*Harmony* repartît en Europe les cales pleines du fait d'une méchante banquise qui interdisait l'accès aux missions. Fatalistes, on se serrait alors la ceinture, patientant une année de plus, jusqu'au retour de la belle saison, et cela quelle que fût la situation politique et militaire du moment. Ainsi, le roi Louis XVI et Benjamin Franklin, représentant les colonies américaines, s'entendaient-ils pendant la guerre d'indépendance américaine pour proclamer solennellement la liberté de navigation aux navires de ravitaillement des missions entre l'Angleterre et la côte du Labrador. Cela mérite d'être noté. Nous avions bien du mal à imaginer cette grandeur passée, l'impression dominante étant le gâchis et le gaspillage. Visitée depuis des générations, cette bâtisse est laissée à chaque fois par ses occupants dans un état encore plus pitoyable qu'ils ne l'avaient trouvée. Ce bâtiment historique (toute trace humaine est ici de l'Histoire) est ainsi souillé par des strates de détritus de toutes sortes. A l'extérieur, déjà, des épaves de Skidoo désossés, d'énormes bidons d'essence rouillés, parmi quantité d'autres objets divers, certains indéfinissables. Pis encore, à l'intérieur : des immondices jetés en vrac sur le sol : boîtes de conserve vides, emballages déchirés, matelas éventrés, chaises percées ou cassées. Tout ce qui présentait une quelconque valeur avait été emporté.

Restaient quelques objets un peu moins hétéroclites; pas en meilleur état : quelques pattes de caribous, souvenirs d'anciens festins, une bien piteuse peau de caribou, un piège rouillé et aussi une bible morave et divers ouvrages religieux en inuktuk. Ce n'est pas sans émotion que nous les compulsions. D'une curiosité insatiable (mais comment ne pas l'être), nous cherchions à percer les secrets de cette bâtisse à la recherche de l'objet rare ou digne d'intérêt. La construction n'avait pas bougé, toujours aussi solide, en bon bois massif et parfaitement isolée par des agglomérés d'algues marines. Peut-être cela vaut-il en efficacité notre laine de verre! Qui sait?

Mais l'endroit n'était pas hospitaliser au point de nous inciter à y faire souche et à y passer la nuit. On serait certainement beaucoup mieux sous notre tente.

– On va se mettre là-bas, dans le petit bois. En cherchant bien, on trouvera peut-être assez de combustible pour notre poêle. On eut un mal de chien pour en trouver, comme il fallait s'en douter, tout (ou à peu près) ce qui était sec avait déjà été coupé. On ne nous avait pas attendus. Il ne restait plus que quelques épinettes aux membres torturés et rachitiques. Bien contents, néanmoins, de les trouver. Ce n'était pas le moment de jouer aux difficiles; mélangé aux épinettes vertes, cela faisait notre affaire. Bien sûr, il ne fallait pas s'attendre à des merveilles de notre poêle ce soir-là. Mais, enfin, l'essentiel était de pouvoir compter sur un peu de chaleur. A bien observer le terrain truffé de souches de belle taille, nul doute qu'une forêt respectable avoisinait la mission. Du même coup, le mystère du site était éclairci.

La banquise nous reprit, monotone, avec pour point de mire les montagnes Kaumajet, culminant à treize cents mètres. Les « montagnes brillantes », en idiome esquimau. Elles portent bien leur nom : leurs parois gelées étincelaient sous le soleil comme un miroir. La chance était avec nous. Le froid était toujours aussi sec, la piste dure et les chiens s'en donnaient à cœur joie, stimulés de temps à autre par Michel, à l'avant du traîneau. Vingt kilomètres dans la matinée, quarante-cinq dans la journée! Et, finalement, le bivouac installé au pied des Kaumajet, dans un renfoncement bien protégé des vents. Paysage minéral, dénué d'arbres, d'une beauté austère. Sitôt le camp installé, sitôt réfugiés dans nos doudounes, le bonnet enfoncé, le froid commençant son œuvre de sape.

– Vous avez vraiment envie de grimper là-haut et de vous farcir une nouvelle nuit ici?

– Pas vraiment.

– Non, moi non plus.

La cause était rapidement entendue. Nous éterniser ici, non, merci! Le moment venu d'allumer le poêle à essence. Frissons d'inquiétude. Connaîtrait-on les mêmes déboires qu'avec le précédent? Comme pour mériter ses faveurs, Michel se consacra aux rites : remplir le réservoir, actionner la pompe sans empressement, puis craquer une allumette. Rien. Une seconde. Toujours rien. A la troisième, une petite flamme se mit à danser. Nous la protégions de nos mains, de peur de la voir s'évanouir. Puis, après des débuts timides, elle s'épanouit peu à peu.

– C'est gagné!

– Attends un peu avant de chanter victoire, rien n'est joué tant qu'on n'est pas sûr que la pompe fonctionne.

– C'est stressant, finit par dire Michel, détendu quand il comprit que la partie était gagnée.

La chaleur commençait à rayonner agréablement. Entourant la petite flamme de toutes nos attentions, nous lui présentions nos doigts déjà gourds. Repas rapide sans surprise. Préparatifs de nuit : vêtements humides placés dans un petit sac en plastique au fond de nos sacs de couchage, pour les maintenir à la température de nos corps. Puis extinction des feux (poêle et bougie).

Réveil douloureux, le froid nous entourant de sa sollicitude au cœur de la nuit, puis, en un clin d'œil, enfilage de nos vêtements de journée encore humides, mais heureusement tièdes. Sensation de mouillé sur la peau, peu agréable, mais tout serait vite oublié sur la piste.

Tiens, Boule s'était détaché au cours de la nuit. Il avait regagné sa place, mais il n'avait pas l'air de tenir la grande forme. En découvrant un de nos sacs de moulée largement entamé, nous eûmes l'explication : il s'était tant empiffré qu'il en était malade.

– L'attelle-t-on?

– Il n'y a aucune raison pour ne pas l'atteler.

– Tu crois? Il a vraiment mauvaise mine.

– Tant pis, ça lui apprendra! Tu vois, Boule, c'est le type même du chien sans volonté. A sa place, Moulouk ou Duway trouveraient encore la force de tirer. Pas lui. Il se démoralise vite...

En cours de route, Boule n'en finissait plus de rendre son déjeuner que Tröll et Bilbo, placés derrière, s'empressaient de se disputer. Les autres, même si ce n'était pas l'envie qui leur manquait, évitaient prudemment de se mêler à ce combat de chefs. Avantagé par sa position dans l'attelage, Tröll était toujours dessus le premier, ce qui avait le chic d'irriter Bilbo. Écumant de rage, il fallait le voir entraîner à lui seul le traîneau, cherchant à mordre la croupe de son rival. Mais celui-ci, nullement intimidé, lui damait le pion. Pour une fois qu'il pouvait lui rendre la monnaie de sa pièce et le faire enrager, il ne s'en privait pas. Il se délectait ainsi des meilleurs morceaux au nez et à la barbe de Bilbo, et, pendant ce temps, Boule, n'en menant pas large, se traînait lamentablement, ayant toutes les peines du monde à suivre le train de l'attelage au point qu'il en fut presque étranglé par son trait. « Oooh! » L'attelage s'immobilisa au commandement.

– Je crois que tu as raison, je vais le détacher. Il suivra le traîneau.

Pensez-vous, il n'avait même pas le ressort suffisant pour suivre. Improvisant une grève sur le tas, il se coucha sur la piste, sans même daigner nous jeter un regard, et sans doute serait-il resté ainsi quelques heures à se remettre, si nous ne l'avions attaché d'autorité au traîneau. C'était dans son intérêt. Seul sur la banquise, il n'aurait vraisemblablement pas survécu et serait mort de faim. S'il avait fallu s'arrêter à chaque fois qu'un chien n'était pas dans son assiette, on n'eût pas été près d'en avoir fini.

Après la longue montée dans les Kaumajet, la redescente vers la banquise par un long défilé à l'extrémité duquel étaient venues s'enchâsser de magnifiques cathédrales de glace. Les fameux icebergs! Les premiers que nous voyions. Jacques, qui n'était pas de nature à s'épancher facilement, s'extasia pourtant : « Dieu que c'est beau! »

Oui, c'était proprement grandiose, étonnant à voir. C'est avant tout un choc, une émotion que les mots peuvent difficilement traduire. Essayez d'imaginer des paillettes de feu sur un bleu turquoise, d'une force, d'une intensité... Non, je sais, c'est perdu d'avance, vous ne pourrez imaginer, ou, si vous voulez, c'est comme des diamants qui seraient de couleur bleue, hauts comme des immeubles de dix étages. Il faut l'avoir vu pour l'imaginer. Plus loin, des dizaines d'autres encore, à perte de vue. Une avenue d'icebergs venus de la côte

Ouest du Groenland, de l'île d'Ellesmere ou de la terre de Baffin, au cœur de l'Arctique canadien, amenés là par le courant du Labrador. Fascinés, nous contemplions les témoins d'un événement majeur de l'histoire terrestre. Avant leur plongeon dans la mer, ces icebergs étaient partie constituante de la dernière glaciation. Minuscules fragments de glaciers de l'Arctique. Faut-il rappeler que la chape de glace recouvre jusqu'à nos jours tout l'intérieur du Groenland. Ensembles vivants, ces glaciers glissent entre les montagnes côtières et avancent de quelques kilomètres par mois à quelques kilomètres par jour. Quotidiennement, des fractures de glace s'opèrent, libérant d'immenses masses de glace qui dégringolent dans les eaux : les icebergs viennent de naître. Ils sont alors entraînés vers le Sud par le courant froid du Labrador qui les préserve d'une fonte prématurée. Des années durant, dérivant l'été, prisonniers des glaces le reste du temps, c'est ce qui s'était produit pour « les nôtres ». A la débâcle, ils reprendraient leur long cheminement vers le sud. Peu à peu, ils fondraient, s'amenuiseraient, rouleraient sur eux-mêmes, avant de s'éteindre au sud de Terre-Neuve ou dans les eaux chaudes du Gulf Stream. Ceux-là mêmes qu'heurtera le paquebot *Titanic* au cours de sa luxueuse croisière inaugurale Southampton-New York, et dont l'épave vient d'être localisée par quatre mille mètres de fond par une équipe franco-américaine.

Un 28 mai, j'avais observé effectivement un de ces icebergs à la sortie du port de Saint John's de Terre-Neuve, au sud de l'île. Je n'irais pas jusqu'à affirmer qu'il bloquait le port, mais enfin, il était de belle taille et avait encore une longue vie devant lui, et cela sur le méridien de Nantes! Étonnant, non! Sait-on que le nord du Labrador se trouve à la hauteur du sud de la Norvège ou, si vous préférez, de l'Écosse, et, autant que je sache, la banquise y est totalement absente de leurs côtes. Histoire de courants... L'un, le courant du Labrador, descend de l'Arctique et maintient les eaux glaciales toute l'année; l'autre, le Gulf Stream, remonte du sud et réchauffe ainsi les côtes de l'Europe jusqu'au nord de la Norvège.

Mais avant le spot de bois, la route était encore longue, et il fallut songer à s'arracher à ces délices visuelles. Les fatigues de la piste aidant, nos chiens se faisaient maintenant tirer l'oreille.

– Il est 3 heures, encore environ vingt-cinq kilomètres.

Trois heures en marchant bien. Même si on va moins vite, on y sera de toute façon avant la nuit. Elle ne tombe pas avant 9 heures, maintenant. Venu le moment de nous enfoncer dans les terres afin d'éviter un long détour par la banquise et avoir ainsi quelque chance d'atteindre notre spot dans la soirée. Nous, alors, avec notre bois! D'un commun accord, on décida d'envoyer Nicolas en reconnaissance. N'était-il pas le plus à même de nous faire gagner du temps? Là où l'on mettrait trois minutes à repérer notre chemin, il n'en mettrait qu'une.

– Prends la carte, lui conseilla Jacques.

– Pas besoin, je l'ai dans la tête.

– Comment peux-tu être aussi sûr de toi? Il y a trois ruisseaux qui dégoulinent de la montagne.

– Oui, mais il n'y en a qu'un de bon.

– Ah bon! fit alors Jacques, tout étonné, mais faisant néanmoins entièrement confiance au sens de l'observation de Nicolas.

Retardés par les caprices de Dona, Jacques et moi venions de perdre de vue le premier attelage dont nous n'avions qu'à suivre la trace. Une succession de petites grimpettes et de petites descentes furent ainsi franchies, lorsque, pointant du doigt le sommet de la colline, je m'exclamai :

– Regarde, on dirait un caribou!

– Où ça?

– Là-bas.

– Je ne vois rien.

– Mais si, suis mon doigt.

Lorsque, après avoir vainement cherché, l'éclair :

– Ce que tu prends pour un caribou, c'est Michel, les bras écartés (convention que nous avions adoptée pour signaler que la voie était libre).

– Une chance encore, que Nicolas ne fût pas là, sinon, il ne m'aurait pas loupé, plaisanta Michel le soir, après que je lui eus raconté ma méprise.

– C'est vraiment l'accident con. Imagine que cela soit arrivé : descendu parce que son copain l'avait pris pour un caribou!

Une dernière descente risquée, mais la vue des arbres qui tapissaient le fond du fjord fut du plus bel effet sur le comportement de nos chiens qui s'étaient mis à ne plus mesurer leurs efforts.

– Il y a du bois en masse! C'est « la grosse vie », glissa Michel, le cœur en fête.

Ce feu qui se remettait à vivre dans la lumière vespérale, ce recul du gel donnaient un sentiment de puissance. Michel, qui avait délaissé son harmonica depuis plusieurs jours, improvisa des airs du folklore québécois et d'ailleurs que je n'avais jamais entendus auparavant.

Fatigués et dodelinant de la tête, nous coulions, silencieux, des moments heureux. Tout respirait la sérénité autour de nous. Le poêle à bois avec ses craquements secs et le pétillement des tisons, le tapis de sol odorant d'épinettes, jusqu'aux mocassins, délicatement posés sur les bûches, fumant en dégageant une délicieuse odeur de boucan...

Puis la nuit était tombée, sans vraiment s'installer. Des banderoles rosées et pourpres s'élevaient et se rejoignaient en arcades démesurées. Je frissonnais, restant bouche bée, fasciné par la magie du spectacle. La nature elle-même, étrangement silencieuse et assoupie, semblait contempler ce phénomène cosmique qu'était l'aurore boréale. Pas le moindre pet de vent. Une belle nuit arctique telle qu'on aimerait en voir souvent, tant il est vrai que l'on ne peut se lasser d'un tel tableau! Pour rien au monde, nous n'aurions manqué ce rendez-vous. Les belles nuits, nous ne nous couchions pas avant d'avoir auparavant promené nos regards dans le ciel, alors, nous pouvions rester figés à le fixer, longtemps, insensibles aux morsures du froid.

Au point du jour, titillé par les « Ka-Ka-Ka! » lointains des compagnies de perdrix, Nicolas bondit de son sac de couchage, tel un pantin désarticulé, se vêtit en deux temps trois mouvements, se saisit au passage de son fusil et sortit. Inutile de lui demander où il allait. Chaque jour de repos le voyait partir du lever au coucher, revenant parfois dans la journée pour rapporter quelques lagopèdes et repartir aussitôt. Il était saisi de l'ivresse du chasseur sur la piste fraîche du gibier. De marcher en raquettes à longueur de journée dans la neige, parfois jusqu'à la taille, ne le décourageait, pas plus que les chutes inévitables. Rien n'aurait pu l'arrêter. Et, pourtant, d'autres se seraient lassés, à courir sans cesse après des lagopèdes avec un succès tout relatif; ceux-ci se montrant bien souvent habiles à déjouer tous ses plans (il mit deux jours pour tirer son premier lagopède). Mais non, cela ne faisait que renforcer sa détermination. Un vrai chasseur qui trouvait du

plaisir à la chasse, d'autant que ce n'était pas cuit d'avance :
– Ils m'en font baver, mais je les aurai, ces salauds!

Pourtant, il avait beaucoup appris au cours de ces deux derniers mois de voyage. Les lagopèdes n'avaient plus de secret pour lui : il savait où ils se terraient, les fameux « gruyère » dont parlait Nicolas. Ensuite, ce n'était plus que le jeu du chat et de la souris. Écouter, regarder, s'approcher avant d'être repéré, sinon tout était à recommencer, « méfiants, les malins », et celui-là qui caquetait comme pour le narguer, le laissant s'approcher pour voleter un peu plus à l'intérieur dès qu'il sentait le danger se préciser. Nicolas, mené par le bout du nez de loin en loin. Son entêtement finissait par payer, et, bientôt, il avait sa récompense... Et nous la nôtre! Quoi de plus délicat pour le palais qu'une cuisse de perdrix? Un jour particulièrement fructueux, il en ramena huit : une entière pour chacun d'entre nous au repas du soir, une pour Mahingan également, qui l'avala, la goulue, tout entière avec ses plumes. Les autres étaient conservées au frais quelques heures ou quelques jours...

Pendant ce temps, Michel et Jacques étaient, pour changer, à leurs travaux de réparation ou de couture. Jacques à ses harnais, Michel à son traîneau, remplaçant par du fil de pêche la babiche au fur et à mesure qu'elle lâchait :
– La prochaine fois, j'utiliserai du nylon; la babiche, c'est parfait tant qu'il fait sec, mais dès que le temps se radoucit, elle s'humidifie et casse. Au rythme où vont les choses, à Kangiqsualujjuaq, j'aurai remplacé toute la babiche...

De surcroît, un des deux freins arrière avait cédé. Après avoir marché des jours durant, du matin au soir, sans guère avoir eu l'occasion de nous donner du bon temps, nous tenions enfin notre revanche. Sur la banquise, la progression était aisée, de l'ordre de quarante à cinquante kilomètres par jour. Nous pouvions maintenant prendre racine en quelque lieu boisé. Deux jours dans un bivouac, un jour de marche, puis, à nouveau, un autre jour de repos.

Ainsi allaient les choses, et, insensiblement, le temps s'était réchauffé. Le printemps n'était plus loin. Je me rappellerai longtemps de notre premier bain de soleil, délicatement allongés sur un tapis d'épinettes posées à même la neige. Bain de soleil limité au visage, bien sûr, la température restant malgré tout suffisamment fraîche pour supporter nos sacs de couchage dans lesquels nous nous étions glissés; la première fois, néanmoins, qu'on osait ainsi s'exposer à ses rayons timides. Prémices de jours meilleurs, quand on pensait que, deux jours avant, Nicolas avait été à deux doigts de se geler (sans mauvais jeu de mots). Il n'avait dû son salut que grâce à la sollicitude de Jacques qui lui avait tendu une de ses propres paires de mitaines. Les jours passaient, défilaient, serais-je tenté de dire. Nos petits étaient nos points de référence. Le Nord semblait leur réussir. Ils avaient prospéré, grossi. Ils commençaient à s'aventurer à la découverte du monde, sous l'œil vigilant de Mahingan qui, dès qu'elle les voyait s'éloigner un peu, les saisissait par la peau du cou à pleines dents pour les ramener au bercail. Elle semblait avoir repris le dessus, ses petits jappements de douleur s'étaient espacés. Laissant sa progéniture sur le traîneau-maternité, sous nos soins attentifs (elle avait pu apprécier notre dévouement), elle s'était remise à gambader, histoire de se dérouiller un peu les pattes. On peut dire qu'elle avait entière confiance en nous. Dès le premier jour, elle nous avait autorisés à les prendre et à jouer avec eux.

A la mi-avril, le soleil s'était enhardi; après les longues nuits de repos hivernal, il ne voulait plus se coucher et faisait le fiérot jusqu'à 10 heures du soir, pour être de nouveau debout dès 3 heures du matin. Cela ne fut pas sans conséquences sur l'état de la neige et, de là, sur notre organisation elle-même. Au zénith, le soleil crevait la neige, la métamorphosait en neige lourde, mouillée. Du sol montait une sorte de bruissement lascif; l'eau commençait à courir au pied des arbres, descendre les montagnes. Partout, on la sentait. Ce n'était pas encore la débâcle qui se produirait bien plus tard, mais ce n'était déjà plus le silence de l'hiver, la froidure qui avait tout figé en une image immobile et immuable. Les animaux sortaient de leurs trous, comme ce petit écureuil qui, rattrapant le temps perdu, ne cessait de grignoter au-dessus de nos têtes quelques pousses d'épinettes. La neige était également en train de changer. Pour le profane, toute neige est semblable, ou il la croit telle. Pourtant... Au cœur de l'hiver, la neige est dure, blanche, si blanche qu'au moindre soleil elle peut rendre aveugle tant elle éblouit (d'où la nécessité du port de lunettes de glacier). Quand vient mars, et que les chutes se font plus rares, le tapis blanc se durcit davantage, forme une dernière croûte, épaisse, solide. La neige montre, ici et là, des chutes d'aiguilles, de poussière d'écorce provenant des branches que le vent agite. Les pistes des animaux y sont plus fréquentes; on trouve des traces d'excréments, d'urine, qui jaunissent la neige à bien des endroits. Mais quand vient la fin avril, la neige prend, ici et là, une teinte qui n'est ni blanche ni grise. On la dirait un peu délavée, et c'est là que se cachent les traîtrises : poser le pied sur cette neige signifie s'y enfoncer jusqu'au fond. Nous n'en étions heureusement pas encore là, l'assise était encore parfaite, à peine entamée aux heures les plus chaudes. Mais le processus pouvait être rapide : quinze jours suffisaient. Cette arrivée brutale du printemps ne cessait de nous inquiéter. « Pourvu que cela ne dure pas! » pensions-nous... Il nous restait encore une chaîne imposante de montagnes à traverser, les monts Torngat. Nous en étions encore loin.

– Pas de problèmes sur la banquise, son épaisseur est telle qu'on a le temps de voir venir. On risque simplement de fatiguer un peu plus nos chiens dans la neige lourde. Je propose qu'on parte dès le lever du jour, pour profiter au maximum de la couche dure. En se mettant en route, par exemple, à 4 heures du matin, on peut s'arrêter à 11 heures et monter le bivouac avant les heures chaudes. Mais dans les Torngat, il en sera autrement.

– Crois-tu que les rivières seront déjà touchées par la débâcle?

– Oh! ça non. Elles resteront gelées jusqu'en juin, mais ce qui m'inquiète, ce sont tous ces petits ruisseaux gonflés par la fonte de neiges qui viendront recouvrir la glace des rivières. Quand il y a trente centimètres d'eau, ça va encore, ce n'est pas très agréable de patauger dans l'eau glacée, mais enfin, on passe. Mais quand il y a plus... Tous les ans, des Inuit se font ainsi surprendre... Je ne nous souhaite pas de connaître la même chose.

– C'est pourquoi, sitôt le ravitaillement effectué, il vaudra mieux ne pas traîner, croyez-moi. Profitons bien des quelques jours qui nous restent. L'avion n'est prévu que pour le 15 avril. Arriver trop tôt à Saglek (lieu de ravitaillement) ne servirait à rien.

12.

Nicolas et ses phoques

10 avril. Bien nous en avait pris de nous lever aux aurores. Une glisse de rêve. La neige, légèrement farineuse, s'était resolidifiée pendant la nuit. Nos attelages filaient à belle allure sur la piste glacée. « Allez, Bodash! » « Allez, P'tit-Loup! » Nous activions nos chiens pour profiter au maximum des heures fraîches, tout laissant à penser que cela ne durerait pas longtemps. A 8 heures, le soleil était déjà haut, dardant de ses mille feux l'étendue immaculée. La journée serait chaude. De jour en jour, Bodash s'améliorait. Il semblait avoir enfin compris ce qu'on attendait de lui. Au bout de trois heures, une bonne vingtaine de kilomètres avaient déjà été parcourus. Nous étions, à peu de chose près, à mi-chemin d'Hebron, la mission abandonnée. A 10 heures, l'arrêt lunch, adossés à des blocs du pack de marée : nos horaires étaient décalés, l'heure de repartir. Et, tout à coup, un loup, oui, un loup de belle taille. Il était là, caché par le pack, tout près de nous, à quelques mètres à peine. Vous pensez si j'ai eu le temps de l'observer! Nos chiens n'avaient même pas bronché, et, pourtant, ils ne pouvaient pas ne pas l'avoir senti. Le considéraient-ils de la famille? Toujours est-il que, quand il se vit découvert, il ne demanda pas son reste. Il prit ses pattes à son cou et disparut derrière les premières collines côtières. N'écoutant que son instinct, Nicolas le pista un moment, mais dut rapidement renoncer. Il avait filé. C'était mieux ainsi. Le bel animal, un gros chien avec une fourrure encore plus belle! Sans doute beaucoup plus par curiosité que par intention maligne, il s'était approché de nous. Des animaux, nous en vîmes plusieurs toute la journée : des renards, un roux, un

blanc, traversant la banquise sans se presser, à peine étonnés de nous croiser. Avec les jumelles, nous les repérions de loin : une tache sombre sur la neige, cela se remarquait; tout comme nos premiers phoques, sortis de leur trou pour le bain de soleil quotidien! Eux aussi ne passaient pas inaperçus. C'est la bonne saison pour les chasser, à condition de les approcher sans se faire remarquer. Un art que possèdent à merveille les Inuit, et qui demande à la fois patience et dextérité.

– Ça serait bien si on pouvait en tuer un, nos chiens ont besoin de viande fraîche depuis deux mois qu'ils doivent se contenter de moulée. Un seul phoque suffirait à nourrir tous nos chiens. A toi de jouer, Nicolas!

Il ne se le fit pas répéter deux fois. Dix jours durant, il ne pensa qu'à ça. Nicolas et ses phoques, un poème! Il avait bien appris sa leçon des Inuit eux-mêmes et, de surcroît, avait tout lu à ce sujet. Il savait les phoques superbement adaptés à leur environnement marin, mais il connaissait aussi leurs faiblesses et comptait bien les exploiter, tout comme le chasseur inuit ou l'ours polaire, leurs prédateurs naturels. Autant de chasses différentes que de saisons...

Au début de l'hiver, quand la surface de la mer commence à geler, les phoques rongent des trous dans la glace afin de pouvoir remonter respirer. Toutes les minutes, ils viennent ainsi à l'air. A mesure que le froid augmente, ils entretiennent ces trous. Recouverts de neige, ils sont invisibles. Le chasseur les trouve grâce à ses chiens, spécialement dressés. L'ours polaire y est conduit par son exceptionnel odorat. L'Inuk introduit (tout cela est bien connu) un éclat de bois ou une plume à travers la neige, dans le trou de respiration qu'elle cache. En revenant à la surface, le phoque les fait bouger. C'est le moment attendu par l'homme : il plonge son harpon dans la neige et transperce le phoque d'un geste puissant et assuré. L'ours s'y prend autrement : après avoir balayé la neige autour du trou avec sa patte, il s'accroupit près du bord et attend. Dès que le phoque fait surface, l'ours lui fracture le crâne d'un coup de patte rapide comme l'éclair, et le tire immédiatement hors du trou étroit. Mais chaque phoque possède plusieurs trous de respiration, n'hésitant pas à utiliser ceux des voisins pour augmenter son champ d'action. Il se passe des heures, parfois des journées entières, avant que le phoque ne vienne respirer au trou au-dessus duquel l'attend le chasseur. Qu'importe, celui-ci patiente le temps qu'il faut, immobile dans le froid intense, tout à ses pensées, car, pour l'Inuk comme pour l'ours, le phoque, c'est la vie. Au printemps, le phoque aime venir paresser sur la banquise à proximité immédiate de son trou, d'où il peut surveiller les alentours. Ainsi croit-il pouvoir éviter les mauvaises rencontres. Et là, il dort par à-coups. Toutes les minutes, environ, il lève la tête en gros père paresseux, regarde de tous côtés et, rassuré, se rendort. Cette tactique, infaillible, pense-t-il, a pourtant deux grands défauts que ses ennemis n'ont pas manqué de relever à leur profit : premièrement, toutes les périodes de sommeil sont, à quelques secondes près, de la même durée; est-ce un tic musculaire ou une habitude? Toujours est-il qu'ours et Inuit ont appris à synchroniser leurs pas, avançant quand leur proie a les yeux fermés et s'immobilisant juste avant qu'elle ne les rouvre. Tiens, cela me rappelle un jeu d'enfance : un de mes frères se tenait, les yeux fermés, la tête contre un arbre. Au moment où il avait décidé de se retourner, il ne fallait surtout pas être surpris en train d'avancer, sinon tout était à recommencer, et ainsi de suite... Le premier qui touchait l'arbre avait gagné. Là, c'est la même chose. Si le phoque vous voit, il plonge dans son trou et vous n'avez plus qu'à rechercher un autre partenaire de jeu. Mais, pour peu que vous soyez malin, que vous ayez le sens du rythme, toutes les chances sont de votre côté. Dès que le phoque ferme les yeux, l'ours rampe lentement, doucement vers lui sur la glace. Une seconde avant le réveil du phoque, l'ours s'immobilise, se transformant en bon nounours à la fourrure d'un blanc jaunasse et sans vie. L'Inuk, lui, a recours, par la force des choses, à un leurre : accroupi derrière un écran blanc portatif – autrefois fabriqué avec une peau de phoque décolorée par le soleil (ironie!) – en fait, un carré de grosse toile encadrée, il avance lentement, prenant d'infinies précautions. Le phoque a heureusement mauvaise vue, second défaut majeur! Capable de discerner un mouvement à grande distance, il ne peut distinguer sur la banquise ni l'ours blanchâtre immobile ni le chasseur caché derrière son écran blanc. Arrivé tout près, l'ours peut alors s'élancer sur le phoque endormi et lui défoncer le crâne d'un coup de patte massif. Autrefois, l'Inuk devait, lui aussi, s'approcher tout près du phoque, à trois mètres environ, pour être certain de bien le harponner; l'emploi du fusil lui a simplifié la tâche, mais il ne faudrait pas en déduire pour autant que les jeux sont faits d'avance.

Voilà pour la théorie. Venons-en à la pratique, et là, il s'agit d'une tout autre paire de manches. Tout épiques et hauts en couleur que fussent les débuts de Nicolas, ils n'étaient, loin s'en faut, à la hauteur de ses espérances. Ce fut une longue série noire qui, loin d'entamer sa résolution, la raffermit un peu plus. Allez lui faire entendre raison! A la simple vue d'un phoque, ses veines se gonflaient, son cœur tambourinait à tout rompre. Il voulait tenter l'approche, quelle que fût la distance où il se trouvait. Son premier, il l'avait vu vers midi, alors que nous étions tout proches (en traîneaux) d'Hebron. Nous en devinions les bâtiments à la jumelle.

– Puisque tu meures d'envie de tenter ta chance, l'occasion est bonne, tu nous rejoindras à pied à la mission dans la soirée.

– O.K.! Je vais voir ce qu'il a dans le ventre, ce phoque!

– Ne te presse pas, tu as tout l'après-midi.

– Pour une fois que vous me laissez carte blanche, ne vous en faites pas! Je prendrai tout mon temps s'il le faut, mais j'aimerais bien me le faire...

Pauvre Nicolas, il ne savait pas ce qui l'attendait. Il était bien naïf (comme il devait lui-même en convenir). Pensait-il se soustraire de la vue du phoque en revêtant simplement un tee-shirt et quelques morceaux de toile blanche? En tout cas, quelle touche! quel « look », dirait-on aujourd'hui. Mais c'est en forgeant qu'on devient forgeron.

Son retour, au moment où le soleil entamait sa descente rapide vers l'horizon, fut quelque chose! Il était en nage, torse nu, l'œil hagard, fortement éprouvé et, bien sûr, bredouille!

– Tu parles, il m'a repéré de loin... J'étais encore à plus de trois cents mètres lorsqu'il a levé la tête et a disparu dans son trou. Il va falloir que je me camoufle mieux.

– Tu aurais dû prendre la tenue de chasse blanche.

– Avec la chaleur qu'il faisait! Tu vois dans quel état je suis, alors, t'imagines! Non, il me faudrait une sorte d'écran blanc, comme en ont les Esquimaux. Je vais peut-être trouver cela par ici.

– J'ai déjà jeté un coup d'œil, il n'y a rien de tel.

– Tant que je faisais mon approche, ça allait, la fatigue ne me pesait pas. Au retour, en revanche, quelle galère! A chaque pas, je m'enfonçais jusqu'aux genoux.

– Voilà ce que nous avons évité en nous levant aux aurores.

Une suggestion aux cartographes : de grâce, réactualisez de temps à autre vos cartes. Ne reproduisez pas systématiquement les anciennes; le monde bouge. Les villes se font et se défont. Prenez le cas d'Hebron; plus une âme depuis 1959, et comment croyez-vous qu'elle figure sur les cartes? Par un gros point épais comme si on pouvait la mettre au même rang que Québec, Montréal ou Paris... Ville fantôme, Hebron a connu son heure de gloire; fondée en 1831, la mission s'est vite développée. Vingt ans plus tard, elle comptait déjà trois cent cinquante personnes. Prospérité éphémère. Sa population allait rapidement chuter, consécutivement aux maladies et aux famines qui l'ont frappée au cours des années. Maladies, famines, le cycle infernal. En 1855, la raréfaction des phoques conduisit à la disette, qui se solda par la mort de cinquante-neuf habitants. D'autres années, ce fut au tour des chiens, des caribous, des renards... Les récits sur le Nord sont aussi émaillés d'une arithmétique macabre. La famine banalisée...

Mes remarques sur Nutak valent pour Hebron. Les constructions sont en bois franc, massives. Une différence de taille, néanmoins; une salutaire prise de conscience de ce patrimoine historique a sans doute préservé Hebron de l'oubli, de l'impitoyable injure du temps et des divers pillages et déprédations qu'elle aurait sans cela connus. L'ensemble est joliment arrangé, régulièrement entretenu, dans un état de propreté étonnant, surtout par comparaison avec Nutak. Au couchant, la chapelle, coiffée de son clocher, se découpait, en ombre chinoise sur le ciel embrasé. De toute beauté!

Deux jours encore à progresser dans la fraîcheur du matin. Le printemps semblait s'être durablement installé, ce qui ne laissait pas de nous inquiéter. Puis, ce fut le jour de l'ours polaire, comme si ces sept à huit heures de marche sur la banquise ne se réduisaient qu'à cette rencontre. Entendons-nous bien. En fait d'ours, nous ne vîmes que les empreintes d'un seul. Énormes, impressionnantes, je vous l'accorde, grosses comme trois fois la main, si ce n'est plus. Des traces d'ours, j'en avais déjà vu plusieurs, mais des comme ça, jamais! Et aussitôt de nous voir jeter des regards furtifs autour de nous. Sait-on jamais, s'il nous avait flairés. Ne les décrit-on pas comme volontiers agressifs, toujours prêts à en découdre. Nous étions partagés sur cette question. Nicolas et moi (quoique plus mitigé) aurions bien aimé un face-à-face – à distance, n'exagérons rien! Michel et Jacques, forts de la

238

réputation de ce bel animal, le symbole de l'Arctique, s'en méfiaient comme de la peste et étaient beaucoup plus réservés sur l'opportunité d'une telle rencontre. Il ne fallait pas trop se fier à son pas lent, un peu pataud et débonnaire de bon nounours qui traîne les savates. Ours est le plus souvent synonyme de danger. Combien d'histoires terrifiantes colportées à leur sujet, et pour aller démêler dans tout cela la part de légende, de fantasme et de réalité! Une chose est certaine : les environs de Saglek étaient réputés infestés d'ours polaires. En tout et pour tout, nous n'avions vu que les traces d'un seul. Pourtant, avec tous les phoques qui venaient, en ce mois d'avril, se faire dorer sur la banquise, ils auraient dû être légion, et la fête, battre son plein. Où étaient-ils tous passés? S'agissait-il d'une exagération de plus? Voyait-on toujours le même solitaire en goguette?

Un jour de plus à progresser avec, pour point de mire, les deux antennes paraboliques de l'ancienne base militaire américaine de Saglek, un des maillons des postes de radar du système d'alerte rapide ou « dew line » (pour « distant early warning ») abandonnée depuis l'apparition des avions radars (du type Awac). Deux sites composaient en fait la base : d'abord, au fond de la baie, les bâtiments administratifs, les logements des militaires, les ateliers, le port et un petit aérodrome de fortune, repris aujourd'hui par la compagnie d'État Pétro-Canada, qui, l'été, entreprend des prospections pétrolières dans la mer du Labrador. Tout est en plus ou moins bon état d'entretien. C'était le site choisi pour notre troisième et dernier ravitaillement aérien. Nous devions y passer plusieurs jours. A quelques kilomètres de là, sur les hauteurs, se trouvait la station radar proprement dite, avec ses installations sophistiquées. Du moins, c'était vrai autrefois; aujourd'hui, vision d'horreur, d'apocalypse. Ce ne sont plus que poutrelles calcinées, effondrées, morceaux de tissus arrachés, pendant piteusement aux cloisons, gravats sur le sol.

– Ils ont dû la détruire au napalm avant de la quitter... Quel gâchis! fit Michel, consterné.

Chaque fois qu'un espace vide se présente quelque part dans notre civilisation, au lieu d'y voir une occasion d'y approfondir notre sens de la vie, nous nous empressons de le remplir d'objets de « notre culture ». Une fois devenus inutiles, on les abandonne, laissant les lieux à jamais défigurés, dévastés. Inutile d'épiloguer. L'homme n'en sort pas grandi. Écœurés, nous quittâmes précipitamment les installations, à peine apaisés par la beauté du panorama qui s'ouvrait dans toutes les directions à l'horizon. Le site était le plus exceptionnel qui soit (les militaires ne s'y étaient pas trompés). Quel sacrilège! Quelquefois, on est saisi de honte quand on voit ce que l'humain peut faire. Passons!

Vous avez deviné où se trouvait Nicolas durant ce triste pèlerinage. Sur la banquise, bien sûr, à sa cinquième ou sixième tentative d'approche déjà. Sans se décourager, et avec une imagination jamais prise en défaut. Il avait peu à peu affiné ses techniques de camouflage. Tenue faite, tout d'abord, de bric et de broc, à partir de deux morceaux de tissu, vite remplacés par un sac à moulée en plastique blanc. Un trou pour la tête, deux pour les bras, une pointe d'étoffe en toile sur la tête. Mais, force est de le reconnaître, ce n'était pas encore approprié; et puis, l'idée lumineuse : un morceau de polystyrène expansé, recouvert d'un drap percé d'une fente à hauteur des yeux pour permettre d'observer la proie. Il tenait enfin un véritable écran. Du même coup, il reprit confiance. Il était maintenant à égalité avec les chasseurs inuit. Saurait-il se montrer aussi habile qu'eux? On le saurait dans quelques heures ou quelques jours, car c'était bien en ces termes qu'il fallait raisonner. Un phoque ne vous tombe jamais comme ça du ciel. Il faut savoir le mériter, le rechercher, marcher des kilomètres en scrutant la banquise à la jumelle. Ne jamais se décourager, même si on revient bredouille. Un jour, j'avais voulu accompagner Nicolas. Partis à 9 heures, à 14 heures nous n'en avions toujours pas vu un. Ce n'était pas un jour à phoques.

– Bah! j'y retournerai demain, s'était promis Nicolas, philosophe.

Moi, cela m'avait vacciné de toute envie de recourir la banquise. Voilà ce qui distingue le chasseur. Comme en toute chose, son entêtement allait être récompensé le lendemain : il en vit des dizaines au même endroit. Allez savoir pourquoi!

Repérer un phoque est une chose, l'approcher suffisamment près en est une autre. (Blessé, il disparaît dans son trou, et il peut être considéré comme perdu.) Il n'est guère d'approche possible que de très loin. Cinq kilomètres, parfois plus, avec la technique que j'ai mentionnée. Cent mètres, le dos courbé, derrière votre écran. S'immobiliser, recommencer. Puis, à mesure que vous en approchez, avancer à pas comptés. Vingt mètres puis dix mètres. Stop. Encore dix mètres avec les fatigues, les crampes, le froid, l'impatience d'en finir. Vous êtes encore à cinq cents mètres de lui, et, alors que vous vous êtes jusque-là soumis à une discipline de fer pendant deux à quatre heures, le faux pas. Un geste un peu brusque, moins coulé. Une fraction de seconde de retard pour vous immobiliser, et patatras! tout s'écroule. Votre rêve s'envole. Un claquement de nageoires, et voilà qu'il disparaît dans son trou! Le phoque vous a repéré. Tout à refaire. Sentiment d'impuissance. Inégalité des chances. Vous, aucun droit à l'erreur ne vous est autorisé, lui peut paresser pendant des heures. Un quart de seconde d'attention lui suffit pour déjouer un plan que vous avez longuement mûri. Et Nicolas, à nouveau bredouille, de jurer qu'on ne l'y prendrait plus, de fourbir ses armes pour une énième tentative, démangé par une irrépressible soif de revanche. On verrait ce que l'on verrait! Il y avait quelque chose de sublime dans cette volonté, une force titanesque. Le lendemain, le surlendemain, il rentra encore bredouille, le moral quelque peu ébranlé par tant d'infortune, ne sachant plus à quel saint se vouer!

– C'est pas vrai, je fais pourtant tout ce qu'il faut...

Et nous, qui ne trouvions rien de mieux que de lui remuer le couteau dans la plaie, mi-compatissants, mi-ironiques :

– Alors, ces phoques?

– Pour m'en faire voir, ils m'en font voir, mais je finirai bien par avoir le dessus!

Croyait-il vraiment au fond de lui-même ce qu'il avançait? En tout cas, sans doute excédé par nos questions, et la mine plus sombre que jamais, il s'arrangeait pour s'esquiver discrètement. Les journées passaient ainsi. Lui, tout à ses phoques, nous à nous reposer, à tuer le temps en attendant l'avion. Et, lorsqu'il rentrait, dépité, nous nous gardions bien désormais d'évoquer sa journée.

15 avril. Plafond bas. L'avion ne viendrait peut-être pas. La nourriture commençait à manquer. Nos chiens furent rationnés, à l'exception, bien sûr, de Mahingan.

– Ils ne travaillent pas. Ils ont moins besoin de manger. Finalement, en fin de matinée, un ronronnement lointain mais caractéristique, et, bientôt, le petit monomoteur creva les nuages, survola le campement avant d'atterrir sur ses skis. Des nouvelles du monde, des uns et des autres, de l'état de la piste, de la migration des caribous...

– Vous n'avez pas de chance, le gros du troupeau remonte actuellement la rivière George. Nous n'avons survolé qu'un petit troupeau le long de la rivière Koroc. Peut-être le verrez-vous, il se dirige par ici.

– Comment est la rivière Koroc? questionna Michel, toujours préoccupé par l'état de la glace.

– Autant que j'ai pu en juger du ciel, bonne. Elle est recouverte d'une belle glace bleue.

– C'est qu'elle a fondu et regelé.

– Ça doit... On a eu quelques chaudes journées sur l'Ungava, mais le froid semble revenir. C'est meilleur pour vous.

– Comme tu dis. Il faudrait que le froid dure encore quelques jours, pour tout solidifier.

– Je vous le souhaite, vous allez avoir de belles pentes. C'est impressionnant à voir du ciel. Je vous donne quand même un conseil : ne tardez pas trop avant de vous remettre en route. Les conditions peuvent maintenant vite changer.

– C'est certain.

Le moment vint de nous quitter. Dernières poignées de main avant que l'avion décollât. Penser que, deux heures après, il serait à Kuujjuaq (Fort Chimo). Que ferait-on? Lèverait-on le camp dès le lendemain? Comme de coutume, nous nous réunîmes pour décider ensemble. Nicolas parla avec feu :

– Pour une fois qu'on est bien installés, qu'il y a des tas de choses à faire ici, il serait vraiment malheureux de quitter ainsi la banquise...

– Il y a surtout plein de phoques, coupa Jacques, le sourire et l'ironie aux lèvres.

– Oui. En plus, je suis certain que je vais finir par en avoir un. Nos chiens n'attendent que ça... Et puis, ce serait dommage d'être privé de plans de phoques, surenchérit Nicolas, en y mettant le paquet, ce qui eut pour effet de tous nous dérider, Nicolas compris.

Quelle véhémence quand il avait quelque chose derrière la tête! Je me contentai d'abonder dans son sens, ne trouvant rien à ajouter.

– Pas si vite, pour moi, la question essentielle reste le problème du temps. Nous sommes à la mi-avril. Au printemps, ne l'oubliez pas, les conditions d'enneigement, et donc de progression, peuvent très rapidement se dégrader. On aura été avertis. On ne pourra plus invoquer la fatalité. Tous les ans, des expéditions se cassent le nez à cause du radoucissement précoce. On a tous des exemples en tête. Il nous reste une difficulté de taille avec les monts Torngat. Je serais plus tranquille de nous savoir de l'autre côté, sur la rivière Koroc... A quelques jours près, on peut rester bloqués au pied des Torngat. Qu'en dis-tu, Jacques?

– La même chose que toi. Je suis tout à fait de ton avis. On doit se déterminer en fonction du temps et de lui seul...

– Justement, on aborde une période de temps froid. En restant encore quelques jours ici, les conditions ne pourront qu'être meilleures, rétorqua Nicolas, saisissant la balle au bond.

– Toi, quand tu veux quelque chose... Mais tu as de la chance, je suis pour l'instant d'accord avec toi, en partant maintenant avec l'état de la piste, on n'aurait rien à gagner. Les chiens risqueraient de se blesser les pattes en passant au travers de la glace, coupante comme le verre. Encore un ou deux jours de gel, et les conditions seront parfaites. D'accord pour privilégier l'état de la piste sur les autres considérations?

Personne n'y trouva à redire. En l'occurrence, cela faisait les affaires de Nicolas. C'était peut-être sa dernière chance. Il ne fallait pas la louper. Il était déjà à sa quinzième approche. Dès l'aube, il entama sa longue traque, bien décidé à ne pas réitérer ses erreurs. Ils les avait analysées, décortiquées froidement au cours de la nuit. D'abord le b.a.ba... : ne pas chercher à précipiter les choses. Faire trois pas de moins au besoin mais arriver à ses fins, c'est-à-dire être suffisamment proche du phoque pour entamer la phase finale, la plus délicate, avec les meilleures chances de succès; et, surtout, ne pas s'emballer, comme malheureusement cela s'était passé trop souvent. Tirer de deux cent cinquante mètres sans lunette sur une cible de la grosseur d'un ballon de handball, c'était perdu d'avance. Non, il fallait qu'il se rapprochât beaucoup plus; à cent mètres, ce serait l'idéal. Là, il ne la manquerait pas. Nourri de ces bonnes résolutions, il entama son approche, tel qu'il en avait décidé. Il fit son choix sur un bon gros phoque, bien mollasson (mais fallait-il vraiment s'y fier?). La journée s'annonçait sous les meilleurs auspices : la croûte était bien dure, bien ferme sous les pieds, et la progression, aisée. « Pourvu que le soleil ne la ramollisse pas trop rapidement », pensa-t-il en priant le ciel d'être entendu. A quatre cents mètres environ de sa proie, il redoubla de précautions, parcourant en une demi-heure la distance qu'il parcourait autrefois en un quart d'heure. Sa stratégie semblait porter ses fruits. Son phoque ne s'était pas départi de son calme olympien. A peine jetait-il autour de lui quelques coups d'œil furtifs. Nicolas était en progrès : généralement, arrivé à ce stade de l'approche, ses proies étaient déjà dans un état d'inquiétude avancée. Le tout était de ne pas gâcher cet acquis, bêtement, par un excès de précipitation. Savoir maîtriser sa fougue, faire dix pas..., s'immobiliser longuement pour se fondre dans le paysage. Cette tactique sembla lui réussir, puisqu'au terme d'une approche de trois heures, il n'était plus qu'à cent cinquante mètres du trou. Un... deux... trois... Aïe! le phoque s'était dressé sur son séant et ne quittait plus son écran des yeux... « Pourtant, je n'ai rien fait de plus, ça serait trop bête, si près! » pensa-t-il. Que faire? Profiter de l'effet de surprise : lui décocher une balle en pleine tête, pendant qu'il était encore temps... Pour aussitôt écarter cette solution : « Il saurait se montrer plus vif que toi... » Le cœur battant, la sueur perlant au front (malgré le froid), pris d'un trouble soudain : « Surtout ne pas bouger, et attendre qu'il se calme. » Cela prit une demi-heure. Ouf! il l'avait échappé belle. Et de nouveau dix petits pas. Nouvelle alerte. Il avait flairé quelque chose, il s'était à nouveau redressé. Impossible d'avancer plus. Il fallait l'abattre. Paralysé tout à la fois par l'émotion, la tension et l'enjeu de la décision qu'il prenait, il resta ainsi immobile de longs moments, cherchant à remettre un peu d'ordre dans ses esprits. Lorsqu'il comprit qu'il avait été repéré : le phoque s'apprêtait à sauter dans son trou, Nicolas se redressa comme un automate, écarta son écran, visa pratiquement au jugé dans la précipitation. Le coup de fusil claqua et résonna longtemps dans sa tête.

– Je l'ai eu! Je l'ai eu! cria-t-il dans une explosion de joie libératoire, en se précipitant vers le phoque foudroyé.

Humant les parfums de la réussite, il avait le sourire aux lèvres (il le garda longtemps) et contemplait l'animal étendu sur la glace. C'était une belle prise, en effet, la plus belle qu'il avait vue. Sa patience l'avait payé au double. Et le voilà courant sur la banquise, les pieds s'enfonçant dans la neige, mais la fatigue n'avait plus de prise sur lui. Après cinq jours de chasse, il avait besoin d'extérioriser sa joie, de la crier à tue-tête à qui voulait l'entendre. L'œil dilaté, ivre d'un bonheur rare. Vous pensez ce que représente pour un chasseur d'entrer dans le cénacle des chasseurs de phoques au même titre que les Inuit! Sa réussite était entièrement méritée. Nous le vîmes soudain déboucher comme un dératé, demander de l'aide pour ramener sa proie. Attelant en vitesse un équipage, je l'accompagnai. C'est là, en cours de route, qu'il me raconta comment il s'y était pris :

– Si tu avais vu, c'était balaise! Ça, c'est de la chasse. Rien à voir avec la chasse aux caribous...

C'était vraiment une belle prise. Même à deux, il ne nous fut pas si facile de la mettre sur le traîneau.

– Il doit faire soixante-quinze à quatre-vingts kilos, fit Nicolas.

Vint l'heure du dépeçage, Nicolas et Michel s'en chargèrent. Plantant leurs couteaux dans la chair, ils ouvrirent l'animal en deux, pour l'écorcher délicatement, prenant soin de ne pas abîmer la peau : Nicolas voulait la conserver. Ils raclèrent ensuite la graisse qu'ils découpèrent en petits carrés. Imitant les Inuit, Nicolas en porta un à sa bouche, pour le recracher aussitôt, grimaçant de dégoût.

– Ça surprend, se contenta-t-il de dire.

Même avec la meilleure volonté du monde, il n'est pas facile de faire abstraction de sa culture culinaire. Puis ils taillèrent dans la chair brunâtre des morceaux de choix, aussitôt distribués aux chiens, excités depuis un bon moment à la vue du sang. Oui, c'était une besogne sanglante, visqueuse, où chacun d'eux apportait, sans dégoût, son acharnement. Une véritable curée. Pourvus d'un appétit déréglé, nos dix-neuf terribles avalèrent indistinctement chair et graisse, si bien qu'il ne resta bientôt sur la neige que quelques traces de sang lapées avidement. Le phoque n'était plus qu'un souvenir... Nous nous étions réservé quelques bons morceaux. Certains avaient le goût de poisson, d'autres de viande – ces derniers ayant notre faveur.

Le soir, la discussion revint sur le tapis. Partirait-on?

– Je ne suis pas très chaud pour repartir demain. Il me semble préférable de les laisser digérer, suggéra Jacques.

– Moi, je suis partisan de ne pas nous attarder plus.

– A un jour près, je ne vois pas ce que cela change.

– Un jour non, mais à force de reculer... Cela fait trois jours que l'on aurait pu partir. (Puis, après un temps :) O.K., ça va, puisque vous êtes tous de cet avis, je m'incline, une fois de plus. Mais après-demain, on part. On est bien d'accord? fit Michel.

Il eût été, de toute façon, hors de question de nous remettre en route. Tous les chiens, en effet (sauf Mahingan, plus prudente), furent malades à en crever au cours de la nuit. Ils rendirent ce qu'ils avaient englouti. Et, le lendemain matin, le moins que l'on puisse dire, c'est qu'ils n'étaient pas très fringants. Couchés en rond au milieu de leurs déjections, ils avaient la mine défaite. Même les plus costauds, habituellement pleins d'arrogance, n'en menaient pas large et cherchaient à se faire oublier. La journée entière nous eûmes la paix. Pas le moindre éclat de voix entre eux. Le calme total. Et le soir, douze heures après, ils étaient toujours dans le même triste état, restant impassibles à l'ouverture de leur sac de moulée, ce qui ne s'était encore jamais produit.

– Ils ont perdu l'appétit, laissa tomber Michel, qui n'en était pas revenu.

– Une petite diète, et demain ils seront sur pied.

– Le crois-tu vraiment?

– Il faudra bien. Tu ne crois pas qu'on s'est assez éternisés ici...

– Sûrement la graisse qui ne leur a pas réussi.

– Oui, mais tu as vu tout ce qu'ils ont avalé. Depuis le temps qu'ils sont nourris à la moulée, ils ont perdu l'habitude.

Nicolas consacra la journée entière à préparer sa peau. Après avoir gratté l'envers jusqu'au cuir, il l'étendit sur une planchette et la cloua pour la faire sécher au soleil.

19 avril. Depuis deux jours, le temps était dérangé. Faisant l'objet de pressions contradictoires, les températures oscillaient en quelques heures de la hausse à la baisse. Tantôt, l'air était chaud, inerte, presque lourd; tantôt, les rafales de vent glacial se déchaînaient. C'était à ne plus rien y comprendre.

– Jusqu'à maintenant, j'arrivais assez facilement à prévoir le temps, mais là, je déclare forfait. Je suis paumé, avoua Nicolas.

Et pour finir, un redoux au cours de la nuit qui précédait notre départ. Cette nouvelle fit sur nous l'effet d'une douche froide. La journée ne pouvait pas plus mal débuter. Mais le vin était tiré, il fallait le boire. Les chiens, mal remis de leur indigestion, renâclaient à la besogne. A cela on remédia rapidement, et notre équipage glissa entre les deux parois rocheuses du fjord Saglek, en direction de la rivière Nakvak et de la chaîne des Torngat, avec ses pics culminant à quinze cents mètres. Véritable leçon de géologie, grandeur nature : toute la variété des paysages dont la glace se dotait était ici étagée : crêtes polies, ciselées, rabotées, vallées élargies en « U », cirques, glaciers, ravins suspendus, à-pics de centaines de mètres, et, çà et là, des blocs erratiques abandonnés au moment de la fonte des glaciers. Les roches mises à nu laissaient percevoir les différentes couches de sédimentation, ondulées, brisées et interrompues selon le cas. Elles portaient témoignage de la violence des convulsions d'une métamorphose amorcée, dit-on, quatre milliards d'années plus tôt. Comment ne pas remarquer que, sur certains versants, la neige commençait à manquer. La banquise, elle-même, n'avait plus cette unité, cette uniformité que nous lui avions connues. Par endroits, elle s'était transformée en « slutch », comme on dit au Québec. Nous autres, Français, parlerions de « soupe ». Poser le pied dans cette neige fondue signifiait s'enfoncer jusqu'aux chevilles et patauger dans une eau glacée. Nous nous en gardions bien. Assis sur le traîneau, ou debout sur les lisses, nous nous laissions conduire par nos chiens qui ne semblaient pas plus que nous goûter aux charmes du bain de pieds. Ce n'était pas de gaieté de cœur qu'ils s'y résolvaient, les délicats! Choisissant les passages les plus solides, nous faisions de notre mieux pour leur être agréables, mais ce n'était pas toujours possible; enfin, ils obéissaient sans trop rechigner.

Était-ce en raison du redoux, toujours est-il que, ce matin-là, nous vîmes une flopée de phoques. Par dizaines, ils se prélassaient sur la banquise, en solitaires, sauf quelques mères avec leurs jeunes, au pelage immaculé. Les fameux bébés phoques, tant recherchés par les chasseurs de Terre-Neuve, dont les méthodes ont soulevé, hors du Canada, un beau tollé de protestations. A l'origine de cette indignation générale, les images parfaitement insoutenables dont les médias nous ont abreuvés, nous montrant toute la cruauté avec laquelle ces animaux sans défense étaient assassinés. Assommés à coups de matraque, ne sont-ils pas aussitôt dépecés vivants, encore tout pantelants, sur la banquise, et cela sous l'œil éploré de leur mère. Qui pourrait rester insensible au choc des images? Quel homme normalement constitué ne serait pas révolté devant autant de barbarie? Pourtant, je me garderais bien d'hurler avec les loups, de porter un jugement définitif sur cette question, et je me demande si je ne suis pas le jouet d'une manipulation, d'une version des faits à sens unique. Vérité en deçà des Pyrénées, erreur au-delà.

La parole à la défense. Les partisans de cette chasse, toutes des brutes sanguinaires? Allons donc! Certains scientifiques, écologistes canadiens, je dis bien des écologistes (dans le vrai sens du terme, c'est-à-dire étudiant les êtres vivants dans le milieu où ils vivent), n'ont pas hésité à défendre les méthodes employées. A les suivre, assommer un bébé phoque à l'aide d'un gourdin serait le moyen le plus efficace et, partant de là, le moins cruel pour le tuer. Qui croire? Faut-il condamner la chasse elle-même? Erreur. Ce serait rompre les équilibres, ce qui d'ailleurs est en train de se passer, à la suite du boycottage des peaux de phoque orchestré par un grand nombre de pays, au premier rang desquels la Communauté européenne. Du jour au lendemain, le marché s'est écroulé. Savez-vous quelle était la valeur en 1984 d'une peau de phoque du Labrador? Soixante francs pour les plus belles! Avec leur pragmatisme habituel, les Inuit cessèrent naturellement de chasser le phoque. Le prix ne valait pas l'effort nécessaire. Ainsi leur supprima-t-on une de leurs sources de revenus essentielles, ce qui eut pour résultat de les rendre encore plus assistés. Étonnant retour de bâton. La même chose pour les chasseurs de Terre-Neuve, privés de leur gagne-pain. Mais autre conséquence encore plus fâcheuse : la province de Terre-Neuve, qui tirait une source non négligeable de ses revenus de la pêche, se voit aujourd'hui sinistrée. Les phoques n'étant plus chassés (ou beaucoup moins), ils prolifèrent et vident la mer... Était-ce le résultat recherché? Certes, non. Cela par écologie mal comprise. Pourquoi vouloir exclure l'homme de son milieu? Le chasseur doit rester chasseur. Bien gérées, les ressources sont inépuisables. L'erreur est de vouloir raisonner avec un esprit hexagonal. Là-bas, au Labrador, territoire immensément grand, on ne compte que quelques milliers d'habitants. Laissons-les en paix, et vivre comme ils ont toujours vécu; préserver les équilibres devrait être le maître mot. C'est pourquoi on est quelquefois sidéré par certaines campagnes de presse injustes... Mais ne me faites pas dire ce que je n'ai pas dit. Certains combats sont justes, comme celui en faveur des baleines menacées de disparition si on n'agit pas très vite... Mais pas les phoques du Labrador. Ils sont légion. On en a vu des dizaines sur la banquise, le même jour.

Que les distances paraissent longues sur la mer... L'embouchure de la Nakvak nous semblait toujours aussi lointaine et inaccessible. Ce n'était pourtant pas faute d'avancer. De temps à autre, le ciel devenait gris plomb, lourd de grains. Sa seule vue suffisait à nous glacer. Mais, par chance, il nous épargna longtemps, crevant devant ou derrière nous. Enfin, le bivouac installé à même la mousse sur une des buttes alluvionnaires du delta. A l'aide de ses dents et de ses griffes, Mahingan s'y creusa un trou où elle se réfugia avec ses chiots. Sitôt nos chiens attachés au sec, nous nous consacrâmes à une corvée de neige pour leur permettre de se désaltérer.

Le soir, le temps s'était rafraîchi. Des giboulées de neige ou, plutôt, de grésil, venaient gifler la tente et faisaient vaciller le mât sur son socle. Déformé par les assauts répétés des vents et des blizzards, nous commencions à nous poser de sérieuses questions sur sa solidité :

– S'il casse ici, on sera plutôt mal pris. On ne retrouvera pas de bois avant la rivière Koroc.

– Il a tenu jusqu'à maintenant, je ne vois pas pourquoi il ne tiendrait pas jusqu'à la fin, fit Michel, refusant de s'angoisser sur cette question.

Au réveil, il faisait frisquet, si j'ose dire! Une belle couche de glace s'était reformée pendant la nuit, suffisamment épaisse pour soutenir le poids de nos attelages. Mais à mesure que nous nous engagions dans le défilé creusé par la rivière, le terrain devenait moins favorable. Il ne s'agissait plus même de passages de neige pourrie, mais d'eau vive. C'en était truffé. Parfois, de véritables torrents couraient sur la glace, et alors, pour maintenir un minimum de cohésion dans nos attelages, c'était la croix et la bannière. Les chiens n'en faisaient qu'à leurs têtes, pour se mouiller les pattes le moins possible. Et ça tirait, ça freinait, ça faisait des écarts soudains. Donc, plus question de rester juchés en observateurs sur les traîneaux et d'échapper au bain de pieds. Nous nous devions de montrer l'exemple en ouvrant la piste. Et nous voilà, les deux pieds dans l'eau, tirant les chiens de tête, que dis-je, les traînant jusqu'à un fond un peu plus solide que les patins des traîneaux fendillaient comme du verre cassé, et, de loin en loin, la glace cédait sous le poids. Vite, il fallait alors rejoindre le bord, nous méfiant de ces glaces brisées et coupantes, bien dangereuses pour les pattes et, surtout, les coussinets de nos bêtes, attendris par les bains successifs. Ainsi progressait-on cahin-caha, néanmoins rassurés de pouvoir le faire. Mais une inquiétude en chassait une autre : l'étude minutieuse de nos cartes nous ayant révélé la présence d'une chute de glace d'une cinquantaine de mètres dans le haut de la rivière Nakvak. Passerait-on? En dépit des paroles rassurantes des uns et des autres, je sentais bien que tout cela était forcé, pas besoin de sonder les cœurs; les rictus qui avaient alors illuminé les visages étaient suffisamment éloquents. Non, il y avait de l'inquiétude en nous. Il a fallu attendre encore une journée pour être fixé. Heureusement, la chance nous souriait, une fois de plus, pour notre nouveau bivouac en montagne. Quelques graminées ramassées çà et là nous permirent d'entretenir un feu pendant une à deux heures et de passer une soirée somme toute relativement agréable. Ce qui l'était moins, c'était de renfiler les vêtements de la veille, restés poisseux d'humidité, et de chausser ses mutluks encore gorgés d'eau. Pour toute consolation, nous pouvions nous dire qu'ils ne seraient pas restés longtemps secs. Il fallait peu de temps pour se retrouver les deux pieds dans l'eau, et, dans le feu de l'action, toutes nos petites misères étaient bien vite oubliées. Les chiens s'étaient eux-mêmes fait une raison et se jetaient à l'eau sans renâcler quand et où leurs maîtres le leur commandaient. Excepté une seule fois, mais là, il ne s'agissait rien moins que de franchir un torrent impétueux qui avait entaillé la glace en une large brèche. Malgré leur refus réitéré de sauter l'obstacle, nous n'arrivions pas à leur en vouloir, à les maudire, et les couvrions au contraire d'encouragements : « Allez, les chiens! C'est bien! Allez, Bodash! » Après avoir longtemps hésité, prenant son courage à deux mains, Bodash se décida enfin. Malheureusement non suivi par le reste de l'attelage, il se vit stopper en pleine course, à moitié étranglé par son harnais et projeté dans l'eau glacée. Tête et pattes hors de l'eau, il avait beau se débattre avec l'énergie du désespoir; entravé par ses liens, il n'arrivait pas à se hisser sur la glace, lorsque deux de ses suivants, rudement tancés, se décidèrent enfin à sauter l'obstacle. Aussi put-il se dégager et regagner la rive. Au tour de ses congénères de connaître la même mésaventure, et de se retrouver projetés dans le torrent. Cette scène se répéta pour toutes les autres paires d'attelage, sauf pour les derniers, qui furent littéralement tirés sur l'autre bord du gouffre par leurs petits camarades qui, à peine remis de leur bain glacé, les prirent sur le paletot, sans dommage fort heureusement. Il y eut quelques grognements, quelques gestes

250

de mauvaise humeur, mais rien de très sérieux. Ils reprirent leur place et, pour se réchauffer, donnèrent un bon coup de collier, zèle dont nous ne pouvions que nous féliciter.

Puis, après avoir suivi quelques heures durant le cours tourmenté de la rivière Nakvak, au détour d'un rocher se dressa devant nous une imposante et magnifique cascade de glace bleue. « Mazette! » pensai-je en me grattant la tête. C'était bien ce que nous appréhendions : la chute était infranchissable. Et de jeter des regards tout autour de nous pour chercher la faille dans la muraille de roc alentour. Il y avait bien un col haut perché, mais la simple vue des pentes y conduisant nous laissa tout chose. Pouvait-on raisonnablement entraîner nos chiens sur des pentes aussi fortes? En proie aux incertitudes, nous nous gardâmes bien, néanmoins, de livrer ce que nous avions sur le cœur; pas avant, en tout cas, d'avoir effectué notre reconnaissance habituelle. Tandis que Jacques restait de garde auprès des traîneaux, Michel, Nicolas et moi nous rendîmes jusqu'au col. La neige crissait sous les pieds. Elle n'enfonçait pas. De la bonne neige, comme nous l'aimions pour attaquer les montées. D'autre part, la déclivité ne nous apparut pas aussi forte que nous l'avions de prime abord pensé. Du même coup, l'espoir revint. Tout redevenait possible. Nos attelages devaient pouvoir grimper là-haut, pour peu qu'on sût les encourager. Que leur demandait-on? Quelques centaines de mètres d'effort intense. Ensuite, la descente de l'autre côté s'annonçait de tout repos, les pentes étant douces jusqu'au petit lac de retenue formé par la chute de glace. Une fois redescendus, notre tour de table habituel nous amena à la même conclusion :

– Ça devrait passer. La neige est bonne. La seule difficulté tient à la déclivité. En chemin, une idée m'est venue : en attelant les deux équipages ensemble, on jouirait d'une meilleure force de traction, suggéra Michel.

– Proposes-tu d'atteler les dix-neuf chiens ensemble?

– Oui, c'est ça, peut-être pas les dix-neuf, ça ferait beaucoup, mais quinze par exemple.

– Pourquoi pas!

– Va pour! lui répondit-on avec une belle unanimité, séduits par sa proposition.

– On peut également tailler des marches dans la pente. Ça nous permettra d'avoir de meilleurs appuis et facilitera la tâche des chiens, renchérit Jacques.

Seconde suggestion acceptée, aussitôt exécutée à l'aide des haches, de la pelle et des pieds, ce qui nous prit tout de même une demi-heure en œuvrant dur. Nous n'eûmes pas à le regretter. Sans cette heureuse initiative, je me demande bien comment nous nous en serions tirés. Même renforcé de cinq éléments, pris sur le second attelage, l'équipage de tête eut toutes les peines du monde à progresser en pleine pente selon la technique qui nous était devenue chère : l'un en tête, une corde passée au-dessus de l'épaule pour donner l'impulsion au chien de tête, l'un de côté, une corde autour du poignet, chargé de maintenir le traîneau dans la trace, et les deux autres arc-boutés, derrière, poussant et suant dur, les marches taillées nous servant de points d'appui. Parfois, il fallait s'y reprendre deux à trois fois avant que le traîneau n'avançât d'un à deux mètres à peine ou moins; il est même arrivé qu'il reculât. Les chiens nous jetaient alors des regards désespérés, comme pour nous dire : « Pas la peine de nous houspiller comme ça, on fait notre possible! » Et, pourtant, il n'y avait rien de tel que d'élever la voix, les menacer, voire manier le bâton, pour les électriser. A chaque fois que nous leur faisions entendre ce genre d'argument, nous sentions chez eux un sursaut de volonté, d'énergie. Certes pas pour très longtemps, ils retombaient rapidement dans leurs errements. A nous de jouer de la carotte et du bâton pour en tirer le meilleur et arriver à nos fins, ce qui advint heureusement. Notre méthode ayant porté ses fruits, nous la réemployâmes pour le second attelage, mais, cette fois-ci, il se joua allégrement des difficultés en se collant dans les deux rails déjà tracés.

Sur le plateau continuellement venté, le printemps avait déjà en partie effacé la mince croûte de glace, et, çà et là, apparaissaient des étendues de mousse que nous ne pouvions éviter. Pour une surprise, c'en était une, de voir nos traîneaux glisser de la meilleure façon qu'il fût sur le tapis végétal. Tiens, on pouvait très bien se passer de neige! Nouvelle réconfortante. Mis à part ses conséquences désastreuses sur la solidité de la glace des rivières, le printemps n'était pas forcément un handicap : « Le seul inconvénient, c'est que la mousse cache souvent des pierres... » Donc, pour prévenir ce genre d'incident, l'un de nous se remit à ouvrir la piste. C'était un vrai plaisir de fouler cette mousse du pied. Mais notre moyenne s'en ressentit à la baisse, bien sûr!

De retour sur la Nakvak, nous avions repris notre « conduite active » pour stimuler nos chiens, pris d'une folle envie de musarder. Et, soudain, alors que rien ne le laissait prévoir, ce fut une joyeuse cavalcade que nous eûmes bien du mal à maîtriser. La soudaineté avec laquelle ils étaient sortis de leur torpeur, le cœur qu'ils mettaient à courir, leur façon d'humer l'air ne trompaient pas : ils avaient flairé quelque chose, et ce quelque chose ne pouvait être que des caribous. Enfin! nous qui désespérions de les voir!

– Oh! Oh!

Après un temps d'hésitation, les chiens s'immobilisèrent, encore tout excités et retournés par l'odeur qui leur prenait les naseaux. Pendant que Michel et Jacques surveillaient leur attelage de près, Nicolas et moi approchâmes de la harde. Une chance : nous étions contre le vent et les bêtes ne nous avaient pas éventés. A couvert, au milieu des herbes hautes qui bordaient les rives, nous avançâmes suffisamment près pour les voir brouter le plus tranquillement du monde. Nous avions devant nous, vraisemblablement, un des petits troupeaux que le pilote de Kuujjuak nous avait signalés. Enfin, quelques gros mâles levèrent la tête et se mirent à nous observer, bientôt imités par l'ensemble de la petite troupe. Pour Nicolas, c'eût été un jeu d'enfant d'abattre quelques bêtes. Mais, ce jour-là, la chasse photographique lui paraissait beaucoup plus excitante. Abattre un caribou pour le plaisir de tuer, non! Nos chiens, à peine remis de leur indigestion de phoque, n'avaient pas un besoin pressant de viande fraîche. Nous non plus. Les lagopèdes nous suffisaient. Un caribou, c'était bien trop gros pour nos besoins propres. Nous n'aurions pu que prélever quelques bons morceaux pour délaisser l'essentiel, et de gaspiller nous répugnait. Puis, au signal du chef, la harde détala en formation serrée pour disparaître au loin, derrière les herbes hautes et quelques collines. Nous nous apprêtions à repartir, lorsque Nicolas s'écria :

– Les revoilà!

Les curieux étaient revenus sur leur pas et nous dévisageaient, à une centaine de mètres, peut-être moins. Un peu plus loin, nouvelle accélération des attelages et nouvelle harde de caribous. Pas plus farouches.

Puis vint une autre journée sur la toundra, pour finalement franchir la ligne de partage des eaux, suivre un ruisseau encore gelé et déboucher sur la rivière Koroc.

13.

La débâcle

Nous y étions sur la voie royale qui devait nous mener tout droit au terme de notre expédition. Rejoindre Kangiqsualujjuaq au cœur de l'hiver n'eût été qu'une question de trois ou quatre jours tout au plus, mais à la fin d'avril bien des données se trouvaient modifiées avec l'offensive du général printemps. Dès 11 heures, midi au plus tard, la neige était si molle, si pesante qu'elle s'agrippait aux pattes des chiens, aux lisses et les retenait comme des sables mouvants. La sagesse commandait de regagner immédiatement ses pénates, d'installer le bivouac pour repartir au point du jour sur la piste redevenue patinoire. Les traîneaux glissaient en roue libre. Non seulement ils avançaient trois fois plus vite que dans la « slutch », mais ils se fatiguaient également trois fois moins. Double avantage dont il eût été fou de se priver, d'autant qu'après trois mois d'errance, nos chiens n'étaient plus les fringants et pimpants jeunes gens que nous avions connus. Les pattes se faisaient lourdes, et le moral n'était pas toujours au zénith. Même Bilbo, pourtant le fleuron de notre meute, connut sa période de passage à vide avant de se reprendre rapidement, heureusement! Pakouk en était l'exemple le plus frappant : lui, l'impérieux qui s'était fait fort d'administrer une sérieuse correction à Duway, lui, le courageux, toujours prêt à en découdre, le voilà méconnaissable, en butte aux vexations et à l'animosité de ses camarades d'attelage qui se vengeaient ainsi des misères qu'il leur avait fait subir. Dans son coin, la mine défaite, il subissait, sans broncher, railleries et sarcasmes... La roue avait tourné. Mais, à l'opposé, Boule le timoré, le faible avait, sinon mangé du lion, repris du poil de la bête depuis que

254

Michel l'avait placé en queue d'attelage. Il tirait maintenant comme un âne, comme quoi un chien mauvais à une place pouvait s'avérer excellent à une autre. Le tout était de le placer là où il se sentait le plus à l'aise, d'où les essais et les fréquents changements opérés au sein des attelages, pendant toute la durée de l'expédition. Ainsi, Simba, qui avait un temps assuré l'intérim de Mahingan – comme chien de tête en second, suis-je tenté de dire, puisque c'est à Bodash que revenait le privilège de diriger tout notre petit monde –, fut remplacé par Kayak (qui l'eût cru!), et, ma foi, il s'acquitta assez bien de sa tâche, beaucoup mieux que Simba qui, sans doute trop jeune et inexpérimenté, nous donna beaucoup de fil à retordre, n'en manquant pas une pour provoquer la pagaille, et cela sous les yeux de Mahingan qui se demandait comment on pouvait faire preuve d'autant de stupidité. D'ailleurs, lorsqu'elle jugea ses petits assez grands pour se débrouiller seuls, elle sauta du traîneau pour réclamer sa place à la tête de l'attelage, vœu qu'on s'empressa d'exaucer. Du coup, elle reprit la tête, et Bodash, bien content d'être dégagé de sa trop lourde responsabilité, se contenta dès lors d'entraîner ses frères d'équipée dans son sillage.

Rien d'autre que le réveil de la nature nous poussait à avancer. Nicolas rêva tout haut de prendre racine quelque part, de construire une cabane en attendant la débâcle et de bâtir un radeau en épinettes sur lequel hommes et bêtes auraient fait une arrivée remarquée sur l'Ungava. Ce n'était qu'un rêve éveillé...

Le printemps nous poursuivait de ses assiduités, et nous étions partagés entre une folle envie de piste buissonnière, nous arrêter çà et là un jour ou deux, au gré de nos désirs, pour flemmarder au doux soleil d'avril, et les voies de la sagesse, qui nous incitaient à rejoindre dare-dare Kangiqsualjjuaq pendant qu'il en était encore temps. Jour après jour, nous faisions le point de la situation, de l'état de la neige, de la glace, et remettions les mêmes discussions sur le tapis, jusqu'au jour où un événement majeur nous rappela opportunément qu'à trop lambiner, qu'à trop jouer avec le feu, on risquait d'être pris de vitesse et de rester bloqués par la progression inexorable de l'eau.

En effet, un après-midi, alors qu'allongés sur la mousse nous faisions tranquillement la sieste, un bruissement d'eau nous fit lever la tête : une véritable marée d'eau, progressant à la vitesse d'un homme au pas, était en train de recouvrir la glace du fleuve; en l'espace d'une demi-heure à peine, la glace de la rivière Koroc était noyée sous vingt à trente centimètres d'eau!

Depuis des heures, la neige fondait partout le long du sol, l'eau dévalait des hauteurs, pénétrant dans les fractures de la glace, lorsque, soudain, la masse d'eau qui ne pouvait plus être contenue submergea la glace. Nous restions interdits par la métamorphose du paysage. Là où tout était glace, tout était eau...

– Voilà ce que je craignais, dit Michel, sur un ton qui voulait dire : « Je vous avais bien prévenus! » Il ne nous reste plus qu'à prier qu'il y ait un bon coup de gel cette nuit. Sinon, on terminera les pieds mouillés, auquel cas la route sera longue... Rien ne nous dit qu'à l'embouchure de la Koroc la situation ne soit pas pire...

Comme à l'accoutumée, Michel se leva à la noirceur, peu après 2 h 30, alluma le poêle pour préparer le gruau du matin et réchauffer quelques galettes de bannique. Peu avant 5 heures, nous avions levé le camp.

Désormais, nous filions sur la glace reformée, à des vitesses encore jamais atteintes : quinze, peut-être dix-huit kilomètres à l'heure, engagés dans un combat contre la montre. Dure à souhait pendant les cinq ou six premières heures, la vie commençait à reprendre ses doigts après l'étreinte implacable de la nuit et l'eau à perler à la surface de la glace. Sous les pattes des chiens, les patins des traîneaux, la croûte s'amollissait, et, parfois, il lui arrivait même de se briser sous le poids, libérant à gros bouillons l'eau emprisonnée. Aussitôt happés et extraits de leurs rails d'eau à grands renforts de cris, les traîneaux étaient poussés promptement hors de ces mauvaises passes...

Le printemps se hâtait. Par endroits, déjà, la glace ne tenait presque plus, rongée par le dessous par les eaux d'infiltration descendues des montagnes. Que cette glace se rompît, le courant au-dessous était vif, et hommes et attelages pouvaient être emportés. Là résidait le véritable danger, beaucoup plus que l'eau vive, dont la simple vue appelait à la prudence. Cette neige peu sûre, friable, véritable chausse-trape, constituait la pire des traîtrises. A l'œil de les déjouer, de deviner derrière le blanc, une sorte de noir gris, très sombre, qui apparaissait par translucence.

De poser le pied par inadvertance sur cette neige ne se soldait plus par un simple bain de pieds intempestif, mais c'était tout entier que nous risquions de nous trouver projetés dans l'eau glacée pour être entraînés sous la glace. Et là, personne ne pouvait plus répondre de nous, exposés au cas de figure que Nicolas ne manquait pas une occasion de rappeler, « toc-toc » sous la glace... Pour avoir une chance de s'en sortir : réagir instinctivement, appuyer une main sur la surface au-dessus et frapper à grands coups pour pratiquer un trou assez grand afin de passer la tête et pouvoir respirer. Restait à se hisser sur la glace sans la casser, à glisser sans imprimer de secousse à cette surface faible, pour se dégager vers une glace plus dure. Tout cela avant d'être saisi par le froid et l'hypothermie. Nous connaissions l'étendue de chacun de ces périls. Normalement, nous pouvions en parer les coups. Mais gare au moindre relâchement d'attention, à la somnolence qui pouvait à la longue nous gagner.

28 avril. 10 heures du matin. Nous progressions depuis cinq heures lorsqu'une motoneige se détacha des bords pour venir à notre rencontre. C'était un Inuk qui, tout de go, nous livra son état et nous raconta son histoire :

– Je suis policier à Kangiqsualujjuaq. Je suis venu ici en week-end avec ma famille et un ami, également en Skidoo et accompagné.

Nous conviant à le suivre, il nous amena à son campement : deux tentes circulaires en toile, identiques à la nôtre. Chaque fin de semaine, il revenait au même endroit, pour pêcher et chasser. Ce devait être la dernière fois de la saison. Il tira une ultime fois ses filets tendus entre deux trous creusés dans la glace, et ramena quelques ombles arctiques, qu'il s'empressa de nous offrir en s'enquérant de la présence d'outardes (bernaches du Canada). Nous en avions vu quelques-unes, esseulées ou en couple, annonçant bruyamment le retour du printemps, sans doute en avant-garde de la migration. Comme dépité, il se contenta de nos explications. Son opinion était faite. Décidément, il était encore trop tôt pour les chasser. Dans la soirée, le temps se couvrit, la température s'éleva, un vent chaud venu du sud s'était levé. Le lendemain nous voyait consternés : notre première nuit sans gel ! En quelques heures, la transformation du paysage avait été plus importante qu'en quelques jours. Tout n'était plus que « slutch », neige fondante, mares d'eau, d'un gris lugubre. Impossible de faire deux pas sans raquettes. Jusqu'aux genoux, nous nous enfoncions. Changement de programme pour nos amis chasseurs : aussitôt, ils plièrent bagage pour battre en retraite, très inquiets par l'état de la neige. D'ailleurs à peine s'étaient-ils mis en route que leur lourd Skidoo patina lamentablement dans la « slutch ». Mais ils avaient leur plan pour se sortir de là.

– On va longer les rives de la Koroc, la neige devrait être meilleure, et, au lieu de rentrer directement, on fera le détour par la banquise. La couche devrait mieux tenir.

Nous les laissâmes partir, perplexes sur leurs chances de réussite. Après tout, ils savaient ce qu'ils faisaient. Nous voilà seuls, et saisis d'une inquiétude grandissante devant la tournure des événements. Pas question pour nous de faire le détour par la banquise, mais au contraire couper au plus court, et passer par la rivière Bardoin (ou, plus exactement, le lac qu'elle formait à son embouchure) ne nous disait rien qui vaille. Quelle serait la hauteur d'eau sur la glace ? En tout état de cause, il était hors de question de partir avant le point du jour, voulant encore espérer, contre toute logique, un sursaut du froid. En effet, nos chances d'être entendus s'amenuisaient d'heure en heure. Des nuages noirs lourds de menace n'en finissaient plus de s'amonceler au-dessus de nos têtes, et, devant de si tristes augures, notre moral s'en trouvait atteint. Telle la terre alanguie, minée par les bouffées de chaleur provenant de ses entrailles, l'inquiétude nous rongeait le foie, pleinement conscients de notre petitesse d'homme. Toutes les forces de nos muscles ne pouvaient rien contre le réveil du printemps, la débâcle amorcée. Leur puissance nous faisait courir un grand danger d'être immobilisés là à une journée de marche du petit village. Bientôt, les crues bloqueraient les pistes, alimenteraient les torrents, les lacs. Coûte que coûte, il faudrait partir demain.

Nous laissant à nos états d'âme, Nicolas trouva suffisamment de ressort pour courir une dernière fois après le gibier. Tout exténué, il rentra, après avoir pataugé des heures durant à mi-mollets dans la soupe (malgré ses raquettes), tout fier d'avoir tué un lièvre arctique :

– Plus possible de chasser dans cette « slutch » ! En plus, les lagopèdes ont déserté les rives pour prendre leurs quartiers d'été, à l'intérieur des terres. Une chance encore d'avoir croisé sa piste, fit Nicolas en exhibant sa victime.

Nous regrettions amèrement d'avoir tant musardé les derniers jours. Pourtant ce n'était pas faute de mises en garde! Le Nord est comme ça, il a ses sautes d'humeur.

En milieu d'après-midi, alors que nous avions déjà regagné nos sacs de couchage pour une nuit que nous savions courte, une petite pluie se mit à crépiter sur la toile. Il ne manquait plus que ça! La première pluie de la saison, il fallut qu'on la prît cette nuit-là! Préoccupés, le sommeil nous avait quittés. Il avait plu toute la nuit, et des gouttes continuaient à tomber dans la douceur du matin. Et vite de plier bagage. La neige était gorgée d'eau. Les mares avaient pris l'aspect de lacs, et nous voilà contraints de patauger (mais est-ce vraiment le mot, quand l'eau vous arrive parfois à la hauteur des mollets?) dans cet univers grisâtre et poisseux. Le front ruisselant et l'œil humide, le « raquetteur de service » cherchait le meilleur passage. Fatalistes, le poitrail immergé et le poil tout collé, les chiens le suivaient, tirant leur fardeau alourdi, tassé comme un bateau qui prendrait l'eau. Enfin, la rivière Bardoin dont la glace se trouvait noyée sous trente à quarante centimètres d'eau.

– Pas le choix, il faut y aller!

Le dos au mur, j'ouvrais la voie, ahanant, les flancs trempés, aveuglé par la sueur qui me brûlait les yeux, soulevant mes raquettes de plomb. Pas à pas, lentement pour ne pas perdre l'équilibre, et, pourtant, cela ne devait pas m'éviter de me retrouver mouillé de la tête aux pieds, et jusqu'aux os, m'étalant à plusieurs reprises de tout mon long. Mais quelle importance! Depuis belle lurette, il n'était plus de saison de se geler! Le tout était de ne pas fléchir pour atteindre Kangiqsualujjuaq avant la nuit sinon... Oui, nous avions le réconfort de nous savoir au bout de nos peines. Enfin, nous avions atteint l'autre rive. A cet instant, nous comprenions que plus rien ne pouvait nous arrêter. Les vêtements dégoulinants et alourdis, je laissai le dernier relais à Nicolas, à qui revint le privilège de nous conduire au plus court dans le dédale de collines jetées çà et là avant l'Ungava. Enfin, dernier coup de Jarnac, un torrent où l'on s'empêtra. Aussitôt après, des aboiements, premiers murmures du village, et, soudain, un chien débeula de travers, coupa la piste pour se précipiter sur Michel.

– Mais c'est Coyote!

– C'est bien lui, confirma Jacques.

Et il leur faisait fête. Des retrouvailles... Cédé à un Inuk du

259

village, deux ans plus tôt (après leur randonnée sur la rivière George), Coyote avait flairé la présence de ses anciens maîtres bien avant de les voir. Il s'était précipité à leur rencontre. Une fidélité qui nous émut, et qui devrait faire litière des jugements à l'emporte-pièce (peut-être y en a-t-il) concernant les relations que nous avions avec nos chiens. Coupées de leur contexte, elles eussent pu paraître empreintes de rigueur excessive, voire de brutalité; il est certain que, sans une discipline stricte (ce qui n'excluait pas des moments de grande tendresse), jamais nous ne serions arrivés à bon port. Mais nous aimions nos chiens, et eux, ne s'y trompant pas, nous le rendaient bien. Coyote en était la plus parfaite démonstration : deux ans après, il n'avait pas oublié ses maîtres et leur faisait fête. Coyote avait fait son temps. Bodash l'avait remplacé. Bientôt, il laisserait lui-même sa place aux plus jeunes. Avec nos deux chiots, la relève était assurée. A peine un an plus tard, ils devaient trouver leur place dans l'attelage comme stagiaires, et je fais le pari qu'ils seront les chiens de tête de demain. Une génération pousse l'autre. La loi de la vie. Et c'est plus rapide qu'on ne le pense généralement. Un an après sa naissance difficile dans les montagnes du Labrador, notre petite femelle donnait déjà naissance à une nouvelle portée. « Accident », dira Jacques.

La boucle était bouclée. Les derniers kilomètres, nous les avions souvent imaginés. A la vue des premières maisons, les chiens prirent leur galop. Peut-être avaient-ils compris qu'ils en avaient fini. La descente sur le village se fit sur la mousse, la neige ayant totalement fondu. Il était temps d'en finir. Notre ami Jean-Guy Saint-Aubin se porta à notre rencontre avec son pick-up (camionnette). On serra des mains. Nous nous apprêtions à faire notre entrée sur les traîneaux – et ce n'était pas le chemin caillouteux de neige qui aurait pu nous en dissuader – lorsque Jean-Guy nous proposa de nous tirer avec son camion :

– Non, on peut terminer tout seuls.

– Pourquoi, vous êtes arrivés maintenant, fit-il, l'ironie aux lèvres.

Il avait raison. Les Inuit n'avaient que faire de notre amour-propre...

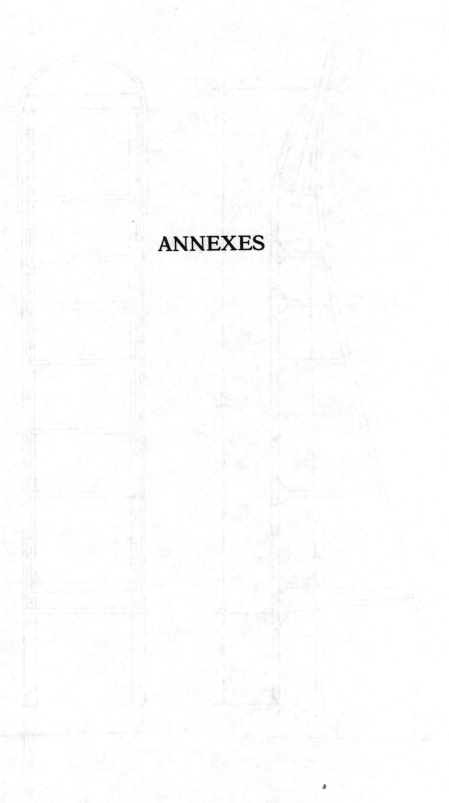

ANNEXES

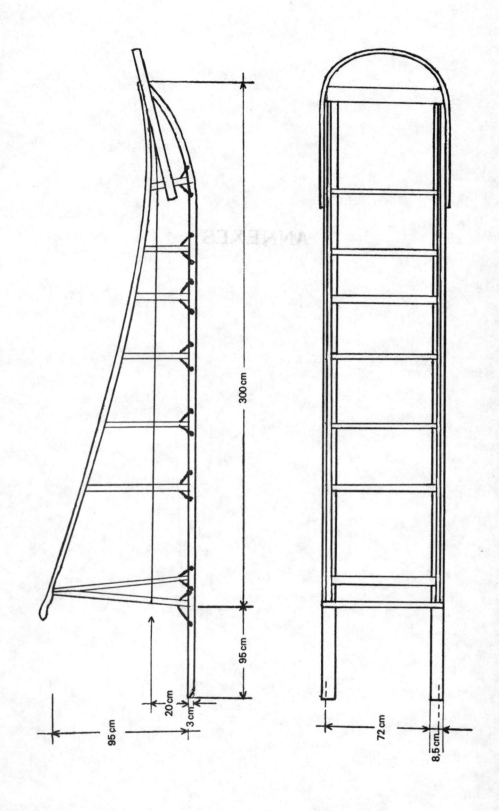

300 cm

95 cm

95 cm

20 cm

3 cm

72 cm

8,5 cm

ANNEXE 1

Les traîneaux

Conçus et construits en bois de frêne par Michel Denis, les traîneaux utilisés pendant l'expédition sont de type « Alaska » (ou « basket-sledge »). Leur système d'assemblage, à tenons et mortaises, et la babiche utilisée (cuir cru) leur donnent la souplesse qu'on leur connaît et les rendent parfaitement adaptés aux terrains difficiles : forêts, descentes de canyon, traversées de montagnes. Là où les traîneaux de construction rigide se briseraient, ils plient et collent au terrain, ce qui fait leur supériorité sur les traîneaux inuit traditionnels, plus adaptés aux pistes dures de la banquise. De plus, leur avant arrondi et leurs côtés les rendent pratiques en zone boisée.

Les skis sont constitués de laminés de bois en trois épaisseurs, assemblées avec de la colle marine. Les « lisses » (patins) qui les recouvrent sont en plastique à haute densité d'une épaisseur de trois centimètres.

Attelages

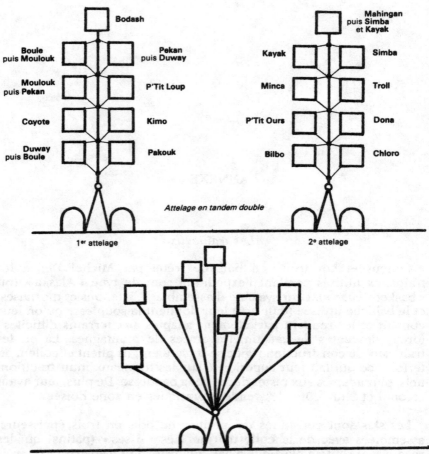

Attelage en tandem double

1ᵉʳ attelage   2ᵉ attelage

Attelage en éventail modifié (inuit)

Le système d'attelage en tandem double est recommandé pour se déplacer à l'intérieur des terres et se faufiler dans les passages étroits, tout particulièrement en terrain boisé. Quant au système d'attelage en éventail, il est particulièrement utilisé sur la banquise. C'est également le moyen le plus sûr pour voyager sur glace mince. Si un chien tombe dans un trou, les autres ne sont pas entraînés derrière lui, mais peuvent au contraire soigneusement éviter l'obstacle. Il est bien rare que tous les chiens passent au travers de la glace en même temps.

ANNEXES

Gee-Barr

P. Vanier

Le Gee-Barr est une barre de direction fixée à l'avant droit du traîneau (« gee » signifiant à droite dans le langage des conducteurs de chiens). Son usage est recommandé dans les neiges lourdes et profondes, où les chiens sont à la peine. Placé, raquettes aux pieds, entre son attelage et le traîneau, l'homme à la barre peut immédiatement infléchir sa course en tirant ou poussant dessus à la manière d'un gouvernail, et ainsi soulager ses chiens. Un seul inconvénient : risquer de chuter et de passer sous les patins en se faisant labourer le corps... *(Dessin de Pierre Vanier).*

Homme en raquettes battant la piste devant les chiens.
Maintien du traîneau dans un passage en dévers.
(Dessin de Pierre Vanier).

Maintien du traîneau dans une pente.
(Dessin de Pierre Vanier).

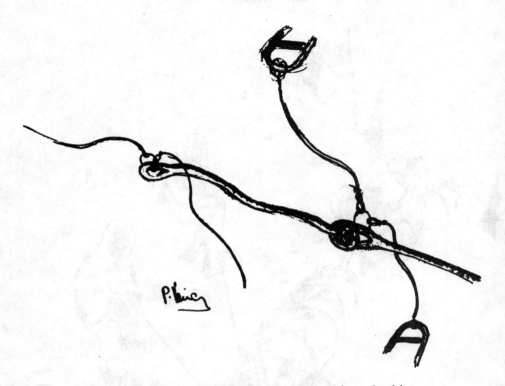

Unité d'attache d'un attelage en tandem double.
(Dessin de Pierre Vanier).

ANNEXE 2

La tente

De forme ronde conçue et cousue par Jacques Duhoux, elle est largement inspirée des modèles de tente inuit. Montée avec un seul poteau central, cette forme d'abri est mieux adaptée à la toundra où, comme tout le monde le sait, l'arbre ne fait plus guère partie du paysage. Elle offre également moins de prise aux vents souvent déchaînés sur ces terres dénudées. Autre avantage non négligeable : suffisamment spacieuse, elle a sans doute rendu la cohabitation plus facile, chacun ayant son petit espace vital, détail qui a son importance quand on est amené à vivre ensemble trois mois durant. Les renseignements pratiques qui suivent seront peut-être de quelque utilité à certains. Ils m'ont été fournis par Jacques. Lorsqu'on monte

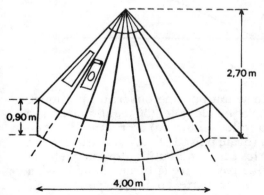

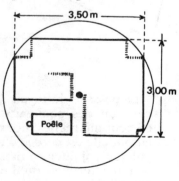

un projet, on bute souvent sur les aspects les plus pratiques, ces petits riens qui changent tout au confort des bivouacs.

1. Dimensions

Diamètre : 4 mètres.
Hauteur murs : 90 centimètres.
Hauteur totale : 2,70 mètres.

2. Matériaux

Toile de coton.
Sangle de nylon (type ceinture sécurité de voiture) pour les renfort d'attaches de tendeurs, le faîte, les fixations du « mur ».
Corde de nylon : 4 millimètres pour tendeurs.
Tôle légère pour passage de cheminée, fermetures Éclair pour « portes » et « fenêtres », boutons-pression et Velcro.

3. Détails de construction

Le tapis de sol : 3,50 mètres sur 3 mètres, il sert également de bâche au traîneau. Une fermeture Éclair centrale de 1,20 mètre permet de placer le tapis autour du mât central et de le replier à l'emplacement du poêle.
Un mât métallique télescopique.
Les laizes utilisées étant de 90 centimètres de largeur, la tente est formée de quatorze panneaux, joints en double couture. Découper en triangles isocèles selon le schéma suivant :

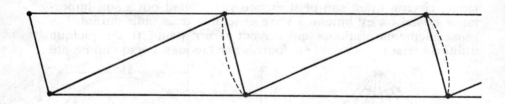

Le passage du tuyau de poêle se fait par une ouverture pratiquée dans un des panneaux : une plaque de tôle (30 centimètres sur 60 centimètres) est cousue à la toile (renforcée) au moyen de fil de laiton ; elle est percée d'un trou (ovale puisque le tuyau le traverse en oblique) ; ajouter un rabat pour les cas de non-utilisation du poêle (et bien le fixer pour qu'il ne se colle pas contre le tuyau chaud : il s'en est fallu de peu que notre tente ne parte en fumée pour l'avoir oublié).

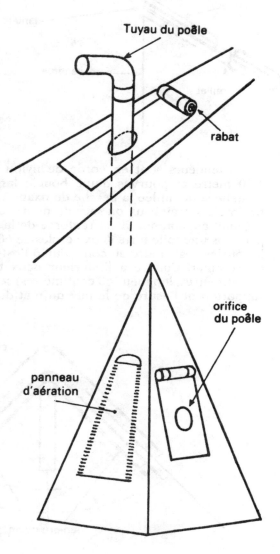

Tuyau du poêle

rabat

Le panneau qui jouxte le passage de tuyau est muni d'une grande ouverture réglable pour évacuer chaleur excédentaire, fumée de refoulement, odeur de nourriture... Deux fermetures Éclair de 90 centimètres la ferment.

Une fenêtre (avec rabat de protection) permet de voir à l'extérieur.

Les attaches de tendeurs sont particulièrement renforcées pour résister au vent : à chaque jointure de panneaux, un trapèze de grosse toile, une lanière en nylon et un œillet en métal reçoivent la traction.

orifice
du poêle

panneau
d'aération

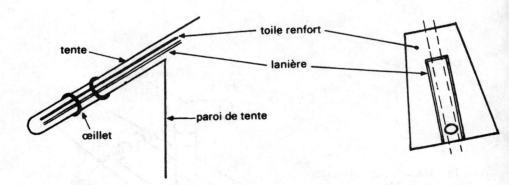

Les tendeurs sont en corde de nylon tressé (4 millimètres) de 1,50 mètre et pourvus d'une boucle large (10 centimètres) dans laquelle sera enfilée la perche de fixation. Dans la toundra : raquettes, piolets, traîneaux ou sacs de nourriture feront l'affaire.

Quant au sommet, il est renforcé de la manière suivante : découper dans une toile forte deux cercles de 60 centimètres de diamètre, les ourler, les coudre en cône, l'un à l'extérieur, l'autre à l'intérieur du sommet. Coudre à l'intérieur deux bandes de nylon (largeur 5 centimètres, longueur 60 centimètres) se croisant au sommet; elles supporteront l'usure de la tête du mât de surcroît.

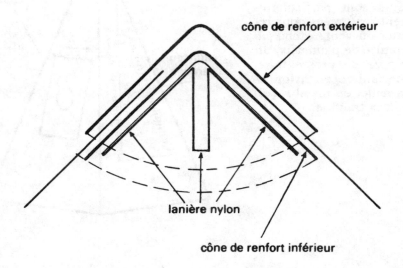

272

ANNEXE 3

La nourriture

Pour des raisons de poids et de volume, notre alimentation était essentiellement déshydratée, donc globalement végétarienne. Mais un gibier ramené de temps à autre par Nicolas n'avait rien pour nous déplaire. Jacques, le maître d'œuvre de nos repas, en prépara lui-même une bonne partie. On arrive ainsi au résultat étonnant de 850 grammes par jour et par personne!

Nos menus types

Petit déjeuner :   *Gruau d'avoine.*
                  Bannique.
                  Boisson chaude.

Casse-croûte (midi) : Fromage ou saucisson sec (30 grammes).
200 grammes de   Cacahuètes et noix (2 × 30).
mélange   Mélange de raisins, dattes et autres fruits secs
        +   (2 × 30).
2 thermos de   Chocolat (30 grammes), sucreries diverses
boissons chaudes (30 grammes).
et de soupe

Dîner :   *Fromage en guise d'apéritif* (30 grammes), parfois du bacon.
                  Soupe.
                  Plat : légumineuse-céréale (riz, sarrasin, millet, couscous, orge, pâtes, lentilles, haricots, fèves, pois...), légumes secs + sauce.
                  Dessert : biscuits, chocolat, pudding, gâteau aux fruits, gelée.
                  Tisane d'épinette.

GRAND NORD

Quelques recettes de base (1 personne)

Gruau	1/2	tasse de gruau d'avoine (125 centili-tres)	Ajouter
(Porridge)	1/2	tasse de lait en poudre	de l'eau
	2	cuillères à soupe de cassonade sel (fruits secs)	puis cuire.

Bannique   1/2   tasse de farine entière (blé, sarrasin, soja, seigle...)
            1/2   tasse de lait en poudre,
            1/4   de tasse de graisse,
             1   cuillère à café de poudre à pâte (le-vain chimique),
                sel,
                épices.

Soupe   1 cuillère à soupe de base de soupe en poudre.
          1 cuillère à soupe de lait en poudre.
          1 cuillère à soupe de graisse.
          1 cuillère à soupe de légumes secs.
          1 cuillère à soupe de poisson, viande séchée en poudre...

Quelques principes

Le lait en poudre utilisé en grande quantité dans nos mélanges constitue avec le fromage l'apport en vitamines animales et en calcium.

Les viandes sont marinées avant d'être séchées, pour qu'elles ne soient pas trop fades. Elles peuvent être grignotées telles quelles, à l'heure du casse-croûte, ou réduites en poudre afin d'être mélangées aux potages. La tisane d'épinette (épicéa) ou de sapin pallie l'absence de vitamine C.

Le mot de la fin

Sceptique au départ, force fut de constater que les menus que Jacques nous proposa étaient suffisamment abondants et équilibrés pour nous maintenir en pleine forme pendant les trois mois d'expédition, cela malgré le froid et les efforts répétés. Dire que nous sortions de table rassasiés, c'est une autre histoire... Mais enfin, je crois que c'était le bon choix, compte tenu des impératifs de poids.

Remerciements

La réalisation de cette expédition ne fut pas seulement l'affaire des quatre coéquipiers. Sans la sympathie et les nombreux soutiens actifs obtenus d'un côté et de l'autre de l'Atlantique, jamais nous n'aurions pu la mener à bien. Que tous ceux qui nous ont aidés soient ici remerciés.

Au Québec

Le gouvernement du Québec et le Commissariat général aux célébrations 1534-1984, créé pour fêter le 450ᵉ anniversaire de l'arrivée de Jacques Cartier, en particulier les ministères participant à l'opération :

- ministère des Affaires culturelles ;
- ministère du Tourisme ;
- ministère des Transports ;
- ministère des Loisirs, de la Chasse et de la Pêche.

Les organismes et sociétés suivants :

- Centre d'études subarctiques McGill de Schefferville ;
- Nordair (transport fret) ;
- Tilden (transport chiens de Saint-Adolphe à Sept-Îles) ;
- Econouf (nourriture chiens) ;
- Chlorophylle (vêtements Grand Nord) ;
- Blacks Camping International ;
- La Cordée (matériel de bivouac) ;
- Les Caoutchoucs Action Limitée (mutluks).

En France

- Société de géographie ;
- Office franco-québécois pour la jeunesse (participation au retour à l'opération Cap sur l'avenir entre Québec et Saint-Malo) ;
- Antenne 2 } coproducteurs du film ;
- Batifilm
- Canon (matériel de reportage) ;
- Kodak (films photo) ;
- « Figaro-Magazine » (patronage) ;
- Gitzo (pied photo) ;
- Électronique aérospatiale : EAS (balises détresse) ;
- Air Canada (Paris-Montréal) ;
- Destination-Canada (aide sur place) ;
- Baume et Mercier (montres de précision) ;
- Helsport (matériel bivouac) ;
- Racer (équipement) ;
- Loubsol ;
- Franchi } armes ;
- Brusson, armurier
- Explorer (agence photo) ;
- Gymfizz (préparation physique) ;
- S.N.C.F.

Et aussi, tout spécialement :

- Henri Jamet ;
- Louise Faubert ;
- Doug Barr ;
- Robert de Léon.